KB077670

읽는 인간 리터러시를 경험하라

조병영 지음

ㄴ 읽는 는 인 간

LITERACY

리터러시를 경험하라

ㄹ ㅓ A C Y

literacy environment

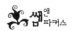
쌤앤파커스

지금, 왜 리터러시인가?

리터러시란 '생각과 삶의 방식'입니다. 이 책에서는 리터러시를 경험한, 새롭게 읽는 인간을 이야기합니다. 읽는 인간은 글을 다루는 일로 먹고사는 문학가나 평론가, 교사나 교수, 학자와 지식인 등을 뜻하지 않습니다. 읽는 인간이란, 가장 자연스럽게 리터러시의 경험에 들어섰지만 너무도 당연하게 그것을 '망각'하고 살아가는 우리 자신입니다. 동시에 읽는 인간이란, 스스로 읽으면서 자신의 생각과 삶의 방식에 관심 갖고 그 가치와 의미를 나날이 '갱신'해 나가는 바로 당신입니다. 그러니 누구라도 꾸준한 배움의 자세로 리터러시를 경험하면 학교와 직장, 온라인과 오프라인, 문화와 정치의 장에서 새로운 생각과 삶의 기회를 만들어 낼 수 있는 언제나 '명랑한' 소통자가 될 수 있습니다.

글을 읽으면 우리의 눈과 뇌, 몸과 마음은 각자의 틀 안에서 특정한 방식으로 움직입니다. 그러므로 제대로 읽는 사람은 남이 가공하거나 사회가 주입한 생각의 틀에 자신을 가두려 하지 않습니다. 그래서 제대로 읽는 인간은 리터러시를 경험하면서 자신에게 어울리는 '생각의 틀'을 갖추어 나갑니다. 다양한 경험을 통해서 얻은 자신의 틀이 어떤 모양일지 확인하고 또 수정하면서 다른 사람들도 공감할 수 있는 모양으로 자신의 읽기를 만들어 갑니다.

우리는 읽고 쓰고 생각하면서 정보와 지식을 습득하고 공부와 일을 하며 위안과 치유를 얻기에, 리터러시는 개인의 성장과 성공을 위해서 꼭 쓸 줄 알아야 하는 '배움의 도구'입니다. 하지만 리터러시의 경험은 단지 개인사로만 남지 않습니다. 우리는 읽고 생각하고 나누면서 우리가 속한 공동체의 문제를 협력적으로 파악하고 변화의 의제를 설정하며 대안적 미래를 토론하는 일에 부지런합니다. 따지고 보면, 인류문명사의 수많은 변화와 진보가 함께 읽고 생각하는 경험을 통해서 실현되었고, 반대로 잘못 읽고 나쁘게 써서 수없이 많은 시행착오와 시대적 퇴행을 겪기도 했습니다. 읽고 쓰면서 생각하고 소통하는 방식이 공동체적 사유와 질문, 공유된 성찰과 비전으로 새로운 시대를 만들어가는 데 필요한 일종의 '역사의 도구'인 것입니다.

주어진 짧은 글을 읽고 무엇을 성취할 수 있는 시대는 지났습니다. 수많은 텍스트와 함께 살아가야 하는 시대에 우리는 좀 더 정밀하게 읽는 인간, 합리적으로 판단하고 포용적으로 소통하는 주체가 될 필요가 있습니다. 변화의 시대는 다양한 가능성과 기회를 제공하지만, 동시에 행간에 진실을 감춘 검증되지 않은 자료, 정체와 출처를 알 수 없는 정보, 진짜보다 더 진짜 같은 가짜 뉴스를 (재)생산하고 유통합니다. 우리 삶에 심대한 영향을 미치는 정치와 여론의 일상적 왜곡, 날로 진화하는 바이러스의 위협과 단번에 지구를 태워 버릴 기후재난에 직면한 오늘, 우리가 먼저 나서서 지구생태계의 일원으로서 철저하게 읽고 생각하고 대화하면 좋겠습니다.

저는 리터러시가 현실과 미래를 연결하는 믿을 만한 교량이 될 수 있을지 고민합니다. 우리가 어떻게 읽고 쓰고 생각하고 대화하는지 분석하고 성찰하면, 서로 의미와 맥락이 닿지 않아 불통된 현실(학교, 사회, 정치, 그리고 일상)의 문제들을 좀 더 사려 깊게 설명할 수 있을 것 같기 때문입니다. 급변하는 시대에 리터러시를 새롭게 경험할 수 있다면, 우리 사회의 여러 주체들이 다양한 공간에서 새로운 의미를 창조하고 소통하는 인간으로 성장하는, 긍정적인 미래 사회로 통하는 길이 보일 것 같기 때문입니다.

문명적 삶의 '8할'은 읽고 쓰고 생각하고 대화하고 협력하고 판단하는 방식, 즉 리터러시가 결정합니다. 좋은 삶을 사는 사람들은 좋은 리터러시를 갖추고 있을 가능성이 높습니다. 그렇다면, 좋은 미래는 좋은 리터러시를 갖춘 사람들이 절대 다수가 될 때, 함께 만들어 나갈 수 있습니다. 우리가 리터러시를 돌아보고 또 새롭게 배워야 하는 이유입니다. 우리가 우리 아이들에게 어떻게 리터러시를 가르치고 있는지 잠깐 멈추어 따져 보아야 합니다. 모두가 좋은 리터러시를 갖추고 실천할 수 있도록 사회가 어떻게 도와주고 있는지 질문해야 합니다.

리터러시를 제대로 갖추려면 각별한 관심과 노력이 필요합니다. 이런 관심과 노력은 바로 우리 스스로가 마련하는 것입니다. 저는 리터러시가 개인의 공부를 넘어서 우리 사회 전체가 가치 있게 받아들여야 할 '배움의 목표'가 되었으면 합니다. 시민들의 평생 공부의 과정에서, 나아가 지속가능한 사회로 가는 길을 토론하는 진지한 대화에서 이 말이 자주 쓰였으면 좋겠습니다. 리터러시를 제대로 배우고 실천하는 일은 능동적 변화를 주도하려는 우리 모두가 누려야 할 독보적 수준의 권한이자 기쁨입니다.

2021년 10월 서울에서

조병영

ITERACY

3부 디지털 시대 새로운 리터러시

_____ITERACY

1부

문해력?
이제는 리터러시

리터러시는 글자에서 세상으로 발전한다[1]

문맹, 문해력, 문식성
그리고 리터러시

'낫 놓고 기역 자도 모른다'는 말이 있습니다. 기역처럼 생긴 낫을 보고서도 기역이라는 글자의 모양을 떠올리지 못할 정도로 무지하다는 뜻의 속담입니다. 하지만 그 이면에는 낫을 눈앞에 두고도 기역을 떠올리기 위해 필요한 최소한의 글자 지식을 갖추지 못한 자의 억울함 같은 것도 깔려 있는 것 같습니다.

낫 놓고 기역 자도 모르는 사람이면, 글 읽기의 시작인 글자 읽는 법을 배우지 못한 문맹일 가능성이 큽니다. '문맹'이라는 말은 글자 그대로 풀이하면 '글文을 보지 못하는盲' 상태나 그런 사람을 가리킵니다. 일반적으로 글이라는 것이 문자라는 시각적 기호로 표현된다는 점에서 보면, 글을 보지 못한다는 말이 문자를 읽지 못한다는 뜻임을 쉽게 짐작할 수 있습니다.

문맹이라는 말을 기준으로 볼 때, 글을 읽는다는 것은 '탈문맹'입니다. 즉, 문맹의 상태를 벗어나는 일입니다. 문맹을 벗어나기 위해서는 가장 먼저 완수해야 할 일이 있습니다. 글자를 정확하게 보고 읽고 쓰기 위해서 필요한 기초 지식과 능력을 습득하는 것입니다. 낱글자 하나하나의 이름, 모양, 소리를 알아야 하고, 그것들을 자유자재로 조합하고 분해할 수도 있어야 합니다. 그렇게 해서 단어를 읽고 문장을 읽을 수 있어야 합니다.

글자 자체를 읽고 쓰는 일이 그다지 문제가 되지 않는 요즘에는 '문해력'이라는 말을 더 자주 쓰는 것 같습니다. 정말 문제가 되지 않는지는 새삼 질문해 볼 일이지만 말입니다. 사람들은 문해력을 주로 '글文을 풀어내는解 힘力' 정도의 의미로 사용합니다. 인터넷에 찾아보면 문해력이라는 말을 표제어로 한 신문 기사들이 꽤 많고, 문해력이라는 용어가 등장하는 방송 자료와 동영상도 심심찮게 찾아볼 수 있습니다. 저도 문해력을 다루는 방송 프로그램에 몇 번 출연한 적이 있습니다.

신문이나 방송 같은 대중 미디어는 대부분 "우리 아이들 문해력이 떨어진다.", "어른들 문해력이 약하다.", "잘 못 읽는다." 등 각계각층의 걱정 가득한 목소리, 대개는 학교 공부로 귀결되는 이야기들을 합니다. 실제로 국내 대형 서점의 웹사이트에서 '문해력'을 검색하면 120여 권의 단행본 목록을 얻을 수 있습니다. 이 목록은 "뼛속까지 문과인 서울대 출신 아빠 둘이 아들을 영재원, 과학고에 보낸 성공담과 전략"을 담은 공부법 책으로 시작해서, 어린 자녀를 둔 학부모들이라면 쉽게 외면하기 어려울 "초등학생을 위한 문해력 추천 필독서 세트"로 마무리됩니다.

읽기와 쓰기를 나름 과학적으로 연구하는 학계에서는 '문식성'이라는 말을 애용해 왔습니다.[2] 미디어나 대중에게 익숙한 문해력이라는 말보다는 조금 더 학술적 느낌이 드는, 무슨 뜻인지 얼른 알아채기 어려운 표현입니다. 문식성이라는 말은 잘 뜯어보면 그 의미가 중의적입니다. '글文을 안다識'는 의미도 되지만, '글로써 안다'는 뜻도 됩니다. 글을 안다는 것은 어떤 내용을 글로 표현하고 이해하는 방식을 안다는 것입니다. 이것을 '읽고 쓰기 위한 배움learning to read and write'이라고도 합니다. 반면 글로써 안다는 것은 글을 통해서 어떤 내용을 배운다는 것입니다. 다른 말로 '배움을 위한 읽기와 쓰기reading and writing to learn'입니다. 학자들이 쓰는 말이라 그런지 용어 정의에 필요한 두 가지 의미가 꽤 절묘하게 중첩되어 있습니다. 문식성의 마지막 글자 성性은 이 두 가지 배움이 개별적, 복합적으로 기능하는 성질, 상태, 원리 등을 표현합니다.

문해력이든 문식성이든 또는 (탈)문맹이든, 이 말들은 모두 'literacy'라는 영어 단어에서 온 것입니다. 이것을 한국말로는 '리터러시'라고 읽고 씁니다. 그런데 리터러시는 번역어인 문해력이나 문식성, 탈문맹을 아우르고 남을 정도로 그 의미가 다층적이고 복합적이며 포괄적인 개념입니다. 그래서 "리터러시란 무엇이다"라고 한 줄로 요약하는 일은 그리 만만한 과제가 아닙니다.

저 역시 지난 15년 동안 미국에서 리터러시를 연구하고 가르쳐 왔지만, 아직도 이 말을 한 문장으로 적는 일에 애를 먹습니다. 리터러시는 문명 시대의 삶을 규정할 때 절대 빼놓을 수 없는 인간 경험이기에 다양한 관점과 방식으로 그 의미와 함의, 쓰임과 가치를 설명해야 하는데 제가 아직 그러한 관점과 방식을 다 알지 못합니다. 불행 중 다행으로, 저 스스로 앎의 한계를 잘 알고 있기에 이 말의 의미를 딱 잘라 정의하는 일에 마음 깊이 주저하고 망설입니다. 이런 일은 늘 어렵고, 앞으로도 그럴 것 같습니다.

인간이, 그것도 수많은 인간이, 심지어 각기 서로 다른 방식으로 살아가는 다양한 인간들이 직간접적으로 상호작용하면서 실천하는 개별적 또는 집합적 리터러시의 경험을 어느 하나의 이론과 학문의 틀(가령 언어학, 문학, 철학, 심리학, 사회학, 기호학, 인류학, 교육학, 언론학, 컴퓨터 공학, 학습과학, 뇌과학, 인지과학 등)로 설명하기란 참으로 어려운 일입니다. 인간의 그 어떤 경험도 양파 껍질처럼 인간을 켜켜이 둘러싸고 있는 크고 작은 사회적, 문화적, 정치적, 이념적 시공간을 벗어나서 설명하기 어렵습니다. 학교에서, 직장에서, 일상의 모든 맥락에서 읽고 쓰고 소통하는 복합적이고 다층적인 맥락을 고려하면서까지 리터러시라는 말의 개념을 명징하게, 어떤 알맹이로 서술하려는 시도 자체가 무의미하기도 합니다. 양파 껍질을 모두 까고 나면 하나도 남는 것이 없듯 말입니다.

모르긴 몰라도 리터러시란 지구인을 다 합친 것보다 몇 곱절은 훨씬 더 많을 '텍스트 은하계'를 다루는 일이기에 한마디로 정의하기가 더욱 어렵습니다. 심지어 특정한 인간 경험을 설명하는 언어가 문화적 바탕이 다른 외부에서 들어온 것이라면, 번역 과정에서 필연적으로 배제되는 의미가 있을 것이고 불필요하게 개입되는 오해와 모호함도 배제하기 어렵습니다. 이러저러한 이유를 핑계 삼아 저는 이 책에서 '리터러시'라는 말을 있는 그대로 사용하고 싶습니다. 여러분이 이 책을 읽는 동안 특별한 시간과 노력을 들여 알아보고자 하는 것을 조금 더 포괄적으로 담아내고 싶어서입니다. 동시에 적어도 불필요한 번역의 난제는 좀 해결할 수 있지 않을까 하는 희망 때문이기도 합니다.

그래도 한 가지 분명한 것은, 리터러시의 경험이 글자라는 추상적인 기호를 읽고 쓰는 것에 국한되지 않는다는 것입니다. 비판교육학의 큰 스승인 브라질의 지성 파울로 프레이리Paulo Freire(1921~1997)는 리터러시를 정의할 때 늘 '단어 읽기와 세상 읽기reading the word and reading the world'라는 대구적 표현을 사용했습니다.[3] 세상을 읽기 위해서는 첫째로 글을 읽을 수 있어야 하지만, 글을 읽는 일(수단)은 늘 세상을 읽는 일(목적)에 종사해야 한다는 뜻입니다.

글로 이루어진 교과서를 잘 읽어서 학교 성적을 올리고 좋은 학교에 진학할 수 있다면 더할 나위 없이 좋겠지만, 그렇다고 해서 그것이 우리가 리터러시를 잘 배우고 실천하여 궁극적으로 얻고자 하는 성취의 전부는 아닐 것입니다. 리터러시의 경험은 글을 읽고 쓰는 사람들, 수많은 독자와 저자가 살아가고 있는 바로 지금의 세상과 늘 결부되어 있습니다. 그래서 우리가 살아가는 세상을 떠나서는 읽고 쓰는 일의 가치와 효용을 온전하게 설명할 수 없습니다. 리터러시는 정확한 낱글자 읽기가 복잡다단한 세상 읽기로 전환되는 과정에 기여하는, 매우 정밀하고 섬세한 지적, 정서적, 사회적 의미 구성 과정과 실천의 스펙트럼을 포괄합니다.

한국의 시대 상황과 리터러시

리터러시의 개념을 살피기 위해 그 말이 쓰이게 된 사회적 맥락을 짚어 보는 것도 좋은 방법입니다. 어떤 말이 특별한 쓰임을 갖게 되는 시대 상황을 보면, 그 말의 뜻을 보다 실제적이고 실용적으로 이해하는 데 도움이 되기 때문입니다.

리터러시라는 개념이 한국에 들어올 때 몇 가지 서로 다른 방식이 있었던 것 같습니다. 아마도 이 특별한 말의 쓰임이 집중적으로 발생한 바로 그 시점의 한국적 사회 상황에 맞추어서 그 의미가 규정되고 번역되었기 때문일 것입니다. 사실 이것은 너무 당연한 추론입니다. 언어란 언제나 특별한 상황이나 사회문화적 환경에 결속되어 있기 때문입니다.[4] 그래서 리터러시라는 말이 현대 한국에서 번역되어 쓰인 방식과 경과를 살피면, 리터러시가 무엇인지 대답할 수 있는 몇 가지 꽤 쓸모 있는 단서를 포착할 수 있을 듯합니다.

저는 리터러시라는 말이 쓰임을 갖는 현대 한국의 맥락을 리터러시 개념이 번역되어 쓰이는 맥락, 리터러시 현상들이 해석되는 양상에 따라 세 시기로 구분하려고 합니다. '부재의 시기' '대립의 시기' '혼재의 시기'입니다.

; 1950년대: 문맹국이라는 낙인

한국인들은 일제강점기를 극복하자마자 전쟁을 겪으면서 극심한 빈곤이 점령한 시간을 보냈습니다. 이렇게 너무 어렵게 살던 때, 제대로 된 학교가 없고 교육이 보편적이지 않았던 시절에는 글을 제대로 읽고 쓰지 못하는 사람이 어림잡아 열에 일고여덟은 되었기에 문맹이라는 말을 흔하게 썼습니다.

문맹은 영어로 'illiteracy'라고 하는데, 리터러시라는 원래 말 앞에 '결핍'을 뜻하는 접두사 il-이 붙어서 생긴 말입니다. 그러니 문맹은 곧 리터러시가 부족하거나 결핍된 상황으로, 주로 글을 깨치지 못한 사람이나 그러한 상태를 가리킵니다. 여기서 '글'이란 엄밀히 말하자면 '글자'입니다. 따라서 한국에서 문맹이란 한글을 떼지 못한 상태입니다. 한글로 쓴 글을 읽으려면 한글 자모음의 낱자와 소리를 알고 그것들을 자유자재로 연결해서 글자와 단어를 만들어 읽어야 합니다. 그러니 문맹이란 글자를 손쉽게 다루어 읽는 능력이 결핍된 상태인 것입니다.

이 시기에 문맹은 마치 역병이나 장애처럼 인식되기도 했습니다. '문맹 퇴치'나 '까막눈' 같은 일종의 유행어들이 이런 사정을 잘 드러냅니다. 그런데 애석하게도 이 말들은 당시에 나라를 실질적으로 지배했던 외부인들에 의해 만들어지고 유포되었다는 의심을 떨칠 수 없습니다. 일제강점기에 제국주의자들은 일본어를 모르는 조선인들을 대상으로 문맹률을 조사했는데, 말 그대로 제멋대로 가져다 붙인 식민지적 문맹 낙인입니다. 불법적 국가 폭력에 의해 남의 말로 읽고 써야 하는 상황이 강제되었기 때문입니다. 해방 직후에는 미국 군인들에 의해서 나라가 통째로 '문맹국'으로 낙인찍히는 수모를 겪었습니다. 아메리칸들은 말이 안 통하는 코리안들이 답답했겠지만, 역사의 전후 맥락 없이 전혀 말귀를 못 알아듣는 아메리칸들 앞에서 코리안들도 꽤 속 터졌을 노릇입니다.

전쟁 이후에는 대한민국 정부가 이 기조를 그대로 이어받아 대대적인 문맹 퇴치 사업에 나섭니다. 행정안전부 국가기록원이 제작한 '한글이 걸어온 길'이라는 웹사이트를 보면 한국전쟁 전후에 실시된 탈문맹 사업의 경과가 다음과 같이 기술되어 있습니다.[5]

광복 직후 남한 지역의 문맹률은 열두 살 이상 전체 인구(10,253,138명)의 약 78퍼센트(7,980,922명)로 매우 높은 수준이었다. 일제는 동화정책의 일환으로 우리말과 한글의 사용을 금지했기 때문에 당시 대다수의 국민이 한글을 알지 못하는 문맹 상태였다. 이 때문에 미군정청은 문맹 문제를 관장할 '성인 교육위원회'를 조직하고, '국문 강습소'를 설치 운영하였다. 또한 공민학교를 설치하는 등 학령기를 초과하여 초등교육의 기회를 받지 못한 아동, 청소년 및 성인을 위한 교육정책을 펼쳤다. 그 결과 1948년 문맹률은 정부 수립 시 약 41.3퍼센트로 낮아졌다.

(중략)

1954년 문교부는 국민 완전 문맹 퇴치 계획안을 제출하였고, 같은 해 2월 16일에 국무회의에서 의결하였다. 이 계획에 따라 문맹 퇴치 사업이 1954년부터 1958년까지 5개년에 걸쳐 실시되었다. 매년 농한기를 이용하여 70~90일 동안 교육하였는데, 교육 내용은 초등학교 2학년 수준의 읽기, 셈하기, 기초적 과학 지식 등이었다. 이 사업의 결과 문맹률은 1958년에 4.1퍼센트로 격감되었다.

지금은 우리가 문맹이라는 말을 아무렇지 않게 사용하지만, 그 내막을 알고 보면 뼈아픈 역사의 고난과 낙인의 시간이 고스란히 배어 있는 용어임에 틀림없습니다.

문맹 사회에서 리터러시의 의미는 '탈문맹'으로 국한됩니다. '글자를 떼고 글을 읽을 수 있는 상태'쯤으로 그 의미와 함의가 제한되는 것입니다. 이러한 상황은 정작 담화의 중심이어야 할 원래 말인 '리터러시'보다 그 반대말인 '문맹'이 주도권을 선점한 독특한 경우라고 할 수 있습니다. 심지어 리터러시에 준하는 우리말 번역도 딱히 없어 그것이 무엇인지 분명하게 알 거나 토론할 수도 없었습니다. 문맹은 있지만 문명은 없는, 그래서 문명인 의 경험인 리터러시가 사유되지 못했던 언어적, 개념적 공백의 시간이었습 니다.

; 1960~1990년대: 대립의 리터러시

저는 이 시기를 1960년대에서 1980년대를 거쳐 산업화와 민주화가 충돌 하며 첨예한 이념적 긴장 상태를 유지하던 21세기 직전까지로 봅니다. 이 시기에는 크게 보아 두 가지 극단적 형식의 리터러시가 충돌했습니다. 하 나는 학교에서 배운 리터러시이고, 다른 하나는 주로 학교 밖에서 경험한 리터러시였습니다.

이 시기에 사람들은 급진적 산업화를 통해서 먹고사는 문제를 어느 정 도 해결하고, 공교육 제도 안에서 반 의무적으로 초중등학교를 다니면서 기본으로 한글을 읽고 쓸 수 있게 되었습니다. 그러나 여전히 '문맹 이후'의 삶과 배움에 대한 고민은 거의 없었던 듯합니다. "아직도 글을 못 읽는 사 람이 있어?"라고 간혹 반문하는 사회였지만, 많은 것들을 바쁘게 바꾸며 전진해야 했기에 리터러시는 고사하고 문맹이라는 말도 안중에서 사라진 시기였습니다. 학교에서 공부를 못하면 머리가 나쁘거나 게으른 사람으로 판명되지만, 공부는 엉덩이로 한다는 말처럼 사람들의 머릿속엔 시간을 들 여 노력하면 못할 것이 없는 학교만 있던 시절입니다.

학교에서는 규정된 틀에 맞게 읽고 쓰는 법을 주로 가르쳐 주었습니다. 전국의 학생들이 동일한 국정교과서를 읽었고, 서로 다른 교실에서 기가 막히게 유사한 방식으로 교과서를 읽었습니다. 밑줄을 긋고, 요점을 정리하고, 주요 내용을 암기하고. 교과서를 읽은 다음엔 일정한 규칙에 따라 글을 쓰는 법도 배웠습니다. 이 역시 형식과 내용이 이미 정해진 쓰기 법들이었는데, '새로운 해석과 의미를 담아 재구성해 글을 쓴다'기보다는 '교과서로 암기한 내용을 받아 적어 글로 옮긴다'는 표현이 더 적합해 보이는 것들이었습니다. 읽고 쓰는 방법을 배우기에 학교만 한 곳도 없었지만, 좋은 학교와 좋은 직장을 얻기 위한 읽기 쓰기 이외의, 삶에 밀착된 읽기와 쓰기의 방식에 대한 고민은 없었던 것 같습니다.

20세기 말 학교에서 경험했던 이런 종류의 읽기와 쓰기는 '표준화된 리터러시standardized literacy'에 가깝습니다. 표준화된 리터러시란 정해진 형식에 따라 정해진 방식으로, 정해진 수준의 내용으로 읽고 쓰는 것입니다. 개성이나 의식이 스며드는 읽기와 쓰기가 아니라, 깊게 생각하지 않아도 누구나 파악할 수 있는 수준의 일반적인 읽기 쓰기입니다. 이는 '누가, 무엇을, 어떻게, 왜, 언제, 무엇을 위해 읽고 쓰는가'라는 질문에 개입되는 수많은 요인, 변이, 과정의 복잡성을 배척하는 리터러시입니다. 모두가 알아야 하는 기본이지만, 천편일률적이고 대량생산적이며 규격에 맞아야 하는 리터러시입니다. 우연인지 필연인지, 《표준전과》라는 책이 참고서 시장을 점령하던 시절이었습니다.

1989년에 출판된 2학년 2학기 표준전과.
겉표지에 적힌 '제2의 교과서'라는 문구가 눈에 들어온다.

공장 같은 학교(실제로 학교는 제조업 공장 노동자 육성에 크게 기여했습니다)에서는 기계적으로 읽고 쓰는 일이 전부였지만, 학교 밖에서는 새롭고 급진적인 방식으로 읽고 쓰는 일들이 많아졌습니다. 민주화의 열망이 사회 전체의 에너지로 집합되던 시기에 책을 읽고 토론하고 생각하고 소통하는 일은 새로운 사회정치적 지향을 더듬어 찾아가는 가장 효과적인 방편이었습니다.

대학생들을 중심으로 쁘띠 부르주아나 준엘리트 집단의 서클 안에서 이런 종류의 리터러시가 실천되었습니다. 하위문화의 암시장 맥락에서 실천되던 이념적 읽기와 쓰기는 백주 대낮에 학교가 재생산하는 주류 문화의 표준적 읽기와 쓰기 방식을 전복하려는 '불온한' 행위로 규정되기도 했습니다. 그러나 이런 첨예한 읽기와 쓰기의 과정을 통해서 우리 사회는 많은 부분에서 새로운 변화를 이끌어 내는 동력을 마련할 수 있었습니다. 그 동력이란 새롭게 생각하는 방식에 대한 앎, 새롭게 세상을 읽고 쓰는 방법에 대한 체화된 배움이기도 했습니다.

이 시기에 보였던 서로 다른 이념적 리터러시의 대립과 충돌은 사실 지금도 지속적으로 관찰되는 현상입니다. 무언가를 특별히 감출 필요가 없어진 시대가 되었기 때문에 서로 다른 이념적 리터러시의 긴장적 대립 관계는 더욱 증폭되어 보이기도 합니다. 정치적이고 사회문화적인 '체제와 진영'이라는 것이 작동하는 한, 이 과정에서 이득을 보는 자와 피해를 보는 자의 운명이 불공정하게 규정되는 한, 이런 대립은 앞으로도 계속될 것입니다. 이 말인즉슨, 국가를 존속시키는 어떤 체제 안에서 살아가는 동안에는 우리가 읽고 쓰는 방식과 리터러시는 이념적일 수밖에 없다는 뜻입니다.

예의를 갖추고 토론할 수 있다면, 서로 다른 리터러시의 대립은 사회적 갈등을 해소하고 생산적 소통을 증진하는 가장 좋은 방법입니다. 읽고 쓰는 방식에 관한 건전한 긴장 관계는 건전지의 양극처럼 사회를 바꾸어 내는 통섭의 에너지를 창출합니다. 이런 점에서 한 사회의 이념적 투쟁은 결국 이념적으로 읽고 쓰는 방식에 대한 투쟁이기도 합니다.

; 2000년대 ~ : 다원적 리터러시

마지막으로 21세기라는 '혼재의 시기'입니다. 하이브리드, 통섭, 융복합 등의 말이 귀에 익숙한 세상입니다. 다양한 개인과 공동체가 실천하는 다양한 형식과 방식의 읽기와 쓰기, 그것을 통해 생성된 다채로운 지식과 관점이 때로는 경쟁하고 때로는 융화되면서 공존하는 요즘입니다.

다양성의 리터러시 환경이 조성되고 있는 데는 몇 가지 이유가 있습니다. 먼저, 디지털 사회로 전환하면서 읽고 쓰는 일이 더 이상 특정 집단이나 계층에 점유되는 인쇄 출판 환경에 국한되지 않게 되었습니다. 인터넷을 통해서 누구나 텍스트를 생산하고 유통하고 소비할 수 있게 된 것입니다. 디지털 기술의 발달은 텍스트의 공유 과정을 훨씬 쉽고 빠르게 해 줍니다. 문자언어와 함께 이미지, 그래픽, 동영상 등의 시각언어가 간편하게 쓰입니다. 소리, 몸짓, 공간의 언어들이 이미지나 문자와 어우러져 다채로운 텍스트로 창안됩니다. 특별한 자본, 인맥, 전문성, 권위가 없어도 인터넷에 연결되어 있는 사람이라면 누구나 저자와 독자가 될 수 있습니다. 나의 텍스트를 읽을 사람, 볼 사람, 소비할 사람 들을 다양한 플랫폼을 통해서 확보하고 그들과 교류합니다.

조금 팬시한 말로 표현하자면, 21세기 디지털 사회의 리터러시는 다양한 정체성이 다양한 채널을 통해서 다양한 형식의 텍스트로 만들어지는 경험입니다. 이런 상황을 잘 설명하려면 단수 명사 'literacy'가 아니라 복수 명사 'literacies'가 필요합니다. 그래서 요즘에는 복합적으로 실천되는 리터러시라는 의미로 '멀티플 리터러시multiple literacies'라는 말을 쓰기도 합니다. '뉴런던그룹New London Group'이라 불리는 서구 리터러시 석학들의 모임은 이 말을 또 줄여서 다양한 정체성이 다양한 채널을 통해서 다양한 형식의 텍스트로 디자인되는 경험, 즉 '멀티리터러시multiliteracies'라는 개념을 제안하였습니다.[6]

여기서 멀티리터러시와 관련하여 제 머릿속에 떠오르는 다양한 리터러시들을 대강 '몇 개'만 나열해 보겠습니다.

프린트 리터러시, 디지털 리터러시, 인포메이션 리터러시, 미디어 리터러시, 뉴스 리터러시, 데이터 리터러시, 컴퓨터 리터러시, 코딩 리터러시, ICT 리터러시, 디자인 리터러시, 비주얼 리터러시, 멀티모덜 리터러시, 인터넷 리터러시, 웹 리터러시, 게임 리터러시, 비디오 리터러시, 필름 리터러시, 애니메이션 리터러시, 소셜 리터러시, 컬처럴 리터러시, 파이낸셜 리터러시, 헬스 리터러시, 이모셔널 리터러시, 시민적 리터러시, 윤리적 리터러시, 학문적 리터러시, 학습 리터러시, 교육과정 리터러시, 평가 리터러시, 과학적 리터러시, 역사적 리터러시, 문학적 리터러시, 수학적 리터러시, 공학적 리터러시, 음악적 리터러시, 건축 리터러시, 통계적 리터러시, 심미적 리터러시, 기능적 리터러시, 비판적 리터러시, 탈식민지적 리터러시 그리고 미래 리터러시

이 단어들에서 중요한 것은 뒤가 아니라 앞입니다. 프린트, 디지털, 미

디어, 뉴스, 데이터 등 각각의 세밀한 의미를 지니고 있는 이 말들은 특정한 방식과 내용으로 '읽고 쓰고 생각하고 실천하는 대상'을 의미한다고 보면 됩니다. 프린트 리터러시print literacy는 책, 교과서, 신문 같은 인쇄 글을 잘 읽고 쓰고 이해하고 사용하는 것이고, 뉴스 리터러시news literacy는 신문이나 방송 등의 언론이 생산한 뉴스 기사를 제대로 읽고 분석하고 판단하고 제작하는 것입니다. 시민적 리터러시civic literacy는 시민에게 필요한 관점, 역량, 태도 등을 비판적으로 읽고 쓰고 실천하는 것이며, 역사적 리터러시historical literacy 또는 과학적 리터러시scientific literacy는 역사나 과학을 '하기' 위해 필요한 것들, 예를 들면 관찰, 사례, 조건, 원리, 논증, 해석 등에 관하여 일상에서도 학문적으로도 읽고 쓰는 것입니다.

리터러시의 대상들은 모두 다양한 형식과 맥락의 텍스트로 표현되고 이해됩니다. 다시 말해, 텍스트가 특정 영역에서 특정 문제를 가지고 사람들이 읽고 쓰고 생각하는 과정을 매개하는 것입니다. 미디어 리터러시media literacy는 다양한 미디어 텍스트를 경험하면서 현명한 미디어 사용에 요구되는 지식, 역량, 태도를 공부하고 토론하고 실천하는 것입니다. 디지털 리터러시digital literacy는 안전하면서도 생산적이며 창의적이고 혁신적인 디지털 삶을 살기 위하여 다채로운 텍스트들을 읽고 쓰고 공유하는 것입니다. 기능적 리터러시functional literacy는 텍스트의 정보를 객관적이고 충실하게 처리하고 소화하는 방식에 관한 것이며, 비판적 리터러시critical literacy는 텍스트의 기능적 이해를 넘어 텍스트 이면에 감추어진 저자의 의도, 동기, 목적,

가정, 편향, 가치관 등을 따져 물으며 읽고 쓰고 판단하는 것입니다.

서로 다른 형식과 맥락의 리터러시들은 융합도 되지만 경쟁도 합니다. 디지털과 독서의 경쟁이 대표적입니다. 스마트폰으로 대표되는 디지털은 늘 종이책 읽기를 방해하는 원흉으로 지목되어 왔습니다. 그래서 요즘엔 디지털 시대의 '실질적 문맹'이라는 말도 등장했습니다. 글을 읽는 것은 그 내용을 이해하고 의미를 파악하기 위한 것인데, 이런 수준의 읽기를 제대로 하지 못하는 사람들이 생각보다 많다는 걱정의 말입니다. 긍정적으로 보자면, 요즘 대중의 염려가 글 깨치기를 넘어서 글 내용을 이해하고 파악하는 수준으로까지 확장된 것입니다. 리터러시 차원의 '문맹 탈출'이자, 탈산업적 전진이라고 부를 수 있습니다. 글을 읽고 의미를 구성하는 능력은 리터러시를 설명하는 가장 실용적이고 설득력 있는 개념 중 하나이기 때문입니다. 디지털이라는 공공의 적이 생겨서 의도치 않게 리터러시가 부각된 경우입니다.

최근에는 '책맹'이라는 유행어도 생겼습니다. 어떤 대중 시사 잡지를 보니 〈책맹 사회를 추방하자〉라는 칼럼도 있습니다. 광복 직후의 문맹 퇴치 운동이 떠오릅니다! 책맹이라는 말을 처음 쓴 이의 의도는 모르겠으나, 언뜻 보기에 '책'이라는 특별한 매체를 멀리하거나 안중에 두지 않는 사람들을 꼬집어 부르는 말인 듯합니다. 리터러시의 유관 개념으로 굳이 풀어 보자면, 'aliteracy' 정도로 설명할 수 있을 것 같습니다. 이 단어를 보면, literacy 라는 원래 말 앞에 '냉담' 또는 '무관심'의 뜻을 더하는 접두사 a-가 붙어 있는 것을 알 수 있습니다. 즉, 책맹이란 책에 대한 냉담자, 책에 무관심한 사람, 삶의 공간에 책이 끼어들 틈을 주지 않는 사람, 책이라는 존재가 생활 반경 안에 없는 상태나 그렇게 생활화된 사람인 것입니다. 그리고 이렇게 책맹이 기하급수적으로 번식하는 가장 큰 원인으로 디지털을 지목하는 경우가 많습니다.

여러분을 포함한 많은 사람들이 이런 종류의 경쟁 구도에 익숙할지도 모르겠습니다. 경쟁의 눈으로 보게 되면 극단적인 경우 종이책을 읽고 쓰는 일의 존폐 위기에 관하여 개인과 사회 모두 희망 없는 심리적 공황에 빠질 수도 있습니다. 물론, 디지털 기기를 많이 사용하면 독서 시간과 독서량에 영향을 미칠 수 있습니다. 이건 사실 매우 당연한 이치입니다. 하루는 24시간으로 정해져 있기에 내 몸이 하나인 이상 어떤 일을 오래 하면 다른 일을 할 시간은 줄어듭니다. 그러나 디지털적인 것들이 모두 리터러시와 상관없는 것은 아닙니다. 오히려 디지털 기기와 기술을 활용하여 디지털 공간에서 하는 많은 일들은 사실 디지털적으로 읽고 쓰고 생각하고 소통하는 활동과 깊이 관련되어 있습니다.[7] 그리고 많은 경우에 인쇄 글 읽기는 디지털 글 읽기에 선한 영향을 주고, 디지털 읽기는 인쇄 글 읽기를 자극하기도 합니다.

적절한 수준의 염려는 텍스트를 읽고 쓰는 일로서의 리터러시가 가지는 의미와 가치를 환기시킨다는 점에서 긍정적입니다. 그러나 디지털과 독서를 분리하는 무리한 이분법적 접근은 오늘 우리가 살아가고 있는 디지털 전환 시대의 다원적 리터러시 환경을 애써 외면하는 것입니다. 스마트폰을 압수하고 책만 던져줄 수 없습니다. 책을 치워 버리고 디지털로 모든 걸 대체하기도 어렵습니다. 그러니 어느 하나를 버릴 것이 아니라, 이 둘 모두가 어우러져 갈 수 있게 하는 것이 훨씬 생산적인 접근법일 것입니다. 디지털이냐 종이책이냐의 문제가 아니라, 실제로 우리가 디지털로 무엇을 하는가에 대한 면밀한 내용 분석과 이해가 더 중요합니다.

디지털과 종이책 읽기 모두 세상을 읽는 방법이자 맥락입니다. 종이책으로 표현된 세상, 디지털적으로 표현된 세상, 이 둘이 교차하고 수렴하는 세상 말입니다. 디지털을 박탈하는 것보다 종이책을 즐겁게 읽을 수 있는 조건과 기회를 마련하는 일이 훨씬 더 현실적이고 효과적일 것입니다.

리터러시로
세상을 읽다

한국 사람들이 리터러시라는 말을 특정한 시대에 각각 어떻게 다르게 썼는지 짧게 살펴보았습니다. 한 시대가 리터러시를 이해하는 방식, 설명하는 방식, 가치판단하는 방식에 대해서도 잠깐 들여다보았습니다. 제가 굳이 이렇게 장황하게 시대 구분과 설명을 늘어놓은 이유는 글을 읽고 쓰는 행위가 본질적으로 사회적 성격을 띠는 행위이기 때문입니다. 개

개인이 실천하는 다양한 리터러시들의 집합적 과정과 결과가 특정한 시대적 상황 속에서 해석되기 때문입니다. 리터러시가 특별히 무엇인지 정의하지 않았으나, 현대 한국의 시공간에서 맥락화된 리터러시라는 말의 쓰임을 통해서 여러분이 나름의 방식으로 그 의미를 추론할 수 있으리라 봅니다.

파울로 프레이리는 일상에서 글을 읽을 때 특히 '정신의 관료화bureaucra-tization of mind'를 경계해야 한다고 했습니다. 정신의 관료화란 행정기관의 공무원들이 업무에 지나치게 익숙해진 나머지 마치 모든 일이 원래 그렇게 되기로 했던 것인 양 타성에 젖어 서류를 처리하는 것과 비슷한, 경직된 마음 상태를 이르는 말입니다. 즉, 눈앞에 보이는 것을 기계적으로 처리하는 구태의연한 독자가 되지 말라는 조언입니다. 누군가가 정해준 방식으로 읽는 것, 영혼과 의식이 부재한 상태에서 읽는 것에 익숙해지지 말라는 충고입니다. 정신이 굳어 있는 관료적 읽기에는 날카로운 문제의식이 스며들 틈이 없고, 비판적으로 질문하는 유연성이 발휘될 여유도 없습니다.

리터러시는 글자 읽기에서 출발하여 세상 읽기로 발전됩니다. 텍스트는 이러한 지적, 정서적, 사회적 경험과 참여를 매개합니다. 형식, 내용, 표현, 양식, 출처, 질에 상관없이 리터러시란 결국엔 텍스트를 다루는 일입니다. 텍스트는 세상을 거울처럼 '반영reflect'하지만, 동시에 세상을 그림처럼 '표상represent'합니다. 우리가 세상을 조금 더 엄밀하고 폭넓게 이해할 수 있는 것은 세상을 반영하고 표상하는 텍스트들을 조금 더 엄밀하고 폭넓게 직접 찾아 나서고 발견하여 서로 공유할 수 있기 때문입니다. 다만 텍스트가 항상 우리가 추구하는 진리나 진실의 방식을 따르지는 않습니다. 텍스트도 완벽할 수 없는 사람이 만든 사회적 결과물이기 때문입니다. 따라서 좋고 싫음이나 옳고 그름에 상관없이 텍스트는 늘, 언제나, 예외 없이 편향되어 있습니다. 그래서 텍스트를 읽고 쓰는 리터러시의 과정은 마치 살얼음판 위를 걷는 것처럼 늘 주의와 경계를 요구하며, 민첩한 판단력과 명민한 전략을 필요로 합니다.

시험을 잘 봐서 성적을 올리고 좋은 학교에 들어가는 것만으로 리터러시의 효용 가치를 제한할 수는 없습니다. 다양성 시대의 리터러시를 실천하는 사람들은 글자를 깨치고 글 내용을 이해하는 것을 넘어서서, 그것으로 삶을 배우고 앎을 다집니다. 그들은 자신과 공동체의 삶을 더 좋게 만들기 위해서 '읽기와 쓰기'라는 행위를 적극적으로 수행합니다. 능동적으로 텍스트를 탐색하고, 그것으로 세상을 읽고 쓰면서 당면한 생활의 문제를 해결하고 중대한 사회적 숙의 과정에 참여하며, 첨예한 토론의 과정에 기여합니다. 그리고 이 모든 것들을 자발적이고 지속가능한 방식으로 실천합니다. 이렇게 우리는 '제대로 읽고 쓰는 사람들being literate'이 되어 갑니다.

2장

리터러시의 첫 경험을 기억하다

읽는 인간의

시작

　　도대체 리터러시란 무엇입니까? 리터러시라는 말 자체가 어렵습니다. 일상 속에서 자주 쓰는 단어도 아니고 사람들이 크게 관심을 두는 단어도 아닙니다. 세월이 흐르는 동안 시대의 영향도 많이 받았고, 그 쓰임과 의미를 풀이하는 다양한 학문의 영향도 받았습니다. 길 가는 사람들을 붙잡고 리터러시라는 말을 아는지 물어보면 백에 구십구는 고개를 저을 것입니다. 사람들의 생활과는 거리가 먼, 학계에서만 전시되는 박제된 전문용어였기 때문입니다. 그러니 여러분이 이렇게 질문하는 것도 당연합니다. "리터러시, 이거 너무 어려운 말 아닌가? 우리가 이해할 수 없는 말 아니야? 공부하는 사람들, 학자들끼리만 쓰는 말 아닌가? 그걸 왜 알아야 하지?"

제 대답은 이렇습니다. 리터러시는 절대 어려운 말도 아니고, 절대 쓸데 없는 말도 아닙니다! 문명사회의 인간이라면 누구나 저마다의 독특한 방식으로, 동시에 많은 사람들이 이해할 수 있는 방식으로 리터러시를 실천하고 경험합니다. 어떤 사람들은 리터러시의 경험을 인생 여정에서 아주 오래전에 이미 끝난 일로 생각하거나, 또는 어린아이들에게서만 일어나는 유치한 것이라고 미루어 짐작할지도 모르겠습니다. "글 읽는 법은 초등학교에서나 배우는 것 아닌가? 노트에 몇 줄 적는 일을 진지하게 받아들이기엔 너무 하찮지 않아?" 하면서 말입니다. 감히 말하자면, 이런 생각들은 전적으로 오해입니다. 이 오해는 여러분 스스로에 대한 망각과 부주의에서 기인한 것입니다. 물론, 한 사람이 아이에서 어른으로 성장하는 수많은 장면들에서 무언가를 읽고 쓰는 상황과 목적, 그것의 본질과 모양은 매번 다를 것입니다. 하지만 문명사회에 속한 인간이라면 누구나 한 번쯤은, 알고 보면 매우 여러 번, 따지고 보면 평생을 살아가는 순간순간 늘 무언가를 읽고 쓰고 생각하는 경험을 합니다.

다시 여러분에게 질문해 봅니다. 리터러시란 무엇입니까? 그것은 왜 중요하고, 왜 배워야 합니까? 인간 삶에 가장 밀착된 인지적, 사회적, 문화적 경험으로서의 리터러시란 무엇이며, 한평생을 살아가는 동안 우리가 그것을 잘 배우고 실천할 수 있어야 하는 이유는 무엇입니까? 이 질문들에 답하기 위해서, 한 인간이, 특별히 순수한 영혼의 어린아이가 생애 처음 책 읽기를 경험하면서 보여 주는 가장 인간적이며 섬세한 호기심에 대하여 이야기하고자 합니다. 저는 그것을 '경이로운 체험'이라고 말합니다. 읽는 인간이 되는 경험, 글과 그림과 책을 가지고서 제대로 생각하고 멋지게 소통하는 사람이 되는 바로 그 순간의 경험, 여러분 누구나 가져 보았을 경험입니다. 한 아이의 읽기 경험을 통해 우리 모두의 리터러시 경험을 되짚어 보면서, 왜 리터러시가 가장 내밀하고 가장 인간적이며 가장 경이로운 체험인지 생각해 보면 좋겠습니다.

읽기 경험으로 보는
리터러시

25개월 된 아이가 책을 읽습니다. 아이의 이름은 '유녕'으로, 미국에서 나고 자라 영어가 모국어인 한국계 미국인 아이입니다.

유녕은 어느 날 글자가 들어간 그림책을 읽습니다. 케빈 헹크스Kevin Henkes (1960~)의 《BIRDS》(Illustrated by Laura Dronzek, Greenwillow Books, 2009)라는 책입니다. 유녕은 이 책을 25개월 된 아이의 방식으로 2분 8초 동안 읽습니다. 그런데 어른들이 책을 읽는 방식과 완전히 다르지는

유녕이 글을 읽는 동영상

않습니다. 이제부터 유녕의 글 읽는 모습, 그가 책 읽기를 처음 시작하는 단계에서 시현하는 아름다운 독자의 모습을 함께 관찰해 봅시다.

1. (양반다리로 카펫 위에 앉아 곁에 있던 책을 집어 든다. 책의 앞뒤를 확인하더니 앞표지를 손가락으로 짚는다. 세로로 쓰인 책 제목 BIRDS를 읽는다. '아래에서 위로' 읽는다. 손가락으로 알파벳 하나하나를 짚어 가며 소리 낸다.) **에스, 디, 알, 아이, 비.** (책을 뒤집어 뒤표지를 본다. 잠깐 보고, 다시 뒤집어 앞표지를 보더니 책을 펼친다.)

2. (책을 한 장 넘기니 아무것도 없는 빈 쪽이 나온다. 그냥 넘긴다. 한 장 더 넘기니 오른쪽에 있는 작은 글자의 책 제목이 보인다. BIRDS를 '오른쪽에서 왼쪽'으로 손가락으로 짚어 가며 알파벳 하나하나를 읽는다. 이번엔 몸을 조금 더 앞으로 기울여 읽는다.) **에스, 디, 알, 아이, 비.** (급하게 책장을 하나 더 넘긴다.)

3. (한 장을 더 넘기니 오른쪽 면에 그림과 함께 책의 제목이 또 보인다. BIRDS의 알파벳 글자를 손가락으로 하나하나 짚어 가며 소리 낸다. '오른쪽에서 왼쪽'으로 거

꾸로 읽는다.) **에스… 디, 알, 아이, 비.**

(글자를 읽고 난 후에 왼쪽 면을 힐끔 본다. 글자가 없다. 급하게 책장을 하나 더 넘긴다. 동시에 다시 소리 낸다.) **비!**

4. ('오른쪽에서 왼쪽으로' 책장을 넘긴다. 고개도 오른쪽에서 왼쪽으로 움직인다. 책장을 넘기자 깨알같은 글씨가 적혀 있다. 손은 책장이 흩어지지 않게 잘 누르고 있다. 소리를 내기 시작한다.) **삐 쓰빕 뺍 쓰빕 쏩 비.**

5. (급하게 책장을 하나 더 넘긴다.) **다입… 뺍스 띠 뺍 뺍 쏩 삐.**

6. (다시 책장을 넘긴다. 두 장이 한꺼번에 넘어간다. 그중 한 장을 손가락으로 집어 다시 앞으로 넘긴다. 글자가 나오면 몸을 앞으로 숙여 시선을 고정한다. 그리고 소리 내어 읽는다.) **드비 쓰비 드비 쓰비 쏩 쓰비 쏩 스 비.**

7~10. 위와 비슷한 과정이 네 번 반복된다.

11. (책을 다 넘기니 뒤표지가 나온다. 뒤표지에 있는 제목 BIRDS를 읽는다. '아래에서 위로' 읽는다. 한층 높은 목소리로 BIRDS의 알파벳 하나하나를 손가락으로 짚어 가며 읽는다. 첫 글자 S를 짚고 급하게 읽는다.) **비… 에스,** (민첩하게 고쳐 읽는다.) **디… 알… 아이, 비.** (아까보다 조금 더 신중하게 읽는다. 고개를 들어 환한 미소를 짓는다.)

12. (책을 다시 뒤집어 앞표지를 본다. 그리고 BIRDS를 '아래에서 위로' 조금 더 빠르게 읽는다.) **에스, 디, 알, 아이, 비.** (고개를 돌려 카메라를 본다.)

13. (책을 다시 뒤집어 BIRDS를 다시 한번 '아래에서 위로' 읽는다.) **에스, 디, 알, 아이, 비.**

14. (다시 책을 뒤집어 앞표지의 BIRDS를 '아래에서 위로' 읽는다.) **에스, 디, 알, 아이, 비.**

15. (다시 책을 뒤집어 뒤표지를 보려다가 잠깐 멈추더니, 책을 세워 발바닥 사이에 끼운다. 그리고 책등에 적힌 작은 글씨의 책 제목을 읽는다. 조금 천천히 조심스럽게 읽는다.) **에스… 디…… 알…… 아이…… 디!** (마지막 B에서 눈을 떼지 못한다. 잘못 읽은 것을 알고 정확하게 고쳐 읽는다.) **비!**

여러분은 아이를 키우면서, 또는 주변에서 자라나는 아이들을 지켜보면서 유녕이와 같이 책 읽는 모습을 한 번쯤은 본 적이 있을 것입니다. 그렇지 않다면, 이런 장면이 특별한 의미로 남아 있지 않다는 뜻입니다. 어린아이들의 또렷한 책 읽기 장면은 정신없이 인생을 살아가는 어른들의 장기 기억 목록에 등재될 만큼 중요한 일이 아닐지 모릅니다. 크게 관심을 갖지

않았던 일이거나, 너무 오래된 일일 수도 있습니다. 그것이 여러분 자신 또는 여러분의 자녀들에 관련된 것이라도 말입니다.

아이들은 책을 접하기 시작하면서 거의 예외 없이 앞에서 본 유령과 같은 읽기 단계를 거치곤 합니다.[1] 조금 전문적으로 말하자면 '읽는 척하기 pretending reading'의 단계입니다. 단어와 문장을 읽을 수는 없지만, 그래서 무슨 내용인지 이해할 수 없지만, 엄마 아빠 형 누나 같은 주변 사람들의 책 읽는 모습을 기억해서 흉내 내는 것입니다. 예시에서도 유령은 글을 읽는 것이 아니라, "쓰 비 디 디압 비 씨 비"라고 소리 냅니다. 무슨 주문이라도 외는 것 같습니다. 글자, 단어, 문장을 읽지 못하기 때문에 마치 읽는 것처럼 소리를 내는 것입니다. 주변에 책을 잘 읽는 사람들이 그렇게 책장을 넘기면서 줄줄 소리 내는 걸 보았기 때문입니다.

그렇다고 이런 책 읽기를 엉터리라고 하면 안 됩니다. 오히려 반드시 새겨봐야 할 점이 있습니다. 어린아이의 흉내는 어른들이 생각하는 것처럼 평범한 흉내가 아닙니다. 어른 눈에는 흉내나 시늉으로 보이지만, 아이에게는 온몸으로 몰입해서 해결해야 하는 일종의 '일'입니다. 자기가 보고 듣고 배우고 느낀 것을 나름의 방식으로 실천하는 일입니다. 매우 진지하면서도 즐거운 일입니다. 일을 마치고 나면 기대 이상의 성취감을 얻을 수 있는 그런 일입니다. 주어진 것들을 심드렁하게 기계적으로 처리하는 어른들의 소모적인 일과는 한참 거리가 먼 일종의 프로젝트입니다. 그러니 이런 광경을 보고 "오, 귀엽다!" 정도로 미소 짓고 지나치지 마십시오. 이 아이에게는 일생일대의 중요한 순간이기 때문입니다.

자, 우리는 유녕의 책 읽기를 관찰하면서 리터러시에 관하여 어떤 이야기를 할 수 있습니까? 짧은 순간에 일어난 별것 아닌 듯 보이는 아이의 퍼포먼스에서, 과연 그렇게 복잡한 개념이라던 리터러시를 설명할 수 있습니까? 이제 몇 가지 질문을 가지고 유녕의 책 읽기를 조금 더 자세히 들여다보기로 합시다.

- 이 아이는 무엇을 하고 있습니까?
- 아이의 목소리, 발음, 높낮이, 길이, 억양은 무엇을 말해 줍니까?
- 아이의 눈빛, 손짓, 표정, 움직임은 여러분에게 무엇을 보여 줍니까?
- 이 아이는 지금 이 순간 대체 누구입니까?
- 이 아이는 어떠한 존재입니까?

; 리터러시는 능력이다

유녕의 책 읽기를 가지고 리터러시의 경이로움을 몇 가지 측면에서 설명해 보겠습니다. 그중 가장 먼저 떠오르는 것은 바로, 리터러시가 일종의 '능력'이라는 점입니다. 이 아이가 읽는 모습을 한번 되돌아봅시다. 아이는 알파벳 낱글자를 읽고 있습니다. 글자 하나하나가 무엇인지를 알고 있습니다. 적어도 B, I, R, D, S라는 다섯 개의 알파벳 글자를 알고 있는 것입니다. 알파벳의 이름도, 모양도 정확하게 알고 있습니다. 그래서 손으로 짚어 가면서 하나하나 또박또박 글자들을 호명합니다.

아이는 이 일이 있기 전부터 거의 매일 갖가지 알파벳 모양의 알록달록한 고무 자석을 냉장고 문에 붙이면서 놀았습니다. 한 시간, 두 시간, 배가 고파질 때까지 한참을 그것만 한 적도 있습니다. 자석을 붙일 때는 여러 개의 글자들을 최대한 가지런히 배열하려고 노력했습니다. 그러던 중 자석 하나하나에 이름이 있다는 것을 알게 되었습니다. 글자들의 이름이 무엇인지를 엄마 아빠한테서 들었기 때문입니다. 언제나 '베이비' 같던 아이가 글자를 가지고 놀고 있으니 사실 유녕이는 매우 진지한 작업을 하고 있었습니다만! 엄마와 아빠가 가만히 있을 수 없었습니다. 음식을 마련하면서, 설거지를 하면서 유녕에게 고무 자석 글자의 이름들을 이야기해 줍니다. 냉장고에서 급하게 꺼낼 채소가 있어도, 아이의 작업이 끝나기를 기다렸다가 냉장고 문을 엽니다.

어느덧 유녕의 눈에 글자 모양이 익숙해졌습니다. 글자 하나하나의 이름이 무엇인지도 잘 기억이 납니다. 고무 자석 글자를 보면 그 이름이 얼른 떠오릅니다. 이전에는 알지 못했던 알파벳 글자에 대한 지식이 생성되었습니다.[2] 글자의 모양과 이름을 머릿속에서 눈 깜짝할 새보다 더 빨리 끄집어낼 수 있는 능력도 생겼습니다. 그래서 글자를 보면 자동으로 이름이 입 밖으로 튀어나옵니다. 이제는 고무 자석이 아니더라도 거실에 널브러져 있는 책 표지에서, 엄마가 끄적여 놓은 노트에서, 아빠랑 손잡고 걷다가 본 표지판에서 글자가 보이기 시작합니다. 그래서 지금 이 책《BIRDS》를 자신 있게 읽습니다. "에스(S), 디(D), 알(R), 아이(I), 비(B)"라고 또렷이 소리 냅니다. 눈으로 보고 머릿속으로만 '아, 그렇지!' 하고 끝나지 않고, 그 생각들을 소리를 내어 밖으로 드러냅니다.

아이의 리터러시 능력은 여기서 그치지 않습니다. 유녕은 이 글자들을 '꼼꼼히' 읽습니다. 정말 꼼꼼하게 읽습니다. 도대체 "S, D, R, I, B"를 몇 번이나 읽었습니까? 일일이 세기도 힘들 정도로 많이 읽었습니다. 어른들은 이렇게 못 읽습니다. 가장 친한 친구에게 같은 단어를 여덟 번 반복해서 읽으라고 해 보십시오. 아마도 짜증부터 낼 것입니다. 이미 똑똑해져 버린 어른들에게 너무 쉬운 일을 무작정 반복하는 일은 아무 의미가 없기 때문입니다. 하지만 유녕은 꼼꼼하게 반복해서 한 글자도 놓치지 않고 읽습니다. 글자를 읽는 일이 새롭기 때문입니다. 그만큼 중요한 일이기 때문입니다. 진지하게 임해야 완수할 수 있는 일입니다. 그렇게 완수하면 기쁨이 찾아온다는 것을 알기 때문입니다. 그래서 가치 있는 일입니다.

조금 더 들어가 봅시다. 유녕의 읽기에서 눈에 띄는 것 중 하나는, 잘못 읽으면 다시 제대로 고쳐 읽는다는 것입니다. 15에서 유녕은 "에스, 디, 알, 아이, 디"라고 읽습니다. 마지막 글자인 B를 "비"가 아니라 "디"라고 잘못 읽었습니다. B의 모양이 D처럼 보여서 그렇게 읽은 것입니다. 유녕 역시 뭔가 잘못되었다는 것을 직관적으로 알아챕니다. 그 순간 읽기를 멈추고 민첩하게 생각합니다. "어? 이상하다. 내가 뭐라고 했지? 이건 D가 아닌데…….. 자세히 보니 B구나!" 그러고는 B를 "비"라고 정확하게 읽습니다. B

를 "비"라고 읽기 위해서 천천히 생각하면서 더 많은 시간과 노력을 투자한 것입니다. 이런 읽기는 매우 고차원적인 능력입니다. 자신이 어떻게 읽는지, 무엇을 제대로 읽고 무엇을 실수했는지를 스스로 점검self-monitoring하는 능력입니다. 문제가 생기면 적합한 대안 전략을 사용하여 해결하는 자기 수정self-correction 능력입니다.[3] 매우 능숙한 독자에게서 관찰되는 일종의 메타인지metacognition 능력입니다. 메타인지는 스스로의 생각에 대해 생각하고thinking of thinking, 스스로의 앎에 대해 아는 것knowing of knowing입니다. 이는 보통 능력이 아닙니다. 좋은 학습자를 설명하는 가장 대표적이고 특징적인 능력입니다.

유녕의 읽기를 유심히 관찰했다면 이쯤에서 여러분은 아마도 이런 질문을 할 것입니다. "그럼 이 아이가 지금 책을 정말 잘 읽고 있는 건가?" 하고 말입니다. 매우 좋은 질문입니다. 실제로 유녕은 아직 글을 읽지 못합니다. 유녕이 정말로 글을 읽기 위해서는 추가적인 인지 기능들cognitive skills을 습득하고 사용할 수 있어야 합니다.[4] 가령, 유녕은 알파벳 낱글자의 이름은 알고 있지만, 그것들이 어떻게 소리 나는지는 아직 알지 못합니다. B를 "비"라고 소리 내어 말할 수 있지만, B를 "브"로 발음해야 한다는 것은 아직 배우지 못했습니다. S, D, R, I 역시 마찬가지입니다. 개별 글자의 소릿값을 알아야 하고, 여러 가지 소리들을 자유자재로 붙였다 떨어뜨렸다 할 수 있어야 합니다. 글자의 소릿값인 음소phoneme를 이해하고 구별할 수 있는 음소 인식phonemic awareness 능력이 필요한 것입니다.

소릿값을 안다고 해서 글자를 읽을 수 있는 것도 아닙니다. 글자를 소리 내어 읽으려면 소리의 단위인 음소와 시각 글자의 단위인 자소grapheme를 연결할 수 있어야 합니다. 이것을 자소-음소 인식grapho-phonemic awareness, 또는 글자-소리 대응letter-sound correspondence이라고 합니다. 소릿값을 가지고 있는 글자를 정확하게 확인해서 읽는 것입니다. 그러니까 B를 보고 "브"라는 소리를 떠올려야지, "드"라는 소리를 내면 안 됩니다. 만약, B를 "드"라고 소리 내었다면 다시 "브"라고 고쳐 소리 낼 수 있어야 합니다. 어른들에게는 별것 아니지만, 사실 이런 능력을 숙달하기까지 아이들은 꽤 많은 시간과 노력을 투자할 것입니다. 영어 알파벳만 해도 26개이고, 더군다나 각각의 글자들이 상황에 따라 여러 가지 소리로 나타납니다. 이렇게 불규칙한 상황들에 대해서 이해하고, 상황에 맞게 여러 글자들을 정확하게 읽는 일은 정말 쉬운 일이 아닙니다.

글자와 소리를 정확하게 연결할 수 있으면, 여러 글자들을 연결해서 하나의 단어로 소리 내어 읽을 수 있어야 합니다. 그러니까 B, I, R, D, S를 따로따로 읽지 않고 자연스럽게 붙여서 "버즈"라고 읽을 수 있어야 합니다. 이렇게 글자 읽기에서 단어 읽기로 발전하면, 정말 큰 산을 하나 넘은 것입니다. 이것은 마치 치열한 전투에서 전략적 요충지 하나를 점령한 것과 같습니다. 이때부터 읽기의 과정이 본질적으로 달라집니다. '기호를 해독'하는 단계에서 '의미를 이해'하는 단계로 넘어가는 것입니다. 전투의 양상이 완전히 달라지는 것입니다. 말의 의미를 가장 구체적이고 온전하게 담고 있는 그릇인 단어를 읽게 되면, 이제 단어와 단어를 연결하여 문장을 읽을 수 있는 기회도 생깁니다. 이렇게 단어와 문장을 읽는 것은 많은 시간과 노력을 투자해야 하는 일입니다. 하지만 몇 문장을 잘 읽게 되어 자신감이 붙고, 그 에너지로 다양한 단어와 문장을 계속 찾아 읽으면서 아이는 조금씩 조금씩 더욱 매끄럽게 여러 문장을 읽어 나갈 수 있게 됩니다.

단어를 연결해서 문장을 매끄럽게 읽어 나가는 동안, 놀랍게도 지금 읽고 있는 단어들이 무슨 뜻인지 머릿속에 있던 것들이 딸려 나옵니다. "그렇지, 이 단어가 이렇게 연결되는구나!"와 같이 단어와 단어를 연결해서 문장의 의미를 이해합니다. 단어의 의미를 떠올리는 것은 사전을 찾는 일과는 많이 다릅니다. 이는 그 단어의 정의를 끄집어내는 것이 아니라, 그 단어와 관련하여 내가 가지고 있던 경험들을 활성화하는 작업입니다. 앞으로 이 책을 잘 읽게 될 유녕을 생각해 봅시다. 유녕에게는 '새'와 관련된 그만의 경험이 있을 것입니다. 도시에 사는 유녕이 제일 많이 본 새의 색깔은 아마도 회색일 듯합니다. 비둘기 말입니다. 그런데 책에는 노란 새, 빨간 새, 파란 새 등 다채로운 빛깔의 새들이 등장합니다. 이렇게 새라는 단어와 다양한 새들의 그림을 보면서 아이는 이것도 새이고, 저것도 새라는 것을 알게 됩니다. 한 번도 보지 않은 새들이지만, 세상에는 그렇게 여러 가지 색깔의 새들이 있다는 것을 깨닫게 됩니다. 앞으로 유녕은 다양한 책들을 읽으면서 자신의 지식과 경험을 책의 글자와 그림과 연결해서 읽을 수 있는 의미 구성 능력을 키워나갈 것입니다.

; 리터러시는 생각하기이다

리터러시는 섬세한 지식과 기능의 습득과 발달을 요구하는 일종의 능력이지만, 그 능력을 키우는 목적은 그것으로 무엇인가를 배우고, 새로운 의미를 만들며, 특별하게 사유하기 위함일 것입니다. 이런 점에서 리터러시는 '생각하기 thinking'입니다. 생각하기는 모든 배움의 과정이자, 새로운 의미를 창안하는 지적 작업의 정수입니다. 생각하지 않고서는 배울 수도 없고 새롭게 무언가를 만들어 낼 수도 없습니다. 생각하지 않는 읽기와 쓰기는 불가능하며, 읽기와 쓰기는 사실 생각하는 법을 훈련하기 위한 가장 좋은 사고 도구 thinking tools입니다.

유녕의 책 읽기를 돌아봅시다. 그는 지금 책에 적혀 있는 글이나 단어를 읽지 못합니다. 그러니 글로써 생각하기를 하지는 못합니다. 하지만 이 아이가 글자를 읽고, 단어를 읽고, 문장을 읽게 되면, 눈앞에 나열된 복잡한 시각적 기호들을 풀어 나가면서 동시에 그것이 감싸고 있는 의미에 대해 계속 생각하려 할 것입니다. 유녕이 책을 읽으면서 어떤 생각을 할지는 아무도 모릅니다. 하지만 이 아이가 여섯 살, 일곱 살이 되어 진정 책을 읽을 수 있을 때 "지금 무슨 생각을 하고 있니?"라고 물으면, 정말 생각지도 못했던 흥미진진한 이야기들을 해 줄지도 모릅니다. "(책에 있는 노란 새라는 단어와 그림을 번갈아 보면서) 아! 이 새는 내가 처음 보는 새예요. 노란 새예요. 새가 반짝반짝 빛나요……. (책에 있는 빨간 새라는 단어와 그림을 반복해서 보면서) 아! 이 빨간 새를 들판에서 봤어요. 마술을 부릴 것 같아요."라고 자기 생각을 술술 이야기할지도 모릅니다.

　언뜻 보기에 아이의 말은 단순해 보이지만, 사실 꽤 다양한 생각을 담고 있습니다. 그중에는 책에서 본 단어와 그림을 토대로 한 생각도 있고, 아이 자신의 경험에 바탕한 생각도 있습니다. 한번 찬찬히 뜯어봅시다. 빨간 새와 노란 새는 아이가 '책에서 보고 읽은 새'입니다. 책에 '빨간 새' '노란 새'라는 단어가 있고, 빨강과 노랑의 예쁜 새 그림들이 있습니다. 그런데 유녕의 말 중에는 책에 없는 새에 관한 것도 있습니다. "내가 처음 보는 새" "내가 들판에서 본 새"가 그렇습니다. 책에 있는 단어와 그림의 새들을 보고 자신의 경험 속에 있거나 전혀 본 적 없는 새들도 떠올렸습니다. 글자와 그림이라는 책 속의 정보를 풀어서 그것과 관련된 생각들을 스스로 활성화한 것입니다.

　유녕의 생각하기는 여기서 멈추지 않습니다. 책과 책을 읽는 내가 만나면 반드시 새로운 생각이 만들어집니다. 일곱 살이 된 유녕의 말을 떠올려봅시다. 아이는 노란 새를 한 번도 본 적이 없지만, 그것을 보고 "반짝반짝 빛나는 새"라고 했습니다. 노란 새를 보면서 창가에 노랗게 스며드는 햇살을 떠올렸는지, 노란색에 햇살이 비치면 새가 더 노랗게 반짝반짝 빛나 보일 것 같아서 그랬는지는 알 수 없습니다. 하여튼 그것은 화려한 새이자 따뜻한 새입니다. 책에도 없고 아이의 경험에도 없었지만 책과 아이가 만나 그럴듯하게 창안된, 전에 없던 특별한 새입니다. 빨간 새는 어떻습니까? 아이는 그 새를 보고서 들판의 새를 떠올리더니 "마술을 부리는 새"라고 합니다. 아이의 눈에는 이 새가 빨간 모자를 쓰고 초록 들판이라는 무대 위에서 이리저리 날다 뛰다를 반복하는 마술사처럼 보였나 봅니다. 이 새는 책에도 없고, 아이의 경험에도 없던 새입니다. 이 새는 책에 있던 빨간 새와 전에 보았던 들판의 새가 만나 새롭게 태어난 아이만의 새입니다. 이 새는 아무나 만들 수 없습니다. 오직 아이만 그 이름을 부를 수 있습니다.

여러분은 책 읽기를 글자를 소리 내고, 문자를 읽어 내며, 기호를 풀어내는 것쯤으로 여길지 모릅니다. 그러나 읽기는 글자와 문자와 기호가 드러내고 있는 의미 또는 이면에 감추고 있는 속뜻에 접근하여 그것이 무엇인지를 파악하고자 하는, 꽤 분석적이고 면밀한 생각하기의 과정이기도 합니다. 전자는 후자를 위한 수단이고, 후자는 전자의 목적이 됩니다. 글을 읽는 사람의 시선과 마음은 텍스트 속에 들어 있는 의미의 경계 안에 멈추어 있거나, 머릿속의 제한된 경험에만 갇혀 있지 않습니다. 오히려 책과 나의 정보를 연결하고 섞어서 새로운 모양과 느낌의 독특하면서도 수긍할 만한 의미를 빚어내는 참으로 구성적이고 창의적인 과정입니다.[5]

; 리터러시는 실천이다

한 가지 더 이야기하고 싶습니다. 리터러시는 '실천practice'입니다.[6] 우리가 어떤 행위를 실천이라고 하기 위해서는 몇 가지 조건을 만족해야 합니다. 먼저, 실천이란 머리와 몸이 다 같이 움직이는 일입니다. 이런 점에서 글을 읽는 일은 단지 머리만 쓰는 일이 아니라 머리와 몸이 함께하는 체화된 경험*embodied experience*입니다. 실천은 또한 어떤 일에 관하여 꾸준히 노력하고 깊게 몰입하는 연습을 필요로 합니다. 진정으로 잘 읽는 법을 배우기 위해서는 다양한 텍스트를 찾아 읽으려는 꾸준한 노력과 읽기 과정 자체에 대한 몰입이 필요합니다. 마지막으로 실천은 일관성을 내포합니다. 어쩌다가 한 번 하는 일을 두고 실천이라고 말하지 않습니다. 빈도와 정도의 차이는 있을지언정, 나름 규칙적이고 일관성 있는 연속적 행위여야 합니다. 그래서 읽기는 우리가 살아가는 내내 저마다의 상황과 조건에 맞게 일관성 있는 방식으로 실천되어야 합니다.

유녕의 책 읽는 모습을 다시 봅시다. 갓 세 살이 된 꼬마이지만, 여러 가지 면에서 이 아이의 책 읽는 모양이 어른들 못지않게 '실천적'이라는 것을 알 수 있습니다. 아이의 고개와 몸이 움직이는 모양만 봐도 그렇습니다. 책을 읽는 일이 머리로만 하는 것이 아님을 주장하는 데 이만큼 좋은 예가 없습니다. 어떻게 읽습니까? 시선이 움직입니다. 여러 방향으로 움직입니다. 책의 이곳저곳을 따라 눈이 움직이는 속도도, 특정 부분에 눈이 멈춰 있는 시간도 다양합니다. 또 글자 하나하나를 손으로 짚어 가며 읽습니다. 이렇게 손으로 짚어 가며 읽으면 글자를 정확하고 꼼꼼하게 보고 읽는 데 큰 도움이 됩니다. 그리고 유녕은 필요에 따라 몸을 앞으로 기울여서 오랫동안 시선을 멈추고 글자를 더욱 자세히 들여다봅니다. 그래서 잘못 읽은 글자도 다시 바르게 고쳐 읽을 수 있습니다. 자세히 들여다봄으로써 더욱 집중할 수 있었기 때문입니다. 고개가 돌아가는 모양, 몸을 기울이는 모양, 손가락을 짚어 가는 모양, 입을 움직여 소리 내는 모양이 잘 훈련된 오케스트라의 공연처럼 조화를 이룹니다. 눈과 고개와 손과 몸을 조화롭게 움직이면서 조금 더 정확하게, 조금 더 꼼꼼하게, 조금 더 씩씩하게 책을 읽습니다. 읽기는 머리와 몸으로 실천하는 것입니다.

유녕의 읽기에서 눈에 띄는 것 중 하나는 '처음부터 끝까지' 읽는다는 것입니다. 책의 표지부터 시작해 책장 하나하나를 다 넘기고 뒤표지까지 다 읽습니다. 눈에 보이는 모든 글자를 읽으려 합니다. 어른들이 보기엔 책의 앞에서 뒤까지 전부 다 읽은 것 같은데, 거기서 멈추지 않고 이리저리 또 훑어봅니다. 마치 범죄 현장에서 범인이 남긴 증거를 빠짐없이 찾으려는 명탐정의 철저함과 예민함이 느껴집니다. 예시 장면의 15에서 이런 노력이 잘 드러납니다. 책을 앞뒤로 넘기다 좁은 책등에 글자가 있다는 것을 발견하고는, 천천히 손가락으로 꾹꾹 눌러 가며 책등 글자까지 조심스럽게 읽습니다. 유녕은 이렇게 책을 읽으면서 노력하는 법, 꼼꼼하게 읽는 법, 빠뜨리지 않고 모두 읽는 법을 연습합니다. 읽기를 실천하는 과정이 결국 읽기를 연습하는 과정이 되는 것입니다. 그러므로 가장 좋은 읽기 연습은 '실제로' 읽는 것입니다.

유녕의 책 읽는 모습을 보면 어떤 패턴 같은 것, 즉 독자로서의 일관된 모습이 보입니다. 유녕은 책의 모든 것에 주의를 기울여 읽는 과정에서 두뇌의 모든 부분을 활용하고 몸의 모든 부분을 사용하는 적극적인 독자입니다. 귀한 시간을 투자하여 특별한 노력을 들여서 스스로 찾아 읽는 부지런한 독자입니다. 책 읽는 과정을 스스로 조절하고, 잘 읽고 있는지 민첩하게 판단하면서 읽는 예민한 독자입니다. 처음부터 끝까지 소중한 작업을 스스로 마무리하는 주도적인 독자입니다. 아이의 읽기를 지켜보는 어른의 한 명으로서, 앞으로 유녕이 부지런하고 적극적이며 민첩하고 자기주도적인 독자의 모습을 꾸준히 유지할 수 있기를 바랍니다. 우리 어른들이 잘난 체하며 방해하지 않는 한 계속 그렇게 잘할 것 같지만 말입니다.

몇 권의 책을 읽은 후 다시는 책을 찾아 읽지 않는 사람을 독자라고 부르기는 어렵습니다. 글자를 읽고 의미를 이해할 수는 있지만, 책을 찾아서 몰입하여 읽으면서 스스로 생각할 기회를 만들어 내는 일에 무관심한 사람이기 때문입니다. 평생 읽은 글의 양이 학교와 같은 곳에서 누군가에 의해 선택되고 안내된 것으로만 한정된다면, 삶에서 스스로 찾아 리터러시를 실천하는 사람이라고 말하기 어렵습니다. 어쩌다 한 번 구세군 냄비에 몇 푼 넣었다고 기부를 실천했다고 말하기 어렵습니다. 어쩌다 우연히 지하철에서 길 잃은 어르신을 안내해 드린 일을 가지고 봉사를 실천했다고 떠벌릴 사람은 아무도 없을 것입니다. 이처럼 실천이란 나의 상황과 여건 속에서 특별한 시간과 노력을 들여 꾸준히 무엇인가를 도모하고 행동에 옮기는 것입니다. 따라서 다양한 텍스트들을 읽고 쓰면서, 그것으로 여러 사람과 생각하고 소통하고 협력하는 과정인 리터러시도 이런 점에서 반드시 실천적이어야 합니다.

; 리터러시는 게임의 법칙이다

하나 더 이야기해 봅시다. 리터러시는 '게임의 법칙the rules of the game'입니다. 우리는 게임을 할 때 되는 대로 하지 않습니다. 그것이 동네 골목에서 하는 술래잡기건, 조금 더 심각한 부루마블 보드게임이건, 일생일대의 무대에서 펼쳐지는 올림픽 경기건 간에 세상의 모든 게임에는 법칙이라는 것이 있습니다. 게임을 하려면 법칙을 알아야 하고, 게임을 잘하려면 법칙을 잘 활용할 줄 알아야 합니다. 게임의 법칙을 모르면 게임의 과정에 참여하기 어렵고, 법칙을 일부러 어기면 강제 퇴장을 당할 수 있습니다. 이와 마찬가지로 읽고 쓰는 일에도 법칙이라는 것이 있습니다. 리터러시라는 과정과 실천에도 따라야 할 어떤 법칙 같은 것들이 있다는 말입니다.[7]

유녕의 책 읽기로 돌아가 봅시다. 이 아이는 세로로 쓰인 책 제목을 읽을 때 아래에서 위로 "S, D, R, I, B"라고 읽었습니다. 가로로 쓰인 제목을 읽을 때는 오른쪽에서 왼쪽으로 읽었습니다. 이것은 어른들이 읽는 법이 아닙니다. 어른들은 글자를 읽을 때 왼쪽에서 오른쪽으로, 위에서 아래로 읽습니다. 그렇게 읽어야만 제대로 읽는 것이기 때문입니다. 글을 읽고 쓰는 법칙이 정해져 있는 것입니다. 그런데 유녕은 아직 어른들이 글을 읽는 법칙, 즉 글자 읽는 순서를 모릅니다. 아마도 조금 시간이 지나면 이 아이는 어른들이 읽는 모습을 보고 깨달을 것입니다. "아, BIRDS는 B, I, R, D, S의 순서로 읽어야 되는구나!"라고 말입니다.

읽기라는 게임의 법칙은 단지 글자 읽는 순서에 국한되지 않습니다. 게임의 법칙은 리터러시가 수행되는 다양한 삶의 영역에 따라 결정됩니다. 엄마와 같은 어른들이 책 읽는 법(또는 생각하는 법)이 있고, 학교에서 책을 읽는 법(또는 생각하는 법)이 있으며, 과학과 같은 학문 영역에서 책을 읽는 법(또는 생각하는 법)이 있습니다. 유녕이도 성장하면서 다양한 삶의 영역을 거치는 동안 여러 가지로 읽고 쓰고 생각하는 경험을 갖게 될 것입니다. 예를 들어, 엄마와 동화책을 읽던 어느 날 이렇게 생각하고 말할 수도 있습니다. "나, 엄마처럼 읽을 수 있어요! 엄마가 읽는 방식으로 읽을 수 있단 말이에요!" 학교에 들어가면 이렇게 이야기할 것입니다. "나, 선생님처럼 읽을 수 있어요. 선생님이 읽는 교과서 읽기의 법칙을 알고 있다고요!" 나중에 대학교에 들어가서 과학을 전공하게 되면 지도 교수에게 불쑥 이렇게 말할 수도 있습니다. "나, 과학자처럼 읽을 수 있어요. 과학 논문들을 읽고, 그걸로 과학적으로 생각하고 과학적으로 탐구하고 과학적으로 이야기할 수 있어요!" 성숙한 시민으로 성장해 나갈 때, 유녕이 이렇게 말할 수 있기를 기대합니다. "나, 합리적으로 생각할 수 있어요. 시민으로서 읽을 수 있어요. 좋은 것들을 찾아서 제대로 읽고 생각하고 또 판단할 수 있어요!"라고 말입니다.

유녕이 글자를 오른쪽에서 왼쪽으로 읽는다고 해서 리터러시의 법칙을 전혀 모른다고 말하기엔 아직 이릅니다. 이 아이는 단어를 거꾸로 읽고 있지만, 책장은 오른쪽에서 왼쪽으로 넘기고 있습니다. 왼쪽을 먼저 읽고 오른쪽은 그다음에 읽습니다. 아이는 책장을 넘기는 순서의 법칙을 알고 있는 것입니다. 대단한 법칙입니다. 책을 오른쪽에서 왼쪽으로 넘기는 걸 안다는 것은 책을 읽을 준비가 되어 있다는 의미입니다. 어른들처럼 완벽하지는 않지만, 책에 대한 개념concepts of print 중 참으로 중요한 것 하나를 갖고 있는 것입니다. 아마도 유녕은 계속 이렇게 다양한 종류와 형식의 책 읽기를 경험하면서, 나머지 게임의 법칙들도 하나씩 하나씩 더 자세히 알아나갈 것입니다. 게임의 법칙을 가장 잘 배우는 방법은 게임을 직접 해 보면서 그것이 어떻게 적용되고 활용되는지 관찰하고 경험하는 것이기 때문입니다.

재미있는 것이 또 있습니다. 앞에서도 말했지만, 유녕은 책에 있는 모든 글자를 읽으려고 합니다. 아주 꼼꼼하게 읽기 위해 최선을 다합니다. 그림까지 자세히 봅니다. 유녕에게 책이란 그렇게 해야 다 읽은 것입니다. 다 읽기 전에는 책을 절대 손에서 놓지 않습니다. 왜 유녕은 이렇게 각별히 노력하는 것입니까? 유녕에겐 책 읽기에 관한 나름의 법칙이 있기 때문입니다. "책은 꼼꼼하게 다 읽는 것이다"라는 법칙 말입니다. 물론 책을 읽을 때 항상 모든 것을 읽을 필요는 없습니다. 어떤 경우엔 필요한 것만 골라 선택적으로 읽는 것이 더 효과적입니다. 재미없는 책, 나한테 맞지 않는 책을 단지 책이라는 이유로 끝까지 읽을 필요는 없습니다. 그러나 어린아이에게 책이란 처음부터 끝까지 그 속에 있는 것들을 하나도 빠짐없이 읽는 것이어야 합니다. 그래야 좋은 습관을 기를 수 있기 때문입니다. 그것이 좋은 독자로 성장하기 위한 첫걸음이자 법칙이기 때문입니다. 이 법칙이 이 아이에겐 너무 좋아 보이는 것입니다.

그런데 여러분, 유령이 책 속에 있는 글자들을 어른처럼 정확하게 발음하면서 읽고 있습니까? 그렇지 않습니다. "드비 쓰비 드비 쓰비 쏩 쓰비 쏩 스 비"라고 알 수 없는 소리를 내면서 읽고 있습니다. 어른들 귀에는 아무 형식도, 의미도 없는 소리로 들립니다. 그런데 다시 한번 잘 봅시다. 이 소리는 BIRDS의 낱자 소리들과 엇비슷합니다. 유령은 "슈슈 샤샤 크 흐 마 마 나 피"라고 아무렇게나 소리 내지 않습니다. "드비 쓰비 알 드비 쓰 쏩 쓰비 우 알 비 스 비"라고 소리를 냅니다. BIRDS의 "브 어 얼 드 스"라는 소릿값이 막연하지만 매우 구체적으로, 순서 없지만 나름 일관성 있게 발현되고 있는 것입니다. 아이는 제목에서 읽은 소리들을 책 속의 글자들을 읽을 때 활용했습니다. "책은 소리를 내서 읽는 거구나. 그런데 그건 글자를 소리 내는 것이구나!"라는 게임의 법칙을 알고 있기 때문입니다. 아직 글자와 단어를 연결해서 문장을 매끄럽게 읽을 순 없지만, 책을 읽는 행위가 소리를 내서 읽는 것이라는 사실을 알고 있는 것입니다. 이처럼 리터러시는 게임의 법칙을 아는 것입니다.

; 리터러시는 정체성이다

마지막으로, 리터러시는 '정체성identity'입니다. 앞에서 우리는 리터러시가 머리로 하는 활동을 넘어 몸으로 경험하는 것임을 보았습니다. 글을 읽는 행위와 과정은 늘 특정한 시공간의 사회문화적 환경 속에 맥락화되어 있습니다. 즉, 내가 글을 읽는 특별한 시간, 장소, 그때 나와 함께 있던 사람과의 조화를 통해서 그 의미와 가치가 파악됩니다. 글을 읽는 과정은 정보를 취하는 과정이자 새롭게 취득한 정보를 나의 경험과 결부하여 새로운 지식으로 구성하는 과정입니다. 이 모든 의미를 뛰어넘어 결국 독자가 가진 한 가지 이상의 정체성을 발현하고 또 형성하는 과정이기도 합니다.[8] 글을 읽는 동안 독자는 스스로 자신의 정체성을 활성화하기 때문에, 글을 읽은 후에는 자연스럽게 정체성이 강화되거나 변화할 것입니다. 가령, 유녕은 《BIRDS》라는 그림책을 읽으면서 은연중에 우리에게 다음과 같은 방식으로 자신의 정체성을 설명합니다.

- 나 이렇게 책을 읽는 사람이에요.
- 나 이 책을 당당하게 읽을 수 있는 사람이에요.
- 나 책을 처음부터 끝까지 읽을 수 있는 사람이에요.
- 나 S, D, R, I, B를 소리 내어 읽을 수 있는 사람이에요.
- 나 이렇게 책을 넘기면서 자세하게 볼 수 있는 사람이에요.
- 나 이렇게 책을 통해서 읽고, 생각하고, 실천하는 사람이에요.

이 아이는 이 책을 읽기 전까지, 그 순간이 되기 전까지는 위와 같은 사람이 아니었을지 모릅니다. 그러나 책을 읽는 순간의 경험을 통해서 아이는 비로소 책을 읽는 사람이 된 것입니다. 책을 읽는 사람 중에서도 당당하게 읽을 수 있는 사람, 처음부터 끝까지 읽을 수 있는 사람, 어려운 글자를 또렷이 소리 내어 읽을 수 있는 사람, 책장을 하나하나 넘기면서 꼼꼼하게 읽을 수 있는 사람, 그래서 무언가에 대하여 깊게 생각하면서 온몸으로 몰입하여 열심히 읽는 사람이 됩니다.

영국의 인류학자이자 리터러시 이론가인 브라이언 스트리트Brian Street (1943~2017)는 읽고 쓰는 인간의 행위가 절대로 자연 현상처럼 중립적이거나 무색무취한 것이 아니라고 주장했습니다. 모든 리터러시 행위는 언제나 구체적이고, 언제나 특수하며, 언제나 사회문화적으로 맥락화되어 있다는 것입니다. 우리는 학교에서 글을 읽고 쓰는 법을 배울 때 어떤 정답이 있다고 생각하는 경향이 있습니다. 몇 가지로 정해진 정답지나 알고리즘이 있어서 그대로 따라 배우면 된다고 믿습니다. 스트리트는 이렇게 몇 가지 기능적 기술들의 합으로 리터러시를 배울 수 있다고 보는 '자동화 관점autonomous view'을 비판하며 리터러시를 '이념적 관점ideological view'으로 바라보는 것을 대안으로 제시했습니다. 여기서 이념적이란 생활 국면에서 작용하는 다양한 '힘power'을 말합니다. 이는 그것을 발휘하는 사람의 정체성에 기인하며, 따라서 다양한 정체성의 관계 안에서 여러 힘이 작동하여 누군가의 정체성이 변하는 과정이 곧 배움인 것입니다.

리터러시의 경험은 산 경험lived experience입니다. 누군가에 의해 말로 설명되는 경험이 아니라, 내가 직접 겪어 이해할 수 있는 경험입니다. 이를 통해서 독자는 자신이 가지고 있던 원래의 정체성을 발현하고, 텍스트를 통해 외부에서 들어오는 새로운 정보와 자극을 통해서 그 정체성을 새롭게 다

듣고 고쳐 나가기도 합니다. 이러한 정체성의 변화는 정보 취득과 지식 습득을 넘어서는 진정한 배움의 결과라고 말할 수 있습니다. 리터러시의 배움은 행위자의 지식과 능력을 수반하고, 노력과 실천을 요구하며, 게임의 법칙에 유연하게 대처해야 하는 일종의 정체성 형성 과정입니다.

리터러시를 새롭게 배우는
기회와 조건

지금까지 유령의 읽기를 통해서 리터러시가 무엇인지 그 의미를 추론해 보았습니다. 이 추론을 한마디로 정리하면, "읽기란 복잡하다"라는 것입니다. 이것은 사실, 읽기의 과정을 가장 먼저 학문적으로 연구한 미국의 심리학자 에드먼드 버크 휴이Edmund Burke Huey(1870-1913)가 설파한 것과 다르지 않습니다.[9] 그는 《읽기의 심리와 교육The psychology and pedagogy of reading》(MacMillan, 1908)이라는 책에서 읽기 연구의 도전적 상황을 다음과 같이 설명합니다.

우리가 글을 읽는 동안 마음속에서 어떤 일이 벌어지는지 완벽하게
분석하는 것은 심리학자들이 이룰 수 있는 최고의 학문적 성취이
다. 왜냐하면, 그것은 인간 정신의 가장 섬세한 작용을 설명하는 일

이자 인류 역사를 통해서 문명이 학습해 온 가장 주목해야 할 구체적 수행에 얽힌 이야기들을 하나하나 풀어내는 작업이기 때문이다.

(원서 6쪽)

읽기에 관해서만 469쪽의 책을 쓴 휴이의 고백처럼, 인간 문명의 정수인 읽기의 과정을 온전하게 설명하는 일은 사실 불가능에 가깝습니다. 그런데 이렇게 어려운 것을 우리 아이들이 해냅니다. 오늘도 읽고 내일도 읽으면서 말입니다. 조금 더 잘 읽고 조금 더 좋은 독자가 되기 위해 시간을 투자하고 각별한 주의를 기울이며 예민한 감각으로 다양한 형식의 리터러시를 실천합니다.

그렇다면 부모, 선생님, 어른, 시민으로서 우리는 어떤 일을 할 수 있습니까? 우리 아이들이 책을 읽고, 글을 읽고, 정보를 수집하고, 수많은 영상 매체들을 통해서 다양한 아이디어, 관점, 목소리를 분석하고 처리할 때, 우리는 그렇게 할 수 있는 미래 세대를 잘 키우기 위해서 무엇을 할 수 있습니까? 이런 질문이 난감할 수도 있겠습니다. 구체적으로 무엇을 해야 하고 또 할 수 있을지 잘 떠오르지 않기 때문입니다. 그렇다면, 이것부터 합시다. 우리 아이, 미래 세대가 경험하는 리터러시의 경이로운 순간들, 짧지만 수많은 이야기를 할 수 있는 그 순간들을 잊지 않는 일 말입니다.

그런 놀라운 경험을 기억한다면, 응당 우리 아이들이 계속해서 그렇게 경이로운 일들을 경험할 수 있는 기회와 조건을 많이 만들어 주어야 합니다. 그 기회와 조건이 무엇이고 어떻게 설계할 수 있을지, 어떤 요소와 절차로 디자인할 수 있을지 연구하고 검증해야 합니다. 스트리트의 견해처럼 읽고 쓰는 일은 사회적으로 구체화되는 행위이기에, 실험실에서 일반적인 방식으로 직접 가르칠 수 없습니다. 휴이의 고백처럼 리터러시의 복잡성에 얽혀 있는 모든 실오라기들을 하나하나 풀어 설명하는 일도 지난합니다. 따라서 무엇을 직접 가르치려 하기보다는 우리 아이들이 가장 잘, 가장 즐겁게 읽고 쓰고 생각하고 소통할 수 있는 기회와 조건을 어떻게 마련할 것인지 연구하고 토론하는 일이 더 생산적인 접근법입니다.

어른이 되어서 이제는 잘 기억나지 않는, 그러나 지금 여러분의 아이들, 친구들, 동료들, 학생들, 심지어 여러분의 선생님들과 부모님들 그리고 여러분 자신에게서 볼 수 있는 특별한 리터러시의 순간에 대해서 이야기해 보았습니다. 누구도 주의 깊게 관찰하지 않지만, 우리 삶에서 절대 빼놓을 수 없는 그런 경험에 대해서 말입니다. 이를 통해 우리는 리터러시가 단지 좋은 학교에 진학하기 위한 공부의 수단 또는 그러기 위해 소모되는 에너지와 비용의 대용어가 아니라, 문명사회의 인간만이 가지는 가장 일상적이면서도 가장 경이로운 경험이라는 점을 기억하는 기회를 가졌습니다. 이를 계기로 부모로서, 교사로서, 시민으로서 우리의 자녀와 미래 세대를 위해서 무엇을 준비할 수 있고, 어떤 것들을 마련해 줄 수 있는지 고민해 볼 수 있길 바랍니다.

⏻ 3장 ──────────────

리터러시는 정교한 인지 활동이다

읽지 않았지만
읽었다는 착각

　　리터러시는 한글 깨치기가 아닙니다. 리터러시는 우리의 두뇌와 지력이 다차원적, 복합적으로 작동해야 하는 아주 정교한 '인지 cognition' 활동입니다.[1] 인지가 작동하지 않는 인간 활동은 불가능하기에 인지를 이해하지 않고서는 인간 활동의 정수인 리터러시를 설명할 수 없습니다. 읽고 쓰는 일은 기호들을 취급하는 행위이자 앎과 생각들을 취급하는 과정이며, 자신과 타인을 포함하여 다양한 시선으로 세상을 바라보는 방법들을 정밀하게 분석하고 판단하는 작업입니다. 우리의 인지는 언제나 특정한 일의 상황과 목적에 맞게 작동하며, 이렇게 맥락화된 인지의 작동 양상을 스스로 점검하여 최선의 방식으로 조정할 수 있는 역량은 제대로 읽는 사람과 그렇지 않은 사람을 판가름하는 시금석입니다. 그렇다면 리터러시를 실천하는 사람들의 인지가 얼마나 섬세하고 역동적으로 작동하는지 조금 더 이야기해 볼 필요가 있습니다.

요즘 우리 주변에는 이지적이고 교양이 넘치며 일상의 웬만한 고민거리들에 대해 해답을 가지고 있다고 주장하는 사람들이 넘칩니다. 이들은 끝없는 정보의 대홍수를 타고 인터넷과 소셜 미디어, 콘텐츠 제공 서비스, 변신에 변신을 거듭하는 온갖 뉴스 미디어를 돌아다니면서 점점 더 똑똑해집니다. 그들은 그들이 소비하고 생산하는 정보들이 하나같이 우리에게 좋은 것들이라고 주장합니다. 정신 건강과 영적 생활에 도움을 주고, 예술을 향유하고 문화적 감수성을 키우는 데 필수적이며, 새로 사업을 시작하는 사람들이나 원래의 사업을 탈바꿈시켜야 하는 사람들에게 도움이 되는 정보라고 말합니다. 새로 집을 구하는 사람에게는 속을 달래는 활명수 같고, 신속하게 아파트를 갈아타야 하는 사람에게는 죽은 사람도 살리는 생명수 같은 정보 말입니다.

이들 중 대다수의 사람들은 주로 영상 형태로 돌아다니는 정보를 즐깁니다. 이런 정보를 보고 듣는다는 것은 외부에서 만들어진 정보가 나에게 이전되는 경험입니다. 이때 정보를 받아들이는 소비자는 인지를 최소한으로 작동하려는 경향을 보입니다. 즉, 특별한 자각 없이 신속하게 영상 자극에 반응합니다. 이렇게 자동적으로 정보를 지각하고 소유하려는 인지 활동에서는 자신의 구미에 맞는 정보를 소유하는 것이 목적이므로 '인지적 노력'을 들일 필요가 없습니다. 장이 서는 날에 맞추어 한층 물이 오른 맛과 향의 제철 식재료를 구하는 수고보다는 클릭 한두 번으로 현관문 앞에 빠르게 도착하는 반조리, 완조리 음식을 주문하는 것과 같습니다.

자신이 원하는 정보, 특히 남들도 가지고 있으니 나도 필요할 것 같은 정보를 쉽고 빠르게 소유하면 허기진 지적 욕구가 충족되고 마음이 편해집니다. 이런 수준의 인지적 만족감을 반복적, 지속적으로 경험하게 되면 실제로는 그렇지 않으면서도 마치 자신이 무언가를 직접 읽고 있다고 오인하게 됩니다. 인스턴트나 패스트푸드, 런천미트식 '정보 가져오기'를 텍스트를 능동적으로 읽어서 새로운 의미를 만들어 내는 구성적, 창의적 인지 활동과 동일시하는 것입니다. 읽지 않았는데 읽었다고 스스로 믿는 현상은 '개인적 착시'이기도 하지만 본질적으로는 그런 현상을 조장하는 '사회적 착시'이기도 합니다.

읽는다는 것은 생각보다 훨씬 복잡하고 섬세하며 인간만이 실천할 수 있는 매우 특별한 방식의 '앎의 과정'입니다. 새로운 앎을 위해서는 원래 알고 있는 나의 지식과 경험을 활용하고 통합해야 하고, 나아가 원래의 앎을 새로운 차원의 앎으로 갱신하고 다듬어야 합니다. 그러니까 읽기란 무언가를 더 잘 알기 위해서 텍스트를 더 넓고 깊게 이해하려고 의식적으로 노력하는 목적 지향적인 행위입니다. 이미 정해진 순서대로 흘러가는 이미지와 소리를 따라 무신경하게 반응하는 자동적이고 수동적인 과정이 아니라,

추상적인 기호들을 이리저리 맞추고 풀어내 이전에는 없던 구체적인 삶의 의미를 새롭게 창안해 내는 능동적 몰입의 경험입니다. 유튜브를 훑고 스트리밍 콘텐츠를 섭렵해도 그것이 전달하는 정보를 잠시 소유할 수는 있을지언정 실제적인 앎으로 전환하기는 어렵습니다.

우리가 흔하게 접하는 많은 정보들은 그 기원을 알 수 없는 것들이 많습니다. 이런 정보들은 해당 영역의 믿을 만한 전문가가 직접 탐구하고 분석하여 종합적으로 검증한 원천 정보라기보다는 자칭 전문가라고 주장하는 일종의 정보 기술자들이 재가공한 '3차 자료들'에 지나지 않습니다.

문제는 어떤 정보가 원출처에서 멀어지면 멀어질수록 정보의 오염도가 지속적으로 증가한다는 것입니다. 그러다 보면 원래 정보는 온데간데없고 완전히 새로운, 왜곡된 정보만 남게 됩니다. 그럼에도 사람들은 자신들이 보고 듣는 정보가 원천 정보인지 아닌지 크게 중요하게 생각하지 않는 듯합니다. 정보를 소유하게 된 상태 자체가 중요하기 때문에 그것이 누구에게서 온 것이며 얼마나 믿을 만한 것인지 까탈스럽게 판단하는 일에 무관심하기 일쑤입니다.

읽는다는 행위는 글이나 이미지 등의 기호를 통해서 표현된 정보뿐만 아니라 그 정보가 어디에서 왔는지에 대한 '출처source'를 다루는 용기가 필요한 지적 작업입니다. 그래서 건강한 리터러시 공동체는 정보의 출처에 둔감한 사람들의 태도를 흔쾌히 받아들이거나 모른 척하지 않습니다. 어떤 사람들은 자신이 취득한 정보가 온전히 혼자만 간직하기 위한 것이기에 그것을 어디서 어떻게 구했는지 굳이 따질 필요가 없다고 주장할지 모릅니다. 그러나 한번 취득한 정보는 언젠가는 자신의 사고와 언어, 행동의 밑재료로 쓰이기 마련입니다. 이런 정보들은 심각한 대화를 통해서 여러 사람과 공유되기도 하고, 심지어는 타인에게 그것들의 가치와 진위를 받아들이라고 종용되기도 합니다. 내가 취득한 정보가 당장은 나만을 위한 것일지라도, 그것의 출처를 분명하게 따지는 일은 리터러시 공동체의 구성원으로서 소홀히 할 수 없는 책무입니다.

그런데 여기에도 한 가지 문제가 있습니다. 일반 대중들이 전문가의 도움 없이 특정 분야의 원천 정보와 텍스트를 다루는 일이 쉽지 않다는 점입니다. 일반적으로 특정 영역의 원천 정보를 담은 1차 자료들은 매우 복잡한 논리와 근거로 구성되며, 대부분 해당 영역 공동체에서 지적 권위를 인정받은 정교하고 전문적인 논문이나 저서와 같은 텍스트를 통해서 매개됩니다. 대중 독자들은 이런 신뢰와 권위를 가진 텍스트를 읽고 원천 정보와 지식을 획득하고 싶어 합니다. 하지만 아무리 글재주 좋은 전문가의 텍스트라 해도 해당 분야의 전문 지식과 경험, 기술적 용어와 논리에 익숙하지 않은 대다수의 평범한 독자들에게는 난공불락의 요새일 수밖에 없습니다. 어찌 보면 당연한 현상입니다. 전문 영역에서는 그곳에서만 통하는 특별한 지식과 원리가 있고, 그런 지식과 원리를 활용하는 기술적인 방법들이 있기 때문입니다.

이런 틈을 놓치지 않고 원천 정보를 축약하고 가공해 어려운 글을 영상으로 풀어 주면, 사람들은 흘러다니는 정보를 쉽게 취득합니다. 물론 원천 정보를 제대로 축약해서 전달해 준다면 그나마 다행입니다. 하지만 아무리 좋은 온라인 콘텐츠도 절대 해 줄 수 없는 것이 있습니다. 바로 글을 읽는 행위 자체입니다. 이것은 노력을 들여 직접 실천해야 합니다. 남이 대신 조제해 준 정보를 획득하는 일이 결코 나의 읽기가 될 수는 없습니다. 읽기란 자신의 인지를 능동적으로 움직이면서 몰입하는 고도의 지적 활동입니다. 리터러시를 제대로 실천하는 사람들은 타자에 의해 정제된 정보들을 재빠르게 흡입하는 '효율 만능주의 독서'에 매몰되지 않습니다. 오히려 자신에게 가치 있는 텍스트를 스스로 발굴하여 그 내용과 의미를 천천히 곱씹어 소화하는 '효과적 읽기'에 관심을 둡니다.

효과적으로 읽는 사람의
세 가지 인지 활동

효과적으로 글을 읽는 사람의 인지는 최소 세 가지 차원에서 작동합니다. 첫째, 인지적 차원의 읽기입니다. '인지적 읽기cognitive reading'란 독자가 텍스트로부터 의미를 구성하기 위해 다양한 종류의 인지적 기술과 전략을 사용하는 과정입니다. 둘째, 메타인지적 차원의 읽기입니다. '메타인지적 읽기metacognitive reading'란 인지의 작용을 관장하면서 읽는 것으

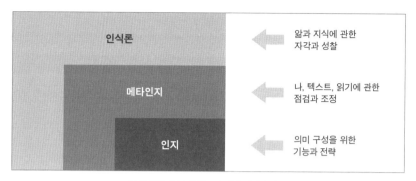

글을 읽을 때 작동하는 세 가지 인지의 차원

로, 다양한 인지적 기술과 전략을 상황과 목적에 맞게 효과적으로 선택하고 운용하는 것입니다. 셋째, 인식론적 차원의 읽기입니다. '인식론적 읽기 epistemic reading'란 인지적—메타인지적 차원의 읽기가 특정한 방식으로 작동하는 근본적 이유들을 취급하는 것입니다.

이 세 가지 차원의 인지 활동은 개념적으로 분리되지만 실은 하나로 움직입니다. 독자의 인지적 읽기 방법들, 즉 다양한 읽기 전략과 기술은 나와 텍스트 그리고 읽기 자체에 관한 점검과 조정이라는 메타인지적 활동에 의해서 관리되고, 이는 앎과 지식에 관한 스스로의 자각과 성찰이라는 인식론적 과정에 크게 영향을 받습니다. 뒤집어 말하면, 인식론적 과정은 메타인지적 과정에 의해서 확인되고, 메타인지적 과정은 인지적 과정으로 실현됩니다. 결국 이 세 가지 층위의 인지 활동은 글을 읽는 내내 상호보완적으로 작동합니다. 마치 피아노, 바이올린, 첼로 세 악기의 음이 조화롭게 어우러진 클래식 삼중주처럼 말입니다.

; 인지적 역량: 의미를 구성하다

자동차를 운전하려면 수많은 기술들이 필요합니다. 가령, 차를 앞으로 이동시키려면 시선을 전방에 두고 가속기와 브레이크를 조작하면서 차선에 맞추어 운전대를 조정해야 합니다. 반대로 차를 후진시키려면 후진 기어를 사용하는 능력, 사이드미러를 확인하는 능력, 고개를 돌려 공간을 확인하면서 차의 움직임과 위치를 파악하는 능력, 차량 뒤에 사람이 없는지 살피는 주의력이 필요합니다. 더운 여름이나 비가 오는 날, 또는 기온이 뚝 떨어진 겨울에는 차량 내부의 공조 장치를 취급하는 능력도 필요합니다. 이외에도 운전자에게는 다양하고 많은 기술이 요구됩니다.

자동차를 운전하는 것처럼 글을 읽는 일에도 기본 능력과 다양한 종류의 기술이 요구됩니다. 텍스트를 통해 자동차에 타고 의미를 구성하기 위해 목적지로 향하기 위해 사용하는 인지적 기능과 전략 운전 기술이 그것입니다. 지나치게 겸손한 독자들은 자신이 글을 읽으면서 스스로 무얼 하기는 하는지 의심하기도 하지만, 실제로 여러분은 생각보다 훨씬 다양한 인지적 기능과 전략을 사용합니다. 마치 여러분이 수많은 운전 기술을 활용해서 자동차를 운전하는 것처럼 말입니다! 어떤 때는 거의 노력하지 않고 이런 인지 과정들을 쉽고 빠르게 사용하지만 마치 너무 익숙한 퇴근길 운전이 아무런 기억도 없이 집 앞에서 끝나는 것처럼, 또 어떤 때는 느리지만 특별히 노력하면서 마치 비가 오는 날의 밤길 운전처럼 읽어 내기도 합니다.

　지난 백여 년 동안의 독서 연구 결과에 의하면, 사람들은 글을 읽는 동안 정말 많은 종류의 인지적 기술들을 사용한다고 합니다. 특히, 능숙하고 경험이 많은 독자들이 사용하는 인지적 읽기 전략은 수백 개가 넘습니다. 미국의 저명한 독서 연구자인 마이클 프레슬리Michael Pressley(1951~2006)와 피터 애플러백Peter Afflerbach(1956~)은 전문 독자들의 인지 과정 연구 결과를 종합하면서 이런 독자들이 글을 읽을 때 보여 주는 인지적 경향성을 다음의 몇 가지로 범주화했습니다.[2]

- 텍스트를 읽기 전에 미리 훑어 점검하면서 무슨 내용이 들어 있을지, 어디서부터 글을 읽어야 할지 판단하고 결정한다.
- 텍스트를 읽을 때 중요한 정보와 내용을 중심으로 주의를 집중하면서 읽는다. 가령, 중요한 내용이라고 생각되는 부분에서는 글 읽는 속도를 조절해 그 의미를 더 잘 이해하기 위해서 노력한다.
- 텍스트의 전체적인 내용을 이해하기 위해 주요 내용들을 서로 연결하면서 읽는다.
- 텍스트를 이해하기 위해 자신의 배경지식을 적극적으로 활용하면서 읽는다. 예를 들어, 광합성과 같은 주제 지식이나 생물학 같은 영역 지식, 인과나 논증 등의 논리 지식이나 소설, 시, 설명문, 칼럼 등과 같은 장르 지식 등을 적극 활용하면서 읽는다.

- 텍스트의 내용과 자신의 배경지식을 연결하고 비교, 대조, 분석하면서, 필요하다면 텍스트에 관한 해석이나 배경지식을 수정한다.
- 텍스트의 행간에 숨겨진 정보와 의미를 추론하면서 읽는다. 특히, 어떤 정보가 텍스트를 이해하는 데 중요한 것이라고 판단될 때는 특별히 더 많은 인지적 노력을 들인다.
- 텍스트를 읽는 중에 잘 모르는 단어가 나오거나 단어의 의미가 분명하지 않을 때는 글의 문맥을 활용하여 그 뜻을 파악하려고 노력한다. 특히, 그 단어가 텍스트를 이해하는 데 결정적인 역할을 한다고 판단될 때는 더욱 적극적으로 단어 이해 전략을 사용한다.
- 텍스트의 정보를 효과적으로 기억하기 위한 다양한 행동 전략들을 사용한다(밑줄 긋기, 반복 읽기, 메모하기, 자기 말로 다시 적어 보기, 요약하기, 시각화하기, 질문하기 등).
- 텍스트의 질과 가치를 평가하면서 읽는다. 이를 위해 텍스트가 자신의 지식, 관점, 태도, 행동 등에 어떤 영향을 미칠지 면밀하게 판단한다.
- 텍스트의 일부 또는 전체를 읽고 난 후에는 추가적으로 더 읽어 봐야 할 필요가 있는지 자문하고, 필요하다면 기꺼이 다시 읽는다. 지금까지 읽은 내용이 잘 이해되지 않았다는 느낌이 든다면 시간과 노력을 들여 필요한 부분을 중심으로 다시 읽는다.
- 저자의 언어, 메시지, 의도, 목적 등에 대해서 저자에게 적극적으

로 질문하면서 읽는다.

- 텍스트를 읽고 나서 새롭게 구성한 지식을 앞으로 어떻게 사용할 수 있을지, 그 지식이 나의 삶과 일에 어떻게 도움이 될지 예측하고 계획해 본다.

여러분도 글을 읽을 때 이런 방법들을 사용합니까? 혹시 스스로 확신이 잘 서지 않는다면 이렇게 해 보십시오. 먼저 각각의 항목을 소리 내어 읽어 보십시오. 그리고 '예' 또는 '아니오'로 소리 내어 대답해 보십시오. 이 일을 혼자 하기 어렵다면 주변의 친구, 배우자, 또는 자녀들을 붙잡고 소리 내어 읽어 달라고 부탁한 후 답해 보십시오. 자기 점검을 했을 때 긍정적 대답이 많았다면 여러분은 능숙한 독자라고 말할 수 있습니다. 반대로 부정적인 대답이 많았다면 좀 더 노력해야 할 독자입니다. 또한, 주로 앞쪽의 항목들에서 긍정적으로 대답했다면 여러분은 기본에 충실한 독자입니다. 아울러 뒤쪽에서도 긍정적으로 반응했다면 꽤 능숙하고 사려 깊은 독자라고 할 만합니다.

하지만 이 결과를 맹신하지는 마십시오. '예'가 많다고 우쭐하거나 '아니오'가 많다고 좌절할 필요는 없습니다. 여러분은 단지 "그렇다!" 또는 "아니다!"라고 대답한 것일 뿐, 실제로 그런 방식으로 글을 읽는지 아닌지는 알 수 없는 노릇이기 때문입니다. 여러분이 실제로 인지적으로 탁월한 독자인지 아닌지를 알기 위해서는 조금 더 정교한 평가 방법이 필요합니다.

여러분은 글을 읽을 때 '기억'과 '이해'를 특별히 구별합니까? 텍스트의 정보를 스캐너처럼 있는 그대로 머릿속에 옮기는 것은 '기억을 위한 읽기 reading for remembrance'입니다. 반면에 텍스트의 정보를 통일성을 갖춘 의미로 재구성하는 것은 '이해를 위한 읽기reading for understanding'입니다. 좋은 독자는 기억하기 위해서가 아니라 이해하기 위해서 인지를 활용합니다. 실제로 기억을 위한 읽기는 시험 전날의 벼락치기 공부 같은 단기적인 정보 기억에는 도움이 되지만, 장기적으로는 그다지 효과적이지 않습니다. 오히려 예습, 복습 같은 이해를 위한 읽기가 정보를 기억하는 데 훨씬 효과적입니다. 글의 세부 내용이 독자의 머릿속에 만들어진 의미의 틀로 짜임새 있게 통합되기 때문입니다.

이해를 위한 읽기를 하면 잘 빚어진 정신 모형을 가질 수 있습니다. 그러면 머릿속에 있는 정보를 꺼내어 쓸 때도 유용합니다. 정보의 중요도에 상관없이 텍스트의 모든 세부 내용을 맥락 없이 떠올리는 것보다는 통일성을 갖춘 하나의 의미 모형을 활성화시키는 일이 정보의 기억과 인출에 훨씬 효과적입니다. 통일된 이해 모형을 중심으로 주요 정보와 세부 정보가 맞물려 맥락에 맞게 자연스럽게 연상되기 때문입니다. 그래서 텍스트를 읽는 일은 이해를 위한 것이어야 합니다. 앞에서 열거한 다양한 읽기 전략들 역시 모두 독자의 이해를 증진하기 위한 것들이자 텍스트 정보를 체계적으로 기억하는 데 도움이 되는 것들입니다. 다시 말해, 독자가 머릿속에 텍스트의 모형을 잘 구성하고 유지할 수 있게 도와주는 '생각의 도구 상자' 같은 것입니다.

생각의 도구 상자가 가득 차 있는 독자들은 머릿속에서 텍스트 이해 모형을 다양한 방식으로 구성합니다. 텍스트 이해 모형은 기본적으로 텍스트의 언어, 즉 기호가 드러내는 정보들의 '합'입니다. 이런 모형을 만든다는 것은 텍스트의 명시적 정보를 문면적으로 이해한다는 뜻입니다. 그러니 단편소설을 읽고 나면 주인공이 언제 어디서 누구와 갈등을 겪다가 어떻게 일련의 사태가 해소되는지는 파악해야 하고, 보고서를 읽고 나면 최소한 어디에 어떤 핵심 내용이 포함되어 있었는지는 확인할 수 있어야 합니다.

여러분의 읽기가 좀 더 깊이를 갖기 위해서는 여러분 머릿속에 만들어지는 이해 모형이 텍스트에 분명하게 드러나 있지 않은 정보들까지도 포함해야 합니다. 겉으로 잘 드러나지 않은 암시적 정보들은 정교한 '추론inference' 을 통해서 파악됩니다. 추론이란 글의 정보와 나의 지식을 통합하여 생각의 빈틈을 논리적으로 채우는 인지 과정입니다. 가령, 분주한 일과 시간에 갑자기 날이 어둑해지면서 후두둑 소리가 들리기 시작하면 굳이 창문을 열어 하늘을 올려다보지 않아도 비가 내리기 시작했다는 것을 쉽게 추측할 수 있습니다. 이런 추론이 누구에게나 그럴듯하게 들리는 이유는 '어둑해진다'는 '시각 정보'와 '후두둑'이라는 '청각 정보'를 '비가 올 때 대개 먹구름이 밀려와 날이 어두워지고 급작스레 빗방울이 창가에 들이친다'는 '나의 배경지식'과 통합하는 논리적 사유를 할 수 있기 때문입니다. 마찬가지로 읽는다는 것은 텍스트를 읽는 동안 다양한 형식과 역할의 추론적 사유들을 사슬처럼 견고하고 일관되게 연결하는 경험입니다. 그래서 텍스트의 암시적 정보를 취급하는 고차원적 추론 능력이 '행간에 숨겨진 의미를 이해하는 읽기'의 핵심입니다.

그러나 행간 읽기만으로는 인지적 이해가 완결되지 않습니다. 독자의 이해 모형은 '텍스트를 넘어서는 읽기'를 요구합니다. 이를 위해서는 아주 정교한 기술이 필요한데 특히, 글을 읽는 독자는 글을 쓴 저자와 끊임없이 대화하려고 노력해야 합니다.

귀도 입도 없는 종잇장 뭉치 앞에서 갑자기 대화를 하라는 권유가 황당하게 느껴질 수 있습니다. 하지만 책을 읽을 때 마음속으로 글쓴이에게 말을 거는 일을 이미 자연스럽게 여기고 능숙하게 행하는 독자도 있을 것입니다. 글 읽기는 저자와 독자가 텍스트를 통해 소통하는 것입니다. 그러니 저자의 역할 중 하나는 가장 유익한 대화를 촉발할 수 있는 최적의 텍스트를 창안하는 것이며, 독자의 책임 중 하나는 최선의 대화를 주도하면서 텍스트를 이해하는 것입니다. 우리는 이를 '대화적 읽기dialogic reading'라고 합니다.

행간을 넘어서는 대화적 읽기를 위해서는 스스로 질문할 수 있어야 합니다. 세상의 거의 모든 대화는 질문으로 시작됩니다. 좋은 대화는 거칠고, 투박하고, 간단한 질문에서 정교하고, 세련되고, 복잡한 질문의 계단을 오르면서 진화합니다. 대화를 윤택하게 만드는 질문은 원하는 것을 얻으려는 일방적 추궁도 아니고 상대의 잘못과 허물을 캐내어 질타하는 책망도 아닙니다. 좋은 대화를 위한 질문은 서로의 주장에 밑바탕이 되는 논리를 분석하고 사리를 판단하는 도구입니다. 정당한 논증과 정중한 응대를 청하고, 합리적인 반박과 분석적인 논증을 일으키는 지력의 방아쇠입니다. 텍스트로 매개되는 질문 중심의 대화적 읽기는 글쓴이가 미묘하게 구사하는 일련의 언어와 수사의 '선택'이 어떤 가정과 의도를 내포하는지 헤아리기 위한 것입니다. 텍스트에 드러난 특정 개인 및 집단의 지배적 목소리 뒤에 가려진 다양한 소수자들의 목소리와 시선, 감정에 주목하기 위한 것이기도 합니다.

; 메타인지적 역량: 생각을 조율하다

그런데 궁금한 점이 생깁니다. 글을 읽는 사람은 언제, 어떻게, 왜 이런 인지적 기능과 전략을 사용하는 것입니까? 왜 어떤 독자는 그것들을 잘 사용하지만 왜 어떤 독자들은 그렇지 못합니까? 인지적으로 능숙한 독자들에게서 발견되는 전략적 경향성의 체크리스트(71~73쪽)에서 '예'가 많았던 이들 역시 다음과 같이 질문할 법합니다.

- 거의 모든 항목에 '예!'라고 대답한 나는 어째서 여전히 글을 잘 읽지 못하는가?
- 나는 인지적으로 문제가 없는 듯한데 어째서 좋은 독자가 되지 못하는가?

이런 합리적인 질문에 답하는 데 메타인지의 개념이 도움이 될 듯합니다. 영어로 meta-는 '위계적으로 높이 위치한' 또는 '보다 종합적인'이라는 뜻을 갖습니다. 그래서 메타인지를 '상위인지(위계적으로 높은 위치에서 작동하는 인지)' 또는 '초인지(인지를 초월하는 인지)'라고 부르기도 합니다. 하지만 메타인지가 인지와 동떨어진 또 다른 인지를 의미하지는 않습니다. 메타인지는 인지의 중요한 일부로서 인지적 활동을 총괄하는 일종의 오케스트라 지휘자 같은 역할을 합니다.

모든 좋은 독자는 메타인지적으로 출중합니다.[3] 가령, 인지적으로 원숙한 독자들은 자신이 할 줄 아는 모든 종류의 인지적 기능과 전략을 모든 상황의 읽기에서 구별 없이 천편일률적으로 사용하지 않습니다. 만일 그런 일이 벌어진다면 어떤 독자도 결코 '읽는다'는 과업을 완결할 수 없을 것입니다. 우리가 알고 있는 모든 인지 기능과 전략은 결국 그것들을 적합하게 선택하고 결합하여 상황과 목적에 맞게 적용할 수 있는 역량을 요구합니다. 이것은 미숙한 독자들에게 특히 부족한 부분입니다.

운전에 빗대어 메타인지의 의미를 조금 더 짚어 봅니다. 서울에서 양양으로 모처럼 가족 휴가를 간다고 가정해 봅시다. 휴가를 가는 사람들은 쨍쨍하게 맑은 날을 선택하여 자동차 여행을 시작합니다. 로드 무비를 찍고 싶은 심정입니다! 그런데 한 시간 남짓 운전하자 첩첩산중을 가로지르는 내리막길 터널들이 나옵니다. 터널도 어둡고 날도 어둑해지면서 비가 쏟아지기 시작합니다. 양쪽 차선의 대형 버스와 덤프트럭이 위협적으로 다가오고 세찬 빗줄기가 앞 유리에 들이칩니다. 호러 무비를 찍고 싶은 심정입니다! 이때, 여러분의 메타인지는 여러분에게 운전 방식을 완전히 바꾸라고 명령합니다. 그래서 여러분은 시속 100킬로미터의 매끄러운 가속 모드에서 빗길 감속 모드로 전환합니다. 여러분의 메타인지는 두 손으로 핸들을 꼭 잡고 와이퍼를 조작하면서 최대한 속도를 줄이라고 당부합니다. 오른발을 브레이크 위에 살짝 걸친 상태에서 만에 하나 급제동을 해야 하는 상황을 미연에 방지해야 한다는 걸 알기 때문입니다. 그래서 침착하게 안개등을 켜고 비상등도 사용합니다. 오디오의 볼륨을 낮추고 가족들을 안심시킵니다. 이렇게 여러분의 메타인지는 위급한 운전 상황에서는 운전 과정에 각별히 주의하라고 경고합니다. 더 나쁜 상황에 빠지지 않도록 대비하라고 주문하고, 문제가 생겼으니 그 문제를 해결하라고 요청합니다.

이처럼 숙련된 운전자들은 시선과 핸들, 가속기와 브레이크를 능수능란하게 다룰 수 있을 뿐만 아니라 언제 어디서 어떻게 속도를 올리고 줄여야 하는지, 어떤 상황에서 직진하고 어떨 때 방향을 틀어 회전해야 하는지, 차량의 어떤 기능과 장치를 언제, 왜 사용해야 하는지 잘 알고 민첩하게 판단합니다.

읽기도 이와 마찬가지입니다. 즉, 좋은 읽기는 곧 메타인지적 읽기입니다. 글을 읽는 동안 무엇을 이해했고 무엇을 놓쳤는지, 무엇을 알게 되었고 무엇을 더 알아봐야 하는지, 어떻게 그렇게 알고 이해하게 되었는지 스스로 생각해 질문하고 답하는 과정을 밟는 일입니다.

이런 점에서 메타인지는 '생각에 대한 생각'입니다. 흥미로운 행동경제학 연구로 노벨상을 수상한 대니얼 카너먼^{Daniel Kahneman}(1934~)은 사람들의 경제적 의사 결정에 동원되는 사고의 체계를 두 가지로 설명했습니다. 바로 '빠르게 생각하기'와 '느리게 생각하기'입니다. 빠르게 생각하는 것은 인간의 의식성과 의도성이 거의 개입되지 않은 채 익숙한 방식으로 생각하는 것입니다. 낯익고 쉬운 일을 할 때 우리는 거의 자동적으로 일 처리를 하는데, 빨리 생각하려는 사고 체계가 작동하기 때문입니다. 느리게 생각하기는 말 그대로 의식성과 의도성이 상당한 정도로 개입하여 작동하는 사고입니다. 낯설고 어려운 일을 할 때는 관성적으로 일을 처리하기보다는 한 번 멈춰 서서 문제의 상황과 맥락을 파악해야 합니다. 어떤 사안을 면밀하게 검토하여 의사를 결정하고 행동에 옮길 때 느리게 생각하기가 작동합니다. 이 두 가지 생각 체계에서 메타인지는 언제 빠르게 생각해야 하고 언제 느리게 생각해야 하는지를 판단할 수 있는 힘입니다. 빠르게 생각해야 할 때 느리게 생각하면 효율이 떨어집니다. 반면에 느리게 생각해야 할 때 빠르게 생각하면 일을 완전히 그르칠 수 있습니다. 문제 상황이 발생했는데 줄곧 빨리 생각하기만 하면 위급해지기 쉽고, 쉽고 간단한 일에 너무 천천히 생각하며 몰두해도 일이 진행되지 않습니다.

이런 원리를 읽기에 적용해 봅시다. 쉽고 간단한 글을 읽을 때는 빨리 속도를 내어 읽고, 낯설고 복잡한 글을 읽을 때는 시간의 여유를 갖고 천천히 곱씹으며 읽어야 합니다. 같은 글을 읽어도 술술 잘 이해되는 부분은 가볍게 읽고 넘어가면 되지만, 특별히 어렵거나 중요하다고 판단되는 대목에서는 의미를 되새기면서 천천히 읽어야 합니다. 자동성의 읽기와 의식성의 읽기를 텍스트의 복잡성과 나의 배경지식 정도, 과제의 목적과 상황에 맞게 조절할 수 있어야 합니다. 다시 말해, 읽는다는 것은 생각 과정 자체를 메타인지적으로 조율하는 일입니다.

; 인식론적 역량: 앎을 성찰하다

좋은 독자가 되기 위해서는 인지적 역량과 메타인지적 역량을 동시에 갖추어야 합니다. 그런데 여러분 중에 다음과 같이 미심쩍어 하는 분이 있을지도 모릅니다.

'나는 읽는 방법도 잘 알고 그걸 잘 조절할 수도 있어. 그 정도 사리 분별은 할 수 있단 말이지. 그런데도 왜 나는 예나 지금이나 비슷하게 읽을까? 왜 나의 읽기는 잘 바뀌지 않는 것일까? 나의 읽기는 어떤 읽기인가? 나는 어떤 독자인가? 나는 대체 누구인가?'

이런 식의 꼬리에 꼬리를 무는 질문들이 떠올랐다면 여러분은 탁월한 독자의 자질을 충분히 가지고 있는 것입니다. 여러분이 독자로서의 여러분 자신에 대해 의문을 품고 있으며, 인식론적 차원의 문제 제기를 서슴지 않는 문제적 독자의 긍정적 의미! 길로 들어섰다는 의미이기 때문입니다.

인식론이란 쉽게 말하면 '지식과 앎에 관한 이론'입니다. 영어로는 epistemology라고 하는데, 어원을 따지자면 그리스어로 '지식'이나 '이해'를 뜻하는 'epistem'과 '설명, 논증, 사유, 논리' 등을 의미하는 'logos'가 합쳐진 말입니다. 인식론은 원래 철학의 중요한 방법론으로 소크라테스와 플라톤, 칸트와 데카르트, 니체와 비트겐슈타인에 이르기까지 우리에게 익숙한 거의 모든 철학자들이 탐구한 주제입니다. 석가모니와 공자, 장자도 수많은 인식론적 통찰을 제공합니다. 이것을 나중에 현대 심리학자들이 개인의 신념을 설명하기 위한 심리적 기제로 사용한 것입니다. 심리학자들은 인식론을 한 개인이 암묵적으로 지식이라는 것을 바라보는 논리와 신념이라는 뜻으로 '개인 인식론' 또는 '인식론적 신념'이라고 개념화했습니다.[4]

지식은 결과이고 앎은 과정입니다. 이 둘은 서로 관련되어 있어서 지식을 어떻게 보는가에 따라 앎의 과정이 달라집니다. 예를 들어, 어떤 사람은 지식을 정해진 것이라고 생각합니다. 그리고 여러 개의 조각으로 따로 떨어져 있는 객관적 사실이라고 봅니다. 상황과 조건에 상관없이 언제나 불변의 가치를 갖는 것이라고 봅니다. 이렇게 지식을 이해하면 앎의 과정이란 그 지식을 찾아내는 것입니다. 지식은 외부의 권위자가 생산하여 제공하는 것이기에 자신이 특별히 그것을 변별하거나 판단할 필요가 없습니다.

반대로 어떤 사람들은 지식이 하나의 개념적 망과 같은 것이라고 생각합니다. 여러 개의 관련 정보들을 통합하고 연결하여 새로운 지식을 구성할 수 있다고 봅니다. 지식이 구성되는 방식과 그것이 쓰이는 용도에 따라 지식의 가치가 맥락적으로 판단됩니다. 따라서 앎의 과정이란 스스로 무언가를 만들어 내는 과정이며 좋은 정보들을 두루 섭렵하여 융통성 있게 지식을 구성하고 해석하는 과정입니다. 지식의 권위자에게 전적으로 의존하기보다는 그들의 전문성을 충분하게 참조하면서 스스로 무엇이 지식이 될 수 있는지 아닌지를 상황에 맞게 판단하는 것입니다.

여러분의 예상대로, 운전자의 인식론은 자동차를 '제대로' 운전하는 일에 지대한 영향을 미칩니다. 세상의 모든 운전자들은 '운전이란 무엇인가'라는 질문에 대한 저마다의 답을 가지고 있습니다. 말로 설명하지 못해도 그간의 다양한 운전 경험과 배움을 통해서 암묵적으로 터득한 '이론'입니다. 예컨대, 대부분의 운전자에게 '운전'과 '안전'은 거의 동의어에 가깝습니다. 운전은 안전해야 하며, 안전하지 않으면 운전이 아닙니다. 안전 운전을 위해서는 규정 속도를 지켜야 하고, 차선을 준수해야 하며, 다른 사람과 차량에 위해가 되지 않아야 합니다. 운전자가 형성하고 있는 안전 운전이라는 개인적 인식론이 그의 메타인지를 작동시켜 안전한 운전 기술을 사용하도록 권장하고 안내하는 것입니다. 결정적으로 한 개인의 '안전 운전관'은 그가 소속된 공동체가 안전한 자동차 문화를 형성하는 데 기여합니다. 개인의 인식론이 공동체의 인식론으로 확장되는 순간입니다.

반면 보복 운전을 일삼는 사람들은 어떻습니까? 그들은 사회적, 문화적으로 허용 가능한 수준의 운전관을 형성하고 있지 못합니다. 그들이 '알고 있는' 또는 '배우고 경험한' 좋은 운전이란 자신이 소유한 차량의 심미적 외관과 그것을 운전하는 자신만의 즐거움을 추구하기 위한 것입니다. 이런 운전관을 지닌 운전자들은 다른 운전자들이 자신의 운전을 조금이라도 방해하면 크게 흥분하고 통제력을 잃습니다. 반드시 해당 차량을 뒤쫓아가 꽁무니에 바짝 붙어 요란하게 경적을 울려 대거나 심지어는 무모한 앞지르기와 급정거로 상대를 겁박합니다. 무단으로 차를 세우고 상대 운전자에게 뛰어와 갖은 폭력을 행사하기도 합니다. 이기적 쾌락의 운전관으로 설명되는 퇴행적 인식론이 반사회적 행동을 유발하는 것입니다. 이들은 운전이란 행위의 사회적 의미와 공공성, 부주의하고 나쁜 운전이 미치는 치명적 결과, 운전 문화의 발전과 교통 규칙 및 법률을 지키는 공동체 구성원으로서의 책무성과는 전혀 동떨어진 자신만의 운전관 안에서 사람과 세상을 판단합니다. 인식론적으로 꽉 막힌, 장자가 말한 바다를 모르는 우물 안 개구리, 겨울을 모르는 여름벌레, 도를 모르는 편협한 선비와 같습니다.

운전의 예에서 전자는 열린 인식론을 가진 사람이고 후자는 닫힌 인식론을 가진 사람입니다. 이 둘이 글을 읽으면 확연하게 다른 방식으로 그 과정이 진행될 가능성이 큽니다. 닫힌 인식론의 독자는 주어진 텍스트를 중심으로 읽습니다. 주로 전문가들이 작성한, 잘 정리된 정보를 제공하는 교과서와 같은 짜임새 있는 텍스트를 선호합니다. 이런 텍스트 안에 어떤 지식이 들어 있는지 확인하고 그것을 자신의 것으로 취합니다. 텍스트가 전달하는 지식이 참인지 거짓인지, 그것이 실제 효용 가치가 있는지 없는지에는 크게 관심 갖지 않습니다. 설상가상, 이런 독자는 폐쇄적 읽기에 쉽게 빠집니다. 제대로 글을 읽지도 않은 채 자신의 편협한 주관적 경험을 바탕으로 특별한 근거 없이 저자를 나무라고 비난하기도 합니다.

반면 열린 독자는 앎의 과정에서 텍스트와 대등한 권위를 가지려고 노력합니다. 하나의 텍스트만 읽기보다는 다양한 텍스트를 찾아 읽으려 합니다. 다양한 기원의 지식, 관점과 해석이 존재할 수 있음을 이해하고 그것들을 손수 찾아 탐구합니다. 이들의 읽기는 합리적 근거를 갖춘 자신만의 이해로 귀결됩니다. 스스로 이해할 수 있을 때 비로소 지식의 실체가 구성된다고 믿기 때문입니다. 나아가 이런 사람들은 하나를 읽고 나면 반드시 더 찾아 읽으려 합니다. 궁금하기 때문입니다. 지금 읽은 텍스트, 그것에 대한 나의 이해가 어떻게 다른 텍스트들에 의해서 지지받거나 논박되는지를 확인하는 일은 확장적 읽기를 하려는 독자들을 자극합니다.

인식론적 읽기는 특별히 두 가지 상황에서 도드라집니다. 하나는 정보의 출처와 가치를 판단하는 일입니다. 예를 들어, 독자는 정보의 가치를 결정하기 위해서 그것의 출처가 얼마나 신뢰할 만한 것인지 조사합니다. 이런 과정은 단순히 대상 정보의 주제적 관련성을 확인하거나 주요 정보와 세부 정보를 파악하는 등의 인지적 기능과는 구별됩니다. 다른 하나는 자신이 읽기를 통해서 어떤 것을 '안다'라고 주장할 수 있을 만큼 다양하고 충분하게 텍스트를 검토했는지 성찰하는 경우입니다. 이러한 인식론적 반성은 정보 처리의 어려움을 확인하고 다시 읽거나 어려운 부분을 건너뛰는 등 문제를 해결하기 위한 인지적 전략과는 본질적으로 다릅니다. 결국, 일련의 인식론적 읽기는 독자가 정보의 출처를 조사하고 평가하는 맥락에서 자신의 지식과 앎에 대해 성찰하려는 노력으로 발현됩니다.

최근 세상이 디지털 텍스트 환경으로 급격하게 전환되면서 인식론적 읽기에 새로운 의미와 역할을 부여할 필요성이 커지고 있습니다. 인터넷 디지털 환경은 인식론적으로 양면적 가치를 지닙니다. 한편으로 인터넷은 비판적 사고와 학습을 촉진하는 인식론적 가치를 지닙니다. 조지 랜도우George P. Landow(1940~) 등의 저명한 하이퍼텍스트 이론가들이 주장해 왔듯이, 인터넷에서의 읽기 경험은 독자들이 흥미롭고 유용하다고 생각하는 자료에 접근하는 과정에서 자신의 지식과 관점의 합리성, 효용성을 검증할 수 있는 능력과 태도를 기르는 기회를 제공합니다. 인터넷은 본질적으로 상호텍스트적이기 때문에 독자가 무엇을 어떤 순서로 읽을지, 비선형 구조의 공간에서 웹 페이지들의 경계를 넘어 어떤 경로를 따라갈지 선택할 수 있습니다. 유동적이고 다층적인 텍스트 환경의 본질은 새로운 텍스트와 사고법, 의미를 탐구할 때 필요한 기본 능력과 의지를 가진 학생들에게 새로운 학습 기회를 제공해 줍니다.

이런 장점에도 불구하고 인터넷에서 어떤 정보의 출처를 판단할 수 있는 충분한 근거를 찾는 일은 쉽지 않습니다. 더욱이 인터넷의 측정할 수 없는 확장성과 복잡성 때문에 원천 정보를 식별하거나 출처를 밝히는 일은 사실상 거의 불가능할 때도 많습니다. 특히 관련 영역의 지식과 경험이 부족한 독자에게는 텍스트가 전달하는 정보의 진실성을 판단하는 인식론적 작업은 요원한 일이 됩니다. 철학자 존 하드윅John Hardwig은 이런 상황을 '인식론적 의존성epistemic dependence'으로 설명합니다.[5] 내용에 대한 판단을 하기가 어렵다면 적어도 그 내용을 제공하는 사람이 믿을 수 있는 사람인지 조사해야 합니다. 독자들은 기꺼이 회의적이어야 하고, 판단 앞에서 잠정적이어야 하며, 완전하게 정확하지는 않더라도 합법적인 방법으로 출처의 신뢰성을 판단하는 일에 적극적으로 도전해야 합니다.

읽었다는 것의
실체

글을 읽는 것은 의미를 구성하는 과정입니다. 의미를 구성하는 일은 정보를 가져오는 것과는 완전히 다른 층위에서 작용하는 인지적, 메타인지적, 인식론적 사고 행위를 요구합니다. 따라서 글 읽기는 추상적인 기호를 구체적인 의미로 전환시키는 작업이기도 합니다. 이 작업을 수월하게 하려면 글자, 문장, 글, 이미지, 수 등의 기호를 분석하는 능력에 더하여, 자신이 원래 가지고 있던 지식을 적극적으로 활용하는 능력과 자신감이 필요합니다. 또 촘촘하게 조직된 텍스트적 기호들 사이에 의외로 크게 비어 있는 의미의 공간들을 합리적인 방식으로 '추론'과 '정교화' 과정을 거쳐 채워 나가야 합니다. 지금 읽고 있는 글이 무엇을 말하는지, 글이 어떤 근거를 가지고 주장이나 견해를 내세우는지, 다양한 아이디어들이 어떤 논리적 관계로 연결되는지 글의 이면에 숨어 있는 의도와 목적, 선입견이나 편향 등을 면밀히 조사하고 검토하는 일종의 '심문'과 '판단'의 작업을 요구합니다.

이런 어려움 때문에 '인지의 삼중주'를 이해하는 일은 중요합니다. 그것에서부터 고차원적인 리터러시의 배움이 시작되기 때문입니다. 인지적, 메타인지적, 인식론적으로 투사되는 독자의 주의와 시선이 모이는 지점에서 의미가 구성되고 이해가 증진됩니다. 각자의 경험 속에서 그러한 지점들을 발견하고 확인할 수 있을 때 우리는 더 나은 리터러시를 위한 새로운 질문을 던질 수 있습니다. 그런 질문을 던질 수 있을 때 왜 여러분의 읽기가 잘 바뀌지 않는지, 열심히 배워도 왜 자신의 읽기로 쉽게 실천되지 않는지, 어떻게 하면 자신의 읽기 방법을 본질적으로 향상시킬 수 있을지 고민해 볼 수 있습니다.

2부

우리는 제대로
읽고 있는가?

4장

잘 배우는 기계, 배우지 못하는 인간

읽고 쓰고

배우는 기계

　　　　　다들 4차 산업혁명을 이야기합니다. 인공지능, 머신러닝, 알고리즘 등의 말들이 유행어가 되었습니다. 좋은 기계를 만들기 위해 너나없이 전력투구하는 시대입니다. 인지과학 및 컴퓨터 공학을 기반으로 잘 만들어진 디지털 기계들을 보면 사람처럼 완벽하지는 않아도 조만간 그들이 사람이 하던 거의 모든 일을 알아서 하겠구나, 하는 생각이 듭니다.

《김대식의 인간 vs 기계》(김대식 저, 동아시아, 2016)라는 책에서는 인공지능의 종류를 크게 두 가지로 이야기합니다. 하나는 강한 인공지능이고, 다른 하나는 약한 인공지능입니다. 저자에 의하면, 강한 인공지능이란 "독립성이 있고 자아가 있고 정신이 있고 자유의지가 있는 기계"라고 합니다. 리들리 스콧Ridley Scott(1937~)의 영화 〈블레이드 러너〉에 등장하는 레플리컨트replicant라는 인조인간들이나, 가즈오 이시구로Kazuo Ishiguro(1954~)의 소설 《클라라와 태양》(민음사, 2021)에 나오는 에이에프AF, Artificial Friend라는 모델명의 로봇 친구 클라라를 떠올리면 됩니다.

전문가들은 이렇게 강한 인공지능은 허구라고 말합니다. 힘세고 명석하면서 아름답기까지 한 기계들이 인간보다 따뜻한 가슴을 지닌 존재로 스스로 진화하면서, 어리석은 인간들을 보살피고 용서하며 심지어 자발적으로 인간을 위해 희생하는 진한 휴머니즘 스토리는 사실은 인간 중심의 이기적 내러티브이지만 아직까지 상상의 영역입니다. 시간이 한참 지나서 지금까지 없던 천지개벽할 지식과 기술이 축적되지 않고서야, 현재의 첨단 과학과 공학의 수준으로도 강한 인공지능을 창조하는 일은 판타지입니다.

그렇다면 약한 인공지능도 판타지에 불과할까요? 김대식에 의하면 약한 인공지능은 "세상을 알아보고 알아듣고 이야기하고 글을 읽고 쓰고 정보를 조합하고 이해하는 것을 사람하고 비슷한 수준으로 수행하는" 기계입니다.[1] 이 문장에서 '인공지능' 앞에 붙은 여러 수식어들이 제가 리터러시를 설명하면서 사용했던 말들과 꽤나 비슷하지 않습니까? 많은 과학자들이 사람처럼 읽고 쓰고 일을 처리하는 약한 인공지능은 '100퍼센트' 실현 가능하다고 말합니다. 자유의지는 없지만 자유자재로 읽고 쓰는 디지털 기계들은 현실입니다.

디지털 기계들은 이미 우리 생활의 많은 영역에서 인간과 자연과 사회에 관한 대규모의 복잡한 데이터들을 정교하게 취급하고 분석합니다. 그렇게 함으로써 개인의 크고 작은 일들을 처리하고, 전문성이 요구되는 제법 어렵고 복잡한 업무와 과제까지도 해결합니다. 아이폰의 시리, 아마존의 알렉사, 구글의 구글 어시스턴트 같은 얼굴 없는 유명 기계들뿐만이 아닙니다. 휴대폰, 컴퓨터, 인터넷, 여러분이 밥을 먹고 걸어다니고 말을 하고 일을 하는 생활세계 전반에서 약한 인공지능으로 무장한 강한 디지털 기계들이 오늘도 불철주야 읽고 쓰고 생각하면서 작동하고 있습니다.

; 기계학습, 머신러닝

바야흐로 '기계가 배우는 시대'입니다. 이 시대의 유행어들을 짚어 보면 이 말이 꽤 그럴듯하게 와닿습니다. 인공지능artificial intelligence이란 후천적으로 설계된 지능을 보유한, 생각하는 기계입니다. 그런데 지능의 주인이 인간인가 로봇인가에 상관없이, 모든 지능의 핵심 기능은 바로 '배움'입니다. 실제로 'intelligence'라는 단어를 메리엄-웹스터 온라인 사전[2]에서 찾아보면, 가장 앞줄에 다음과 같이 정의되어 있습니다.

지능이란 '무엇을 배우고the ability to learn' 이해하거나 새롭고 도전적인 상황들에 대처하는 능력이다.

사전만 보더라도 지능을 정의할 때 가장 우선되는 능력이 배움이라는 것을 알 수 있습니다.

배움이 지능의 핵심이라는 생각은 머신러닝machine learning이라는 말로 더 잘 이해할 수 있습니다. 머신러닝이란 기계학습을 의미합니다. 이는 '기계를' 객체로서 학습시키는 것으로 해석할 수도 있고, '기계가' 주체로서 학습한다고 말할 수도 있습니다. 처음에는 기계가 무언가를 잘 배울 수 있게 인간이 간단한 규칙들을 가르쳐 줍니다. 즉, 기계가 학습의 대상이 됩니다. 그런데 나중에는 그 규칙들을 사용해서 기계가 스스로 배웁니다. 주변에 널린 데이터를 수집하고 분석하여 원래 내장되어 있던 규칙을 가장 효율적인 방식으로 갱신해 나갑니다. 기계가 학습의 주인이 되는 것입니다. 기계는 수많은 배움의 과정을 반복하여 나날이 발전하는 '지능적' 기계로 변모합니다. 배우지 못하는 기계에 인공지능 배지를 달아 줄 수는 없습니다. 학습이 지능의 핵심이듯, 기계학습은 인공지능의 핵심 원리이기 때문입니다.

최근에는 '딥러닝deep learning'이라는 말도 씁니다. 심층기계학습, 또는 깊게 배우는 기계 정도로 풀이할 수 있습니다. 배움의 양을 건물에 비유하면, 예전의 기계는 기껏해야 이삼 층 주택 정도의 배움만 수행했습니다. 외부에서 유입된 데이터를 두세 번 정도만 처리하는 간단한 기계였습니다. '배운다'라는 말을 붙이기에는 부족합니다. 그런데 요즘엔 10층은 기본이고, 50층, 100층 이상 배울 수 있는 고도화된 AI들도 개발되고 있습니다. 지금도 무수히 많은 초고층 기계들이 세계 곳곳에서 개발되고 있을 것입니다. 가까운 미래에는 마천루 인공지능들이 어지간한 사람보다 더 날카롭고 의연하게 생각하고 판단하여 중요한 일들을 손수 결정하게 될 것입니다.

현대 인지과학의 핵심이 학습에 관한 것이라니, 새삼 배운다는 것이 정말 특별한 능력이라는 생각이 듭니다. 그런데 인간이라면 누구나 배울 수 있기에 우리는 종종 배움을 하찮거나 심지어 귀찮은 것으로 취급합니다. 사람들의 이런 태도는 학습을 연구하는 학자가 보기에 조금 안타깝습니다. 누구나 배울 수 있다는 말은, 배우지 못하면 그 누구도 아니라는 뜻을 내포하고 있습니다. 배우지 않으려는 사람은 제대로 된 인간이 되기 어렵습니다. 배움은 인류가 스스로 생존하고, 개체와 공동체를 유지하며, 생존을 넘어 문화적으로 삶을 영위할 수 있는 고귀한 존재로 발전하는 데 빼놓을 수 없는 핵심 능력이기 때문입니다.

기계의 배움과
인간의 배움

인간은 진화합니다. 인간이 진화할 수 있는 것은 배울 수 있기 때문입니다. 사람들은 주로 가정이나 학교, 직장 등 특별히 정해지고 짜여진 공간에서 배웁니다. 하지만 일상생활 속에서, 숨 쉬는 모든 시간과 공간에서도 인간은 배웁니다. 의식하든 의식하지 못하든, 형식적이건 우연이건 간에 우리는 변하기 위해 배우고 배우면서 변합니다. 스스로 배워서 자신뿐만 아니라 자신을 둘러싼 환경도 바꾸어 나갑니다. 그래서 특별히 인류애가 충만하지 않더라도 많은 이들에게 배움이란 인간만이 수행할 수 있는 매우 특별한 고등 지적 능력으로 신봉되어 왔습니다. 그러니 가장 인간적인 고도의 '학습 지능'을 디지털 기계가 보유하게 된 현실에 놀랄 수밖에 없습니다.

배움과 관련해 리터러시는 두 가지 면에서 특별한 역할과 비중을 차지합니다. 첫째, 읽고 쓰는 일은 제대로 배우기가 정말 어렵습니다. 리터러시가 갖는 이러한 배움의 성질은 구체적 생명의 유기체로 태어나 추상적 사유의 주체로 살아가야 하는 인간의 처지에 깊이 관련됩니다. 앞에서도 언급했듯이, 글을 읽고 쓰는 일이란 '기호sign'로써 '의미meaning'를 다루는 행위입니다. 그런데 기호들을 선택, 연결, 조합, 분석하면서 어떤 의미를 만들어 내는 일은 고도로 복잡하고 정교한 지적 사유의 과정을 요구합니다. 기호는 자연에서 관찰되지 않는, 그 자체로는 별 의미가 없으나 인간이 만들어 낸 가장 복잡한 방식의 쓰임을 갖는 '추상적' 창조물이기 때문입니다.

이에 반하여 삶은 매우 '구체적'인 경험으로 이루어져 있습니다. 그래서 추상적인 기호들을 일일이 찾아서 정해진 사회적 규약에 의거하여 조립하고 붙여서 하나의 구체적인 의미로 표현하는 일은 인간에게는 매우 '부자연스러운unnatural' 행위입니다. 고대 메소포타미아나 중국 문자를 기준으로 보면 인류가 문자를 사용한 기간이 고작 4~5천 년 정도인데, 이는 인간이 문자에 특화되어 유전적으로 진화하기엔 너무 짧은 시간입니다. 또한, 현대의 많은 뇌 연구들은 글을 읽는 두뇌는 가지고 태어나는 것이 아니라 후천적 경험과 자극을 통해서 지속적으로 활성화되고 발달해 가는 것이라고 말합니다. 따라서 글을 읽고 쓰는 것과 같이 매우 낯설고 부자연스러운 일은 많은 시간과 노력을 들여서 수없이 연습하고 경험해야 제대로 배울 수 있습니다.

리터러시가 특별한 배움인 두 번째 이유는 리터러시가 다른 지적 영역의 배움을 매개하고 촉진하는 핵심적인 '학습 도구tools for learning'이기 때문입니다. 배움이란 대개가 특정한 영역의 '내용content'을 아는 것이자 그 영역이 작동하는 '실제들practices'을 이해하는 것입니다. 특정 영역의 내용과 실제를 제대로 배우기 위해서는 반드시 해당 영역에서 독특한 쓰임을 갖는 리터러시 능력, 즉 읽고 쓰고 생각하고 소통하는 기술과 의지가 전제되어야 합니다.

가령, 과학의 내용을 잘 배우기 위해서는 그것이 매개되는 다양한 종류의 언어적, 시각적, 통계적, 공간적, 감각적 텍스트들을 읽고 써야 하고, 그렇게 해서 과학의 내용을 정확하고 분석적이며 종합적으로 생각하고 이해할 수 있어야 합니다. 하지만 과학을 좀 더 잘 배우기 위해서는 과학의 내용을 읽고 쓰고 생각하는 것을 넘어, 과학적으로 탐구하고 논증하고 해석하는 과학적 실제와 경험으로까지 나아가야 합니다. 과학을 하는 사람, 과학에 관심 있는 사람, 또는 과학이 필요한 사람들과 함께 다양한 과학적 문제 상황에서 논리와 유연함을 갖추어 읽고 쓰고 생각하고 소통하는 리터러시의 과정을 통해서 자연스럽게 과학을 배우는 것입니다.

이처럼 약한 인공지능의 시대란, 정보를 표상하는 추상적 기호를 제대로 읽고 쓰는 능력과 그것을 활용하여 문제를 해결하고 과제를 수행하면서 공동체의 구성원들과 원활하게 소통하고 협력하는 능력을 디지털 기계가 보유하고 발휘하는 세상입니다. 아직 완벽하지는 않지만, 똑똑한 디지털 기계가 마치 리터러시를 잘 '배운 사람'처럼 스스로 깊게 익혀서 점점 더 잘 읽고 쓰고 판단하는 세상입니다.

기계가 리터러시를 배우는 세상이라니, 걱정 반 호기심 반으로 급하게 인터넷을 뒤져 봤습니다. AI라는 키워드를 가지고 검색을 했더니 수없이 많은 것들이 딸려 나옵니다. 이 책을 집필하고 있는 2021년 4월 어느 날, 구글 검색 결과의 첫 페이지 가장 위에 있던 링크의 제목은 이렇습니다. "Get to know more by reading less." '조금 읽고 많이 알자'는 것입니다. 우리 마음속 지식 도둑을 자극하는 문구입니다. 한국의 대형 언론사에서도 이를 표방하는 기사 요약 서비스를 제공한다고 합니다.

세 번째 버전까지 나온 '세 줄 요약기summariz3'라는 것도 있습니다. 10자 이상, 10,000자 이하, 50문장 이하의 텍스트를 넣으면 된다고 합니다. 이 요약기에 다음 단락의 내용을 그대로 복사해서 붙여 넣어 보았습니다.

어떻게 조금만 읽고 많이 압니까? 많이 알고 싶으면 그만큼 읽어야 하고, 그렇게 읽어야 더 잘 알 수 있습니다. 읽는다는 것은 단지 몇 권의 교양 도서를 읽는 것만을 의미하지 않습니다. 인터넷에서 정보를 찾아 활용하는 것, 동료와 함께 다양한 자료들을 공유하면서 연구하는 것, 학교에서 교과서를 가지고 공부하는 것, 여행 책자를 보고 행선지와 일정을 정하는 것, 식당에서 메뉴판을 보고 음식 맛을 짐작하는 것, 소셜 네트워크에서 포스팅으로 논쟁을 주고받는 것 모두가 읽는 행위를 동반합니다. 이렇게 다양하게(바라건대 정확하고 깊게 읽어서) 우리는 배웁니다. 더 읽으면 더 잘 알 수 있게 되고, 더 알면 더 잘 읽을 가능성이 현저하게 높아집니다. 지식과 독서의 순환 고리 안에서 읽으면서 배우고, 배우면서 읽는 것입니다.

서머리즈3은 다음과 같이 요약해 주었습니다.

1. 어떻게 조금만 읽고 많이 압니까?
2. 읽는다는 것은 단지 몇 권의 교양 도서를 읽는 것만을 의미하지 않습니다.
3. 지식과 독서의 순환 고리 안에서 읽으면서 배우고 배우면서 읽는 것입니다.

'말랑말랑·malangmalang.com'이라는 또 다른 세 줄 요약기의 결과는 다음과 같습니다.

많이 알고 싶으면 그만큼 읽어야 하고, 그렇게 읽어야 더 잘 알 수 있습니다. 이렇게 다양하게 읽어서(바라건대 정확하고 깊게 읽어서) 우리는 배웁니다. 지식과 독서의 순환 고리 안에서 읽으면서 배우고 배우면서 읽는 것입니다.

제대로 요약이 되었습니까? 최근 서머리즈3이나 말랑말랑 같은 콘텐츠 요약 산업이 크게 성장하고 있다고 합니다. 웹브라우저를 열면 인터넷이 여러분에게 이렇게 말할 겁니다. "시간 없죠? 제가 책을 요약해 드릴게요." "시간이 정말 없으시죠? 제가 영화를 요약해 드리겠습니다." "요즘 너무 정신 없으시죠? 제가 기사를 요약해 드린다니까요!" 글을 잘 읽고 잘 쓰는 사람들이 보기엔 조악한 수준이지만, 앞으로 점점 더 좋아질 것입니다.

기계가 배운다는 사실이 중요한 이유는 인간과 기계의 경쟁이라는 일차원적 논의 때문이 아닙니다. 기계의 리터러시 학습이 인간의 그것과 견주어 돌아보게 하는 일종의 메타포를 제공하기 때문입니다. 이 메타포 안에서 우리는 다음과 같은 질문을 던지지 않을 수 없습니다.

"이렇게 기계가 남부럽지 않게 읽고 쓰고 배우는 시대에 우리는, 사람은, 인류는 과연 제대로 읽고 배우고 있을까?"

  기사든 논문이든 잘 요약하고 정리해 주는 AI시대에 인간이 제대로 읽지 못한다는 증거는 차고 넘칩니다. 제대로 읽지 못하더라도, 개인적 대소사 정도는 기계에게 맡길 수 있습니다. 가령, 운동화 같은 건 기계가 골라줘도 괜찮습니다. AI가 가격도 비교하고, 디자인도 뜯어보고, 색깔도 보고, 발 크기도 감안해 40대 중반의 남성이 선호할 만한 아이템들을 종류, 색상, 브랜드, 가격별로 펼쳐 줍니다. 그리고 이렇게 제안할지 모릅니다. "당신 같은 한물간 아저씨는 얇은 밑창의 흰색 가죽 로퍼를 신어야 그나마 젊게 보일 겁니다." AI의 제안이 나의 생각보다 낫습니다. 나의 판단을 그에게 의탁합니다. AI의 선택이 마치 내가 고른 것처럼 실행됩니다. 미적 감각이 없는 사람에게는 자신을 한층 업그레이드하는 신발을 구매하는 데 기계가 도움이 됩니다.

  그런데 우리가 내리는 어떤 판단이나 결정이 나라는 한 개인뿐 아니라, 내가 속해서 살고 있는 공동체에 결정적인 영향을 미치는 경우라면 어떻습니까? 때로는 그 결과가 매우 부정적이고 돌이킬 수 없는 상황이 될 수도 있습니다. 물론 AI가 없던 시절에도 중요한 정치적 판단과 선택의 지점에서 사람들이 제대로 읽고 쓰지 못해서 우스꽝스럽게 행동한 사례들은 허다합니다. 하지만 다양한 데이터와 텍스트를 취급하는 AI들의 세상에서 우리 인간이 제대로 읽지 않는 행태를 반복한다면, 우리의 의도와는 상관없이 중요한 정치적 참여를 실천할 수 있는 소중한 기회마저도 고스란히 기계에게 맡겨야 하는 신세가 될지도 모릅니다.

단지 제대로 읽으려 하지 않기 때문에 우리 삶에 심대한 영향을 미치는 대중 선거, 정책 결정, 여론 형성 등에서 기가 막힌 왜곡이 일어납니다. 코로나19 감염병 상황이나 기후 위기 재난에 직면한 지금, 인류는 철저하게 지구 공동체의 시민이자 지구 생태계의 한 생명으로서 사유하고 행동해야 합니다. 엄밀하게 읽지 못하고 비판적으로 생각하지 못하는 사람들의 미래는 비관적입니다. 병들어 가는 지구가 이런 우리를 더 이상 관대하게 안아 줄 것 같지 않습니다.

제대로 읽지 못했던
브렉시트의 영국

브렉시트Brexit를 아십니까? 영국Britain과 탈출exit이 뭉쳐진 말입니다. 2016년 여름, 영국인들은 국민투표를 통해 유럽연합EU을 탈퇴하기로 결정했습니다. 브렉시트의 동기는 "유럽연합에 가입해서 얻는 이득이 없다." "우리는 그들에게 돈만 실컷 퍼 준다." "지금까지 영국이 얻은 이득이 무엇인가?"와 같은 경제적 손익계산서에 대한 불신이었습니다. 이민자에게 적대적이었던 극우 인종주의의 발호와 영국 노동자들의 열패감, 그것을 정치적으로 이용한 선동가들의 욕망 같은 것들도 뒤섞여서 작용했던 것 같습니다.

이유야 어찌 되었든, 국민투표 이후 영국은 총리를 두 번 바꾸었고 총선을 두 번 치렀으며, 유럽연합과 온갖 문제로 씨름하느라 탈퇴 시기도 세 번이나 연장했습니다. 2020년 2월, 우여곡절 끝에 영국은 유럽연합의 전신인 유럽경제공동체EEC에 합류한 지 반세기 만에 브렉시트에 성공합니다. 남의 나라 일이니 예단하긴 어렵지만, 브렉시트는 가뜩이나 편할 날 없는 지구상에 평지풍파를 일으켰다는 점에서 21세기에 가장 돌발적인 정치적 의사결정 사례의 하나로 기록될 것 같습니다.

그러면 브렉시트와 리터러시가 무슨 상관이 있을까요? 브렉시트 국면의 런던에서는 꽤 재미있는 풍경이 펼쳐졌습니다. 2016년, 국민투표를 앞두고 빨간색 대형 버스들이 시내 곳곳을 누비고 다녔습니다. "떠나자!"라고 외치며 유럽연합 탈퇴 캠페인Vote Leave Campaign을 이끄는, 영국 보수당을 주축으로 모인 사람들이 탄 유세 차량이었습니다. "우리는 매주 유럽연합에 3억 5천만 파운드(약 5,600억 원)를 송금한다. 차라리 이 돈을 국민보건국에 쓰자!"라는 구호가 적혀 있었습니다. 이런 문구를 달고 시내를 돌다가 사람들이 북적거리는 곳에 정차하면, 버스에 타고 있던 정치인들이 밖으로 나와 연설을 시작했습니다. 연설 도중에 사람들이 물어봤을 것입니다. "그 말말입니다, 돈 이야기. 그거 정말 사실입니까?" 그러면 그날의 당번 정치가가 아주 진지하게 대답했을 것입니다. "그렇다니까요. 우리가 여태 몰랐던

2016년, 런던 시내를 활보하던 유럽연합 탈퇴 캠페인 버스

사실입니다!" 정치가들이 우레와 같은 박수를 받으며 뜨거운 연설을 마치면, 버스는 다음 행선지로 향했습니다.[3]

현장의 뜨거운 분위기만큼이나 따가운 뙤약볕 밑에서 사람들의 얼굴도 벌겋게 달아올랐지만, 빨간 버스에 적힌 구호는 알고 보면 영국인들이 낯 뜨거워할 수준의 거짓 정보였습니다. 누군가 의도적으로 왜곡한 '역정보' 또는 '디스인포메이션disinformation'이었습니다. 멀쩡한 사람들이 상식과 합리에 역행하는 판단과 행동을 하게끔, 교묘한 방식으로 설계해 불순한 의도로 지어낸 거짓 정보 말입니다. 이 시기에 영국은 실제로 유럽연합에 매주 3억 5천만 파운드를 송금하고 있었으나, 그중 절반 정도를 여러 가지 명목으로 돌려받고 있었습니다. 송금한 액수는 맞지만, 다시 돌려받는 돈이 상

당한 수준이었기 때문에 영국이 유럽연합에 실제로 내는 금액은 아주 달랐습니다. 하지만 빨간 버스의 구호는 송금액 전체가 온전히 영국의 손해인 것처럼, 그래서 영국인들을 위해서는 정작 한 푼도 쓰이지 않는 것처럼 왜곡하여 사람들의 마음을 현혹시켰습니다.

빨간 버스의 역정보를 간파하지 못한 것보다 더 큰 문제는 그것을 취급하는 사람들의 행태였습니다. 자신에게 주어진 정보를 진짜 정보로 믿은 사람들, 그것이 혹여 가짜 정보일 수도 있다는 일말의 가능성조차 의심치 않고 마구 퍼뜨린 사람들의 리터러시 수준 말입니다. 대중의 무비판적인 정보 취급으로 인해 빨간 버스의 역정보는 급속하고 광범위하게 세상을 오염시키기 시작했습니다. 해당 정보를 퍼뜨리는 사람이 가짜 정보 여부를 미리 알고 있었는지와는 상관없이 무작위로 세상에 유통되는 '오정보' 또는 '미스인포메이션misinformation'으로 진화한 것입니다. 이 정보는 사람들의 입을 통해서, 출처가 의심스러운 낱장 광고와 선전지로, 특별한 정보 여과 장치가 따로 없는 디지털 플랫폼을 거쳐 익명의 대중에게 퍼졌습니다. 호기롭게 떠나자고 외치던 빨간 대형 버스의 구호가 그보다 더 호기롭게 무책임했던 사람들에 의해 진정한 가짜 정보로 거듭난 것입니다.

빨간 버스가 일으킨 문제는 사람들에게 텍스트를 제대로 찾아 읽고 판단할 수 있는 리터러시 능력이 있었다면 별로 문제가 되지 않아야 할 사안이었습니다. 이를 통해서 대중에게 요구되는 리터러시 능력을 크게 두 가지 측면에서 생각해 볼 수 있습니다. 먼저, 간단한 통계적 정보 정도는 취급할 수 있는 능력입니다. 통계란 양적으로 (재)표상된 실증적 데이터를 통해서 특정 현상의 상태나 흐름을 추론, 분석, 예측하는 작업입니다. 어떤 사람이 통계적으로 정보를 이해하고 활용하여 현명한 판단을 할 수 있다면, 그는 일종의 '통계적 리터러시statistical literacy'를 갖춘 것입니다. 빨간 버스 구호의 이면에 깔린 의도를 간파하려면 그 구호가 만들어진 맥락에서 작용하는 몇 가지 양적 정보들을 따져 이해할 필요가 있었던 것입니다.

당시의 영국인들에게는 미안한 말이지만, 이 사안은 특별히 복잡한 계산식도 필요 없었습니다. 다양한 돈의 성격과 출처, 서로 다른 돈의 흐름과 방향만 확인하면 되는 일이었습니다. 물론 국가 재정의 문제나 여러 나라 간에 이리저리 흘러 다니는 자금의 행방을 밝히는 문제가 일반 대중에게는 익숙하지 않은 과제이지만, 그렇다고 해서 단순 계산을 못할 이유는 없습니다. 조금만 시간을 투자하고 주의를 기울이면 쉽게 설명된 국가 재정 정보들을 인터넷으로 바로 찾아볼 수 있는데, 그것조차 확인하지 않을 이유는 없습니다. 커튼 한 겹만 걷으면 또렷하게 햇살이 들어오는데, 괜스레 어두운 방만 탓할 순 없지 않습니까. 리터러시가 부족해서 눈앞에 보이는 것도 제대로 분간하지 못한 것입니다.

진실이 모호해진 시대, 어느 누구도 여러분에게 영국이 매주 3억 5천만 파운드를 유럽연합에 보냈는지 아닌지를 알아야 한다고 말하지 않을 것입니다. 그러나 사실을 아는 것보다 먼저 물어야 할 것은 그것이 사실인지 아닌지 판단할 수 있는 근거를 획득할 수 있는지의 여부입니다. 그리고 그것보다 훨씬 더 시급하게 자문하고 점검해야 할 것은 내가 어떤 정보를 사실인지 아닌지 확인하고 싶어 하는가, 내가 진정으로 관련된 문제들에 관하여 좋은 텍스트를 찾아 읽고 그 타당성을 확인하면서 합리적으로 판단하려 노력하는가입니다.

브렉시트 국면에서 영국인들에게 부재했던 것은 인터넷 정보검색 기술이 아니라, 제대로 찾고 읽고 사용하려는 문명 시민의 책임 있는 태도와 노력이 아니었을까 생각합니다. 당시 영국인들 중 적지 않은 수의 '실질적 문맹'들이 국가와 미래 세대에 지대한 영향을 미칠 중요한 정치적 판단을 빨간 버스의 '위험한 타인들'에게 위임했습니다. 무지한 정보 사용자로서 역정보를 분간하지 못하여 세상을 오판했고, 더욱 무지한 정보 유통자가 되어 오정보를 퍼뜨려 세상을 왜곡했습니다. 잘 읽고 잘 쓰는 AI들도 그렇게 했을지 궁금해집니다. AI라면 절대 그렇게 하지 않을 것입니다.

제대로 읽지 못했던
트럼프의 미국

미국 이야기를 해 봅시다. 도널드 트럼프 대통령이 재임하던 시절의 미국입니다. 구설수, 루머, 거짓말, 호통, 비아냥 등에 관한 한 트럼프 대통령만큼 풍부한 내러티브를 갖춘 정치인을 인류 역사상 찾기 어려울 것입니다. 그는 대통령의 이미지보다는 다른 사람들에 대한 혐오적 감정을 불러일으키는 가짜 뉴스의 억울한 주인공(그가 진심으로 원했던 모습)이자 교활한 창작자(정말 딱 '그 사람'이라고 부를 법한)라는 이미지가 더 큰 것 같습니다.

저도 2020년 여름에 피츠버그 대학 생활을 마무리하고 한국으로 돌아오기 전까지 몇 해를 트럼프 대통령과 함께 보냈습니다. 그때는 평온했던 적이 거의 없었습니다. 2018년 여름, 피츠버그시 경찰의 과잉 대응으로 슬럼가의 흑인 고교생이 총에 맞아 살해되었습니다. 2019년 가을에는 피츠버그시의 유대인 교회당에서 백인 남성의 인종 혐오 총기 범죄로 11명의 목숨이 희생되는 참사가 벌어졌습니다. 돌아오던 해 3월 중순부터는 코로나19의 상황이 아주 심각했는데, 그 와중에 심심찮게 인종 충돌이 일어났고 이곳저곳에서 대규모 시위가 벌어졌습니다. 이 모든 사건 사고들이 대통령의 책임은 아니지만, 트럼프가 아니라면 그렇게까지 되지 않았을, 어지러운 시간을 사는 것 같아 꽤 힘들었습니다.

리터러시의 관점에서도 트럼프 시대는 특이합니다. 한 가지 사례를 들어보겠습니다. 트럼프 대통령은 2017년 1월 20일, 미국의 수도인 워싱턴 D.C.에 있는 국회의사당 서쪽 마당에서 취임식을 했습니다. 대통령의 인기가 최고일 때 열리는 취임식에는 늘 많은 사람들이 참석하기 마련인데, 트럼프 대통령이 취임할 때엔 사람들이 많이 오지 않았습니다. 공중에서 사진을 찍어 보니 행사장 바닥에 깔린 하얀 포장막 위에 듬성듬성 빈 곳이 많았습니다. 다음 날 사람들이 문제를 제기했습니다. "새 대통령이 취임하는데 사람들이 많이 안 왔다. 문제가 있는 것 아닌가?" 이에 백악관 언론담당관이었던 숀 스파이서는 트럼프 취임식 전날 자정부터 약 42만 명이 워싱턴 D.C.의 지하철을 이용했고, 이는 오바마 대통령이 두 번째로 취임하던 2013년의 약 32만 명보다 훨씬 많은 인파였다고 브리핑했습니다.

기자들이 가만히 있었을 리 없습니다. 팩트 체크에 나섰습니다. 취임식날 워싱턴 D.C. 지하철을 이용한 승객 수도 조사하고, 당일 항공사진도 판독해 사람 수를 추정했습니다. 이미 확인한 사실이지만, 확인 사살을 위해 재차 근거 자료들을 확보했습니다. 결론적으로 취임식 전날 자정부터 당일 오전 11시까지의 지하철 이용객 수는 약 19만 명 정도라고 추정했습니다. 그런데 이 와중에 대통령 고문인 켈리앤 콘웨이가 한 방송에 나와서 희한한 말을 합니다. 진행자의 질문에 그녀는 스파이서 담당관이 '대안적 사실 alternative fact'을 제공한 것이라고 변호합니다. 이에 방송 진행자가 일침을 놓습니다. "대안적 사실은 사실이 아닙니다!" 이후 수많은 언론과 지식인들의 비판이 이어졌고, 인터넷과 소셜 미디어에서는 각종 패러디와 밈이 쏟아졌습니다.

대안적 사실이라니, 모순적인 말입니다. 사실은 실제로 일어난 일인데 대안적으로 일어난 일이라는 말이 가능합니까? 지하철 이용객 현황에 대한 분명한 자료가 있고, 하늘에서 내려다보고 찍은 항공사진이 있지만, 콘웨이의 주장에 따르면 그것으로 추론되는 사실을 대체하는 다른 사실이 있다는 것입니다. 실제로 일어난 일과 일어나지 않은 일이 동시에 벌어지는 것이 가능하다는 믿음 때문에 이런 해프닝이 생긴 것입니다.

행운일지 모르겠으나, 이 일로 조지 오웰George Orwell(1903~1950) 소설 《1984》가 역주행하여 아마존 베스트셀러가 되었다고 합니다. 이 소설에 등장하는 '이중사고doublethink'라는 낯선 용어 때문입니다. 이중사고는 소설 속에서 세상을 조종하고 조작하는 관리들이 세상은 늘 자연스럽고 평온한 곳이라고 믿는 인식론적 모순으로, 따지고 보면 그들이 세상을 읽고 쓰고 생각하는 방법입니다. 콘웨이의 미스터리한 인식론과 엉터리 리터러시 역시 이 단어로 설명이 되는 듯합니다.

거짓말로 치자면야 스파이서나 콘웨이는 트럼프에 비하면 깜냥이 한참 부족합니다. 《워싱턴포스트》의 2021년 1월 24일 자 팩트 체커에 의하면, 트럼프는 임기 4년 동안 총 30,573번의 거짓 또는 왜곡된 주장을 한 것으로 기록되었습니다. 하루 평균 약 21건 정도인데, 날이 갈수록 그 빈도가 늘어나고 정도가 심해지는 특징을 보였다고 합니다.[4] 트럼프가 일부러 거짓말을 했는지는 알 길이 없지만, 제가 보기에도 그런 말들을 하는 그의 모습이 한결같이 거리낌 없어 보이긴 했습니다. 한술 더 떠서 트럼프는 CNN이나 《뉴욕타임스》와 같은 신뢰와 전통을 갖춘 주류 언론들을 가짜 뉴스 제조 공장이라면서 낙인찍기도 했습니다. 자신의 말이 참이므로 그걸 부정하는 언론은 거짓이라는 해괴한 논리였습니다. 기자회견 때는 특정 언론사의 특정 기자들을 대놓고 무시하는 일도 많았습니다. 그리고 이런 일들을 트위터에 올렸습니다. 매일, 매시간 올렸습니다.

트럼프의 트위터 정치는 사실 꽤 잘 먹혀들었습니다. 그 논리를 하나 설명하자면 이렇습니다. 트럼프는 미국 사회에서 가장 소외되어 왔던 백인 남성 노동자들(과 그들의 가치를 승계하는 사람들)의 언어로 그들 속에 내재된 울분을 자극합니다. 사람이 강력한 자극에 반복적으로 노출되어 희열을 느끼면, 그 자극의 출처나 내용은 더 이상 중요하지 않게 됩니다. 오직 자극 그 자체에 집중하게 되기 때문입니다. 트럼프의 트위터 지지자들은 누가 무엇을, 어떻게 주장하는가를 따지지 않습니다. 그의 트윗이 믿을 만한 것인지, 근거와 논리를 갖춘 글인지 판단하지 않습니다. 다만 '트럼프가 주장한다'만 받아들입니다. 그 주장을 나를 대신하여 나의 말로 소리쳐 주는 이가 트럼프인 것입니다. 저도 트럼프 때문에 트위터를 시작했습니다. 물론 중독되지는 않았습니다.

트럼프의 미국은 아무리 생각해도 반어적입니다. 미국이 어떤 나라입니까? 'FAANG^{Facebook, Amazon, Apple, Netflix, Google}'이라 불리는 세계 최대의 기술 기업들을 거느린 나라입니다. 이들이 주로 무엇을 가지고 영리 목적을 채우는지 여러분도 잘 알 것입니다. 인터넷을 사용해서 우리가 찾은 검색어, 우리가 소통한 언어, 우리가 주고받은 정보, 우리가 찍어 올린 이미지, 우리가 듣고 즐긴 음악, 우리가 돌아다닌 흔적, 우리가 선택한 링크와 웹사이트, 우리가 입력한 개인 정보, 우리가 읽고 쓰고 상호작용한 모든 데이터를 수집해 이것을 바탕으로 AI를 만드는 기업들입니다. 이런 점에서 미국은 광고를 보게 하고, 물건을 사게 하며, 이념을 수용하게 하는 최신 알고리즘과 AI를 만드는 세계 최대 '선진' 기업들을 거느린 나라입니다.

프랑스의 석학 자크 아탈리Jacques Attali(1943~)는 이러한 상황을 보면서 "미국 대통령이 아무리 가짜 뉴스를 쏟아 내도 지지율이 낮아지지 않는 현실은 우리 시대를 상징하는 매우 중요한 신호이다."라고 탄식했습니다.[5] 저는 이 말에 전적으로 동의합니다. 트럼프의 미국에는 잘 배우는 기계와 제대로 배우지 못하는 인간이 공존했습니다. 하루도 거르지 않고 가짜 정보를 생산해 내는 사람이 최고 권력으로 선출되어 몇 년간 나라를 이끌었습니다. 당선 이후에는 제대로 읽지 못하는 사람들이 그의 권위를 꾸준히 인정하고 강화해 주었습니다. 누구도 의심하지 않는 인공지능의 패권국이 알고 보니 제대로 읽지 못하는 사람들의 천국이었습니다.

기계만도 못한 인간이
되지 않으려면

옥스포드 사전은 2016년의 단어로 'post-truth', 즉 '탈진실'이라는 말을 선정했습니다.[6] 그해 영국에서는 브렉시트가 국민투표로 결정되었고, 미국에서는 도널드 트럼프가 새로운 대통령으로 당선되었습니다. 동시에 탈진실이라는 낯선 말이 이 사회를 대변하는 주류 언어가 된 것입니다. 실제로 브렉시트 투표와 트럼프 당선이 일어난 6월과 11월 전후로 이 단어의 사용 빈도가 현저하게 증가했다고 합니다. 지능적으로 리터러시 능력을 배우고 사용하는 AI들이 즐비해도 제대로 읽고 쓰고 생각하고 배우지 않는 인간들은 속절없이 탈진실 시대 post-truth era를 살아가야 할 것 같습니다.

이런 걱정은 우리가 살고 있는 세상이 점점 더 읽기 어렵고 이해하기도 어려운 시대로 급속하게 전환되고 있다는 점에서 군걱정을 넘어섭니다. 지금 우리를 고통스럽게 하는 코로나19 상황을 예로 들어봅시다. 여러분은 코로나 바이러스에 대해서 얼마나 알고 있습니까? 잘 알고 있다, 박사급이다, 학사급이다, 잘 모른다 중 어디에 위치해 있습니까? 저도 자신이 없습니다. 이 새로운 바이러스와 그 변종들에 대해서 알고 있는 것이 거의 없습니다. 그렇다면 코로나 바이러스에 관련된 이야기들이 미디어에 넘칠 때, 우리는 그것을 어떻게 읽어야 합니까? 과연 제대로 읽을 수 있긴 한 것입니까?

바이러스가 통제할 수 없이 온 지구에 퍼져 있는 상황을 우리는 팬데믹이라고 부릅니다. 그런데 잘 알지도 못하는 이 바이러스와 관련된 방역, 면역 같은 다양한 인간 행위들에 관한 거짓 정보, 과장 정보, 왜곡된 정보, 근거 없는 정보가 넘쳐 납니다. 거짓 정보가 바이러스처럼 통제 불능의 상태로 창궐하는 '인포데믹 infodemic'의 시대입니다. 팬데믹보다 사람들을 더 지치게 만드는 것은 인포데믹일지 모릅니다.

'지능형 교육 체계intelligent tutoring system'라는 것이 있습니다. 특정 영역의 전문가 모형을 기계에 학습시켜서 인공지능을 마련하고 초보자들의 배움을 돕는 기술로, 학습이론과 인지과학 및 AI기술이 융합된 최첨단 연구 분야입니다. 제가 일하던 피츠버그 대학의 융복합 연구소인 학습연구개발센터LRDC, Learning Research and Development Center에서도 가장 '핫'한 연구 주제였습니다. 전문가적 독해reading comprehension 모형을 연구하던 저도 나이가 지긋한 법학자, 수수한 모습의 컴퓨터 공학자와 함께 LRCD의 어느 회의실에서 일명 '지능 기반 법원 판례 독해 시스템'에 대해 토론하고 있었습니다. 누구나 법원 판례를 잘 읽고 이해할 수 있도록 도와줄 수 있는 AI를 만들어서 '법률 리터러시legal literacy'를 증진시키고 사회정의에 기여하자는 취지였는데, 그러기 위해서는 배우면서 동시에 가르칠 수도 있는 기계를 만들어야 했습니다.

지능형 교육 체계라는 말이 나오기 훨씬 전에 이런 말도 있었습니다. "짐승만도 못한 인간." 인간으로서 지켜야 할 최소한의 윤리적, 도덕적 기준에 부합하지 못하는 동물적 존재에 머물러 있는 사람을 가리키는 말입니다. 그런데 기계가 리터러시를 배우고 가르치는 세상에는 '기계만도 못한 인간'이 출현할지도 모릅니다. 최소한의 지적, 정서적, 사회적 존재로서 읽고 쓰고 생각하는 기준에 부합하지 못하는 사람들을 그렇게 부를지도 모릅니다. 글자는 읽을 줄 알지만, 개인과 공동체의 더 나은 삶에 기여하는 방식으로 기호를 다루고 의미를 만들어 내지 못하는 실질적 문맹으로서 살아가는 사람들, 고도로 발달한 디지털 지식 정보 기술 사회를 살아가지만 눈 앞에 펼쳐진 정보와 텍스트와 미디어를 맥락화하여 정확하게 분석적으로 읽지 못하는 사람들 말입니다. 기계만도 못한 인간이 되지 않기 위해, 우리는 제대로 리터러시를 배워야 합니다.

5장

읽지 못한 아이들, 놓쳐 버린 기회

읽지 못해
잊힌 아이들

　　읽지 못해서 잊힌 아이들이 있습니다. 읽지 못해도 학교가 주목하지 않는 아이들입니다. 학교의 무관심은 아이들이 제대로 읽는 사람이 되는 길을 가로막는 가장 큰 걸림돌입니다. 교육자, 학부모, 시민으로서 스스로 마음에 걸리는 질문을 던져 봅니다. 이 아이들에 대하여 한 번이라도 생각해 본 적이 있습니까? 그들은 누구이고, 그들이 겪는 어려움은 무엇입니까? 그들을 돕지 못해 우리 사회가 놓치는 기회는 무엇입니까? 기득권자인 어른들이 이 아이들을 도울 수 있는 최소한의 방법은 무엇입니까?

　　어른들은 세상의 모든 아이들이 똑같은 내용과 속도로 성장한다고 생각합니다. 그러나 이것은 명백한 오류입니다. 아이들마다 가지고 태어나는 생명의 조건이 다르고 그들이 성장하는 물리적, 문화적, 사회적 여건도 다릅니다. 생물학적으로 거의 동일한 조건을 가지고 태어난 일란성쌍둥이조차도 자라면서 외부 환경과 어떻게 상호작용하는가에 따라 성장의 내용과 속도가 달라집니다. 가정이나 학교에서 읽고 쓰는 경험의 폭과 내용이 다르면 읽고 쓰는 일이나 책과 글을 바라보는 아이들의 시선 자체가 달라지기도 합니다. 많은 아이들이 글은 빨리 읽으면 되는 것, 책은 남이 시켜서 읽는 것, 읽기는 골치 아픈 것이라고 믿는 이유는 그렇게 보고 듣고 배웠기 때문입니다. 모든 것이 익숙한 가정에서와는 달리 대화하는 법, 생활의 규칙, 상과 벌의 기준 등 모든 것이 낯선 학교에서 하루 종일 버티는 일이 버거운 아이들도 많습니다.

리터러시 연구에 의하면, 흔히 '아이큐'라고 말하는 타고난 지능은 다양한 정서적, 환경적 변인들을 동시에 고려할 때 아동의 리터러시 발달을 유의미하게 예측하지 못합니다. 오히려 읽기 능력이 발달하고 더 많이 읽게 되면 우리 뇌 역시 더욱 잘 읽으려고 기능이 향상됩니다. 글을 읽고 쓰는 리터러시는 다양한 경험을 통해서 사회적으로 길러지는 후천적인 능력입니다.

하지만 어른들은 리터러시와 관련된 아동의 발달적 차이와 문화적 경험의 다름을 잘 받아들이지 못합니다. 남의 일일 때는 그나마 이해하지만, 내 아이의 문제가 되면 강하게 거부합니다. 글을 읽지 못하는 아이를 걱정 어린 눈빛이나 곱지 않은 시선으로 바라보면서 원래 머리가 나쁘다거나 게을러서 그렇다고 타박합니다. 이런 아이들이 자신의 자녀들과 어울리는 일에 극도로 민감해지고, 자신의 자녀에게 그런 딱지가 붙는 일은 더욱 두고 볼 수 없습니다.

아이마다 다른 리터러시 발달은 대개 한 개인의 탓이 아니라 그가 경험한 '기회'의 양과 질의 차이에서 빚어진 결과입니다. 가정에서 이미 다양한 책을 접한 아이들과 글로 된 것이라고는 도무지 찾아보기 힘든 가정에서 자란 아이들의 평균적인 읽기 능력 발달에 차이가 생길 수밖에 없습니다. 글에 노출되는 정도와 빈도가 다르고, 글을 읽고 쓸 수 있는 기회가 다르기 때문입니다. 집에서는 다른 나라 말을 쓰지만 학교에서는 한국말로 공부하는 이중언어 가정의 리터러시 경험이 하루 종일 한국말로 읽고 쓰는 가정의 리터러시 경험과 다른 것도 이 때문입니다. 글자, 단어, 책, 시청각 자료 등의 '리터러시 자원들literacy resources'과 생활 속에서 읽고 쓰는 '리터러시 환경literacy environment'은 우리 아이들이 좋은 독자로 성장하는 과정에 심대한 영향을 미칩니다.

따라서 학교는 학교 밖에서 벌어지는 리터러시의 격차를 최대한 보완해 주어야 합니다. 그러나 안타깝게도 우리 주변에는 아이들에게 리터러시를 가르치는 일에 실패한 학교가 적지 않습니다. 과거 여러분이 다녔던 학교, 지금 여러분 자녀들의 학교가 그럴지 모릅니다. 이런 학교는 학생들이 어떻게 글을 읽는지 그 과정을 관찰하지 못하고, 왜 그들이 잘 읽지 못하는지 분석하지 못합니다. 읽기가 더딘 학생들에게 필요한 것이 무엇이고 어떻게 그들을 도와줄 수 있는지 알지 못한 채 우왕좌왕합니다. 심지어 아이들의 읽기 능력 차이를 태생적 차이라고 은연중에 규정하고는, 그것은 너희들의 능력과 노력의 문제이지 학교가 해결해 줄 수 있는 게 아니라면서 학교의 책무를 저버리기도 합니다. 잘 읽지 못하는 학생들은 가르쳐도 안 된다거나 아예 배울 의지조차 없는 구제 불능으로 성급하게 결론짓는, '결핍의 교육관deficit views'이 지배하는 학교의 모습입니다.

요즘 어른들이 아이들을 두고 하는 말들을 듣고 있자면 지구는 마치 '똑똑한 어른'이라는 신인류로 가득 찬 행성처럼 보입니다. 이 별에서는 교사도, 교수도, 직장 상사도 똑똑하지만, 그중 으뜸은 역시 엄마 아빠입니다. 똑똑한 부모들이 넘치는 세상에선 웬만한 아이들은 성에 차지 않습니다. 이런 어른들의 지구에서 배움의 기회가 부족하여 더디게 성장하는 아이들은 비상한 관심을 두지 않는 한 너무 간단하게 잊히고 맙니다. 하지만 어른들의 무관심을 먹고 자라는 기회의 공백과 배움의 손실은 아이들을 평생 고통스럽게 합니다. 시민 권리인 리터러시를 모든 아이들이 잘 배우고 익힐 수 있는 기회가 묵살될 때, 우리 사회는 잃지 않아도 될 수많은 공동체적 성장의 기회들을 포기해야 할지 모릅니다. 잊힌 아이들의 학교에서 희망찬 미래가 피어날 수 있겠습니까? 특별한 도움이 필요한 학생들을 외면하는 학교에서 모두를 위한 미래 교육을 기획할 수 있겠습니까?

; 잊힌 아이, 트리샤[1]

패트리샤 폴라코Patricia Polacco(1944~)의 《Thank You, Mr. Falker》(한국에서는 《고맙습니다, 선생님》으로 출간)라는 그림책이 있습니다. 제가 미국 대학에서 재직하던 시절, 읽기와 리터러시에 관하여 학부생들과 수업하면서 자주 사용하던 책입니다. 학교 선생님이 되겠다고 열심인 3~4학년 예비 교사들과 매 학기 첫날 함께 읽는데, 그림책이지만 어떤 대학 교재나 논문보다 훌륭한 교과서 역할을 했습니다. 이 책은 글을 읽지 못하는 소녀 '트리샤'가 꼼꼼하고 자상한 '파커 선생님'을 만나면서 스스로 읽을 수 있는 독자로 다시 태어나는 이야기입니다. 그 시작 부분을 간략하게 소개하면 다음과 같습니다.

트리샤는 영특하고 그림을 잘 그리는 소녀입니다. 어느 날, 저녁 식사를 하던 할아버지는 트리샤에게 아주 특별한 선물을 합니다. 책한 권을 집어 트리샤에게 접시처럼 받쳐 들게 하고는, 꿀 한 숟가락을 그 위에 살며시 떨어뜨려 준 것입니다. "트리샤, 꿀맛을 한번 보렴." 트리샤는 책 표지 위에 떨어진 꿀을 찍어 먹어 봅니다. "아주 달콤해요!"

즐거워하는 트리샤를 향해 할아버지가 따뜻하게 이야기합니다. "책은 달콤한 것이란다. 책 안에는 지식이라는 것이 들어 있거든. 그런데 트리샤, 그 지식은 책 안에 그냥 있는 것이 아니란다. 네가 직접 찾아 나서는 것이지. 마치 꿀을 찾아 나서는 일벌처럼 말이야."

참 멋진 선물입니다. 읽는다는 일의 의미와 쓸모를 보여주는 데 이만큼 좋은 방법이 없습니다. 지식은 책 속에 있지만, 그 지식은 원래 거기에 있는 것이 아니라 책을 읽는 사람이 찾아 나서는 것이라는 할아버지의 말은 '책은 지식의 보고'라는 상투적 표현보다는 '구슬이 서 말이라도 꿰어야 보배'라는 속담에 가깝습니다. 아무리 고귀한 지식이 담긴 책이라도 '스스로' 읽지 않으면 아무 소용이 없습니다. 알기 위해서는 읽어야 하며, 읽지 않고는 알기 어렵습니다. '스스로' 읽어서 책의 지식을 자신의 앎으로 만들 수 있을 때 독서는 꿀처럼 달콤한 경험이 됩니다. '스스로' 부지런히 읽는 사람은 본능적으로 자신에게 주어진 시간을 생명의 꿀을 찾아 나서는 데 아낌없이 투자하는 일벌의 정체성을 갖습니다. 이런 뜻을 헤아려 보면, 할아버지의 사려 깊은 행동은 어린 트리샤가 '스스로' 읽어서 '스스로' 아는 독자가 되길 기원하는 의식입니다.

앞에서 이 그림책이 '글을 읽지 못하는 소녀'의 이야기라고 했듯, 어린 트리샤는 가족의 도움으로 책과 사랑에 빠지지만 정작 혼자 힘으로는 글을 읽지 못하는 미숙한 독자였습니다. 트리샤와 같은 아이들을 '비독자non-reader'라고 합니다. 글자 읽는 법을 스스로 터득할 기회가 부족했고 많은 아이들이 이런 경험을 하는 것은 매우 당연합니다! 누군가로부터 직접 글 읽기를 배울 수 있는 기회도 없었기 때문입니다. 이런 아이들은 특히 소리와 글자를 연결해서 단어를 읽는 일을 어려워합니다. 아무리 영특한 아이라도 단어를 읽지 못하면 머릿속에 그 의미가 떠오르지 않고, 단어를 읽지 못하니 당연히 문장과 글도 읽지 못합니다. 그림책을 읽을 때는 삽화를 보면서 이야기를 추측하기 때문에 다른 사람의 의심을 피할 수 있지만, 글이 제법 많은 책을 읽기 시작하면 속수무책입니다.

트리샤와 같은 아이들은 초등학교에 들어가면 '책도 못 읽는 녀석'으로 낙인찍힙니다. 남들이 그렇게 생각하는 것도 문제이지만, 자신이 그런 사람이라고 스스로 믿게 되는 일이 더욱 큰 문제입니다. 글 읽기에 자신이 없는 아이들은 타인이 자신을 어떻게 볼지가 늘 신경 쓰입니다. 책을 읽어야 할 때마다 느껴지는 아이들의 수군거림, 선생님의 의도하지 않은 시선과 지적 모두가 자기 자신에 대한 부정적 평가로 돌아옵니다. 이렇게 거북한 일들이 여러 번 되풀이되면 아이는 점점 책이 없는 곳으로 숨어들게 됩니다. 책 읽는 일을 가급적 피하고, 어쩔 수 없이 읽어야 하는 상황에 놓이면 심리적으로 불안하고 예민해집니다. 교실에서 읽는 일이 점점 더 끔찍한 경험으로 바뀝니다. 글 읽기뿐만 아니라 과제 활동이나 협력 활동처럼 책을 읽고 하는 모든 종류의 학교 일이 두려워집니다. 부정적 경험들이 반복되면 자기 자신에 대한 믿음마저 잃어버리고, 급기야는 학교에 가기가 싫어지고, 읽지 못하는 비독자로 남겨지고 맙니다.

여러분의 초등학교 시절 기억을 떠올려 보십시오. 공부 잘하는 아이와 그렇지 않은 아이를 구별하는 가장 분명한 지표가 무엇이었습니까? 바로 읽기입니다. 예전에 학급 반장들은 하나같이 교과서를 잘 읽었습니다. 수업 시간에 선생님이 즐겨 찾는 낭독자도 늘 그들이었습니다. 이런 종류의 기억이 주는 교훈은 학교라는 공간 안에서 잘 읽는 것과 잘 배우는 것 그리고 잘 지내는 것 사이에 꽤 설득력 있는 경험적 상관관계가 존재한다는 것입니다. 실제로 수많은 리터러시 연구에서 읽기 발달과 학업 성취의 상관관계가 매우 높다고 보고합니다. 거의 모든 나라에서 리터러시 또는 문해력을 수리력과 함께 핵심적인 기초학력이라고 보는 이유도 이 때문입니다. 심지어 쓰기 능력을 예측하는 가장 큰 요인도 읽기 능력입니다. 잘 읽는 아이들이 잘 쓸 가능성도 높다는 이야기인데, 쓰기 역시 공부의 가장 중요한 사고 도구(특히, 지식을 재구성하고 공유할 때)라는 점에서 읽기가 얼마나 중요한지 알 수 있습니다.

여러분이 사려 깊은 독자라면 트리샤의 이야기가 또한 '파커 선생님의 이야기'라는 점을 놓치지 않았을 것입니다. 파커 선생님과의 이야기는 이렇게 진행됩니다.

학교생활 자체가 고통이던 트리샤는 파커 선생님을 만나게 됩니다. 그는 아이들이 읽는 모습을 놓치지 않습니다. 당연히 트리샤가 글을 읽지 못한다는 것도 알게 됩니다. 파커 선생님은 학교에서 글 읽기를 가장 잘 가르치는 선생님에게 부탁하여 트리샤를 지도합니다. 트리샤는 선생님들에게 한 학기 동안 글자 읽는 법을 시작으로 문

《Thank you, Mr. Falker》 표지

장을 유창하게 읽는 법, 글 내용을 파악하는 법까지 배웁니다. 어느 날, 파커 선생님이 수업 시간에 트리샤에게 책을 줍니다. "트리샤, 읽어 볼 수 있겠니?" 트리샤는 두렵지만 용기를 내어 읽습니다. 단어 하나하나를 천천히, 그러나 또박또박 발음하며 문장을 읽습니다. 한 문장, 한 단락, 한 쪽, 한 편의 글을 그렇게 끝까지 읽어 나갑니다.

'독립 독자independent reader'라는 말이 있습니다. 읽기에 필요한 모든 것들을 스스로 결정하고 수행할 수 있는 사람들을 일컫는 말입니다. 글을 읽는 데 필요한 잘 훈련된 능력을 지니고 있고, 글을 읽고 싶다는 욕구가 충만

하며, 자신이 어떻게 읽는지 그리고 무엇 때문에 읽는지를 스스로 판단하는 독자입니다. 파커 선생님은 트리샤를 독립 독자가 되는 길로 안내합니다. 특별한 시간과 노력, 전문적인 지원과 도움이 꾸준하게 제공된다면 누구라도 이 길에 들어설 수 있다는 것을 선생님은 알고 있습니다. 이 길에서 아이들은 잘 읽기 위해 필요한 기초적인 지식과 기능을 습득하면서 스스로에 대한 믿음을 쌓아 갑니다. 처음엔 부끄럽지만 좋은 선생님, 친구들과 함께 읽으면 힘이 나고 자신감도 생깁니다. 어떤 날은 조금 빨리 읽고 싶고, 어떤 날은 조금 길게 읽고 싶어집니다. 한 시간, 두 시간, 한 주, 두 주, 한 달, 두 달 배우고 나면 나도 모르게 읽는 일에 자신감이 붙습니다. 우리가 원하는 바가 바로 이것입니다. 모든 아이들이 학교를 졸업하면 스스로 읽을 수 있는 독자가 되는 것 말입니다.

똑똑한 어른들에게는 어린 시절에 글 읽는 법을 배웠던 경험이 사소한 에피소드 정도로 여겨집니다. 성공한 기업가나 명망 높은 권세가에게도 초보 독자의 경험은 기억조차 가물가물할지도 모릅니다. 하지만 사실 전문가의 여정은 독립 독자가 되는 길에서 출발합니다. 그래서 이런 사람들과 달리 성숙한 어른, 진정한 전문가는 초보 독서가였던 기억을 절대 잊지 않습니다. 이 길에 들어서지 않고서는 앎의 과정을 시작할 수 없기 때문입니다. 스스로 읽어서 앎의 과정을 시작하고 운용하는 능력 없이는 능동적으로 세상의 의미를 구성하고 인간 공동체에 기여하며 시대의 변화를 주도하는 탁월한 전문가나 지도자가 될 수 없습니다. 꿀 따는 일을 망각한 일벌을 생각하기 어렵듯 말입니다.

; 읽지 못하는 아이들의 마음

여러분들은 혹시 트리샤와 같은 더딘 독자들의 마음을 헤아려 본 적이 있습니까? 머리가 나쁘거나 게을러서 그럴 것이라는 철없는 생각 말고, 조금 더 어른스러운 생각을 해 본 적이 있습니까? 아이들이 글을 읽을 때 무엇을, 왜 어려워하는지, 글을 읽지 못하면 어떤 기분일지, 남들 앞에서 더듬거리면 어떤 심정일지 짐작해 보았습니까? 남들이 늘 신경 쓰이는, 그래서 나를 믿지 못하는 어린 독자들의 상처난 마음에 대해서 생각해 보았습니까? 자신의 답답한 마음을 알려고 하지 않는 어른들이 얼마나 답답할지 상상이 됩니까?

여러분을 대상으로 '좌절 실험'을 해 보겠습니다. 이제 여러분은 너무나도 쉬운 글 하나를 읽으면서 스스로 나는 글을 잘 읽는 사람인가 생각해 볼 것입니다. 당연히 "그렇다!"라고 대답하겠지만, 그래도 저는 성공의 어머니인 실패를 무릅쓰고 이 실험을 진행해 봅니다. 단, 규칙이 하나 있습니다. 아주 쉬운 글이니까 평소처럼 단숨에 읽어야 합니다.

이 글은 고려시대 장묘제의 운영을 통해 중국 장묘제의 변천 과정과 고려 장묘제도를 추적하고, 고려시대 매장 유형과 방식에서는 장례 방식과 분묘의 형태, 매장 방법과 유형을 살펴볼 것이다. 이를 통하여 고려 분묘의 외형인 봉분의 형태가 일반적으로 알려진 원형 봉분이 아니라 방형의 마렵분임을 밝히고자 한 것이다. 나말여초기에 새로운 장묘제의 흐름 속에서 고려시대 유행하였던 방형 형태의 봉분인 마렵분은 적어도 관리의 분묘 조성 과정에서 16세기까지 유행하였고, 이 시기부터 원형의 봉분과 혼용되었음을 알 수 있다. 방형의 봉분인 마렵분은 주로 관인들이 선호한 분묘제이기 때문에 주로 석실분이나 석곽묘에 조영되었을 것으로 짐작되지만, 일반 서민층이 사용한 토광묘에 적용되었는지는 확실치 않다. 이 점이 고려 장묘제의 특징으로 이해될 수 있을 것이며, 이 과정에서 묘의 내부는 지배 신분이나 경제력에 따라 달랐을 것으로 짐작된다. 따라서 오늘날까지 전국에 산재해 있는 방형의 마렵분은 중세 분묘 문화 특징의 징표로 볼 수 있을 것이다.[2]

어떻게 읽었습니까? 술술 잘 읽을 수 있었습니까? 단어 하나하나가 이해되었습니까? 혹시 이 글을 읽으면서 자신 있게 고개를 끄덕일 수 있었습니까? "아, 이거 무슨 말인지 알겠어!" "머리에 쏙쏙 들어오는데!" "그렇지!" 하고 웃을 수 있었습니까? 스스로 똑똑하다고 느꼈습니까? "야, 이거 너무 재밌다! 나 이런 거 또 찾아서 읽을 거야!"라는 마음이 생겼습니까? "나는 정말 잘 읽는 사람이야. 그러니까 나는 더 많이 읽을 수 있어. 나는 훌륭해!" 이런 느낌이 들었습니까? 글을 읽으면서 행복했습니까? 읽고 나니 개운했습니까? 무엇보다, 여러분은 여러분 스스로를 믿을 수 있었습니까?

여러분은 이 글을 읽으면서 오랜만에 씁쓸함을 경험했을 것입니다. 쓴맛을 보여 주기 위해 준비한 실험은 절대 아닙니다! 그것은 일종의 실패이자 좌절감입니다. 이렇게 쉽고 짧은 글을 읽다가 좌절했음을 자발적으로 고백하기엔 너무 부끄럽다는 점 또한 충분히 이해합니다. 여러분은 "대체 나에게 무슨 일이 생긴 거야?"라며 사태의 본질에 대한 분석을 시도할 것입니다. "이건 내가 못 읽어서가 아니라, 별로 읽고 싶지 않아서 그런 거야."라고 개인적인 핑계를 찾을지도 모릅니다. "글이 문제야!"라며 어려운 한자어, 생경한 주제, 늘어지는 문장 등을 비평하려는 시도도 예상됩니다.

여러분이 어느 부류에 속하건 간에 그것을 아는 것이 이 실험의 목적은 아닙니다. 우리가 눈여겨봐야 할 것은 명석한 독자인 여러분이 '실패'했다는 사실이며, 자신만만한 여러분도 글을 읽으면서 '좌절'할 수 있다는 것입니다. 자, 이제 거울을 보십시오. 비로소 씁쓸한 미소가 보입니까?

이 책을 읽고 있는 여러분 중 앞에서 읽은 글에 포함되어 있는 글자를 읽지 못하는 사람은 없습니다. 글을 읽는 동안 간혹 처음 듣는 말들이 나오기는 하지만 그렇다고 못 읽는 것은 아닙니다. 문장이 복잡하고 길어서 평소보다 천천히 읽어야 한다는 것에 굴욕감을 느끼지만, 그래도 소리를 낼 수는 있습니다. 그런데 이 글을 이해하는 일은 생각보다 쉽지 않습니다. 글자가 눈에 들어오질 않고 뿔뿔이 흩어집니다. 가다 서다 가다 서다, 글의 앞뒤를 이리저리 왔다갔다 하며 한참을 들여다보아야 합니다. 스스로 질문해 봅시다. 이 글은 무엇에 관한 것입니까? 이 글의 내용을 요약하고 정리할 수 있습니까? 마치 생전 처음 공부하는 내용을 다룬 무척 어려운 역사 교과서를 접하는 느낌이지 않습니까?

초등학교에서 고등학교까지 적지 않은 수의 아이들이 자신의 읽기 수준보다 훨씬 어려운 교과서 글을 접했을 때 겪는 낯섦과 당혹감은 이와 크게 다르지 않습니다. 여러분은 이제 아이들이 자신과는 전혀 상관없는 글, 전에 경험해 본 적 없는 생소한 내용의 글, 너무 많은 어려운 단어들로 엮인 교과서 글을 읽어야 할 때의 난처함과 좌절감이 상상됩니까?

리터러시의
부익부 빈익빈 현상

> 무릇 있는 자는 받아 풍족하게 되고 없는 자는 그 있는 것까지 빼
> 앗기리라.   – 마태복음 25장 29절

성경 구절을 맥락 없이 맘대로 해석하는 것은 위험하지만, 이 구절은 언뜻 보아도 이해가 잘 됩니다. 가진 사람은 가진 것을 활용해서 더 많이 가질 수 있게 되지만, 부족한 사람은 새로 무언가를 얻기 위해서 활용할 만한 자원과 토대가 없기에 점점 더 궁핍해진다는 것입니다. 여기서 가장 중요한 것은 이 두 집단의 삶의 격차가 시간이 지날수록 점점 더 벌어진다는

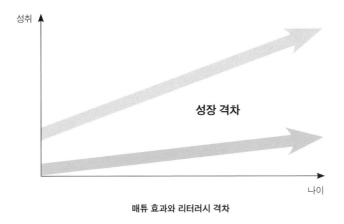

매튜 효과와 리터러시 격차

사실입니다. 갈수록 불평등해지는 것입니다. 이렇게 어떤 일의 성패를 결정하는 핵심 능력이나 자원의 격차가 그 일의 성취 격차를 갈수록 심화시키는 일종의 양극화 현상을 일컬어 '매튜 효과Matthew effect' 또는 '마태 효과'라고 부릅니다. 쉽게 말하면 부익부 빈익빈 현상입니다.

저명한 심리학자인 키이스 스타노비치Keith E. Stanovich(1950~)는 어린 독자들의 성장 과정에서 작용하는 매튜 효과를 관련 선행 연구들에 기반하여 과학적으로 설명했습니다. 그는 1986년에 발표한 논문에서 약 5~8세 정도의 아동들이 지닌 글자의 소릿값 인식 능력이 향후 리터러시 발달 및 학업 성취를 예측하는 가장 중요한 인지적 요인이었다고 결론지었습니다. 그러면서 기초 읽기 능력을 성취한 아동과 그렇지 않은 아동 간의 학력 격차가 해를 거듭하면서 점점 벌어지는 현상을 '읽기의 매튜 효과'로 명명했습니다. 어린 시절 읽기에 능숙했던 독자는 더욱 능숙한 독자로 성장하지만 그렇지 않았던 어린 독자는 계속해서 미숙한 독자로 남게 되면서 이들 사이의 리터러시 격차가 회복할 수 없을 정도로 심화된다는 것입니다. 초등학교 저학년 때 읽기의 기초를 제대로 다져야 하는 결정적인 이유입니다.[3]

그런데 많은 사람들이 읽기에서의 매튜 효과를 조금 단순화해서 이해합니다. 어린 나이에 숙달해야 할 인지적 읽기 기능이 향후에 복잡한 종류의 읽기 과제 성취에 영향을 미친다는 일원적 해석입니다. 틀린 말은 아니지만, 사실 그렇게 되는 데는 좀 더 복잡한 메커니즘이 작동합니다.

읽기의 인지적 역량 격차가 생겨나는 과정에는 두 개의 매개 변수가 깊숙하게 개입합니다. 하나는 읽고자 하는 '동기motivation'이고, 다른 하나는 읽을 수 있는 '기회opportunity'입니다. 동기가 작동하는 원리는 이렇습니다. 누구든 글을 잘 읽으면 그에게 글 읽는 일은 보람 있는 과업, 즉 성공 경험이 될 가능성이 큽니다. 그것으로 공부도 하고, 숙제도 하고, 칭찬도 받으면서 스스로 뭔가를 알게 되어 뿌듯해지기 때문입니다. 성공 경험은 '아, 이렇게 읽으면 되는구나!'라는 자기 효능감self-efficacy을 증진시킵니다. 자신의 글 읽기 능력에 대한 믿음이 커지는 것입니다. 이런 성공 경험이 계속해서 쌓이면 '나는 글을 잘 읽는 사람'이라는 신뢰감이 생깁니다. 긍정적 '독자 개념reader self-concept'이 형성되는 것입니다. 반면 여러 가지 이유로 글을 읽는 일에서 반복적으로 실패하는 사람은 자신의 능력뿐만 아니라 자기 모습 자체를 긍정적으로 바라보기 힘들게 됩니다. 읽기 능력에 대한 효능감이 저하되고, 독자로서 부정적 개념이 형성되는 것입니다.

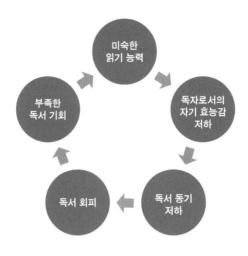

더딘 독자가 처한 악순환 고리

누구든 어떤 일을 잘하지 못한다는 생각이 들기 시작하면 흥미를 잃고 회피하게 됩니다. 여기서 바로 기회의 원리가 작동합니다. 가령, 글을 잘 못 읽는 사람은 "나는 읽지 못하는 사람이야. 책을 읽는 건 너무 어려워!"라며 글 읽는 일을 주저하게 됩니다. 실패 경험이 누적되면 아예 글 읽는 일은 모조리 피하게 됩니다. 어디든 책이 있는 곳은 피해 다니고, 읽고서 무엇을 하는 일에 짜증이 나거나 무기력해집니다. 하지만 읽지 않으면 읽는 법을 연습할 수 없고, 읽는 법을 연습할 기회가 부족하면 앞으로도 글 읽기가 점점 더 어려워질 수밖에 없습니다. 실패 경험이 자기 효능감과 동기를 저하시키고, 그로 인한 기회의 손실이 결국엔 독자의 성장을 가로막습니다.

이와 대조적으로, 잘 읽는 사람은 더 많은 것들을 읽으려 할 가능성이 큽니다. 이들은 주어진 것도 열심히 읽지만 당장 눈앞에 없는 것도 더 찾아 읽습니다. 성공의 기쁨을 맛볼 수 있고 능숙한 독자로서의 자신을 확인할 수 있기 때문입니다. 더 많이 읽으면 자신이 원래 가지고 있던 읽기 능력과 방법들을 적용해 볼 기회를 더 많이 가질 수 있습니다. 새로운 방법을 시도하고 효과적인 방법도 발굴합니다. 읽으면서 동시에 읽는 법을 배우는 것입니다.[4]

스타노비치는 어린 시절의 읽기 경험이 독자로서의 정체성 형성에 지대한 영향을 미친다고 주장했습니다. 그리고 이러한 주장의 기저 논리를 '유기체와 환경의 상호작용'으로 설명했습니다. 어떤 사람은 성장 과정에서 주변 환경과 긍정적인 방식으로 상호작용합니다. 환경에 대처하는 기초 능력을 갖추고 있기에 특정 환경에서 무언가를 배울 수 있는 기회를 적극적으로 찾아냅니다. 성공적인 독자를 포함한 성공하는 사람들은 대개 주어진 환경과의 긍정적 관계를 만들어 갑니다. 반면 어떤 사람들은 특정 상황에 효과적으로 대처하는 일에 어려움을 겪습니다. 환경과 상호작용하는 기초적인 능력과 방법을 배우지 못했기 때문에 자신감이 떨어지고, 결국에는 환경의 제약에 구속되는 부정적인 관계를 맺게 됩니다. 많은 어린 독자들을 비롯해 어떤 상황에서 쉽게 좌절하는 사람들이 겪는 문제입니다. 이것이 성장의 부익부 빈익빈 현상이 만들어지는 이유입니다.

우리 아이들은
어떻게 읽고 있나

　　최근 언론에서 '국제 학업 성취도 평가'가 자주 언급됩니다. OECD에서 주관하는 이 시험은 'The Programme for International Student Assessment'라고 하는데, 줄여서 PISA(피사)라고 부릅니다. 만 15세 학생들을 대상으로 하는 이 평가는 읽기, 수학, 과학의 세 종류가 있으며 해를 번갈아 겹치지 않게 진행합니다.[5] 2018년에 실시된 가장 최근의 읽기 평가에는 OECD 회원국과 협력국을 포함하여 대략 80여 개의 나라가 참여했습니다. 각 나라의 모든 학생들이 참여하는 것은 아니고, 지역이나 공사립 학교 등의 조건을 고려하여 참여 학교를 균형 있게 표집합니다.

　PISA 읽기 평가는 청소년들이 반드시 숙달해야 할 읽기 문해력을 측정합니다. 중요한 정보를 찾고 이해하는 것, 정보를 분석하고 통합하는 것, 정보를 판단하고 평가하는 것의 세 가지 차원에서 읽기 능력을 평가합니다. 여기서 글의 이해란 주어진 한 편의 글을 읽는 것뿐만 아니라 여러 글을 묶어서 종합적으로 읽을 수 있는지(다문서 독해)와 사진, 도표, 그래프와 같은 시각 정보로 엮어진 글을 읽는 것(복합 양식 독해)도 포괄합니다. 또한 컴퓨터 기반 평가이기 때문에 하이퍼텍스트에서 정보를 검색하여 사용하는 능력도 측정합니다. 그리고 본 시험과 더불어 학습자 개인의 사회적, 정서적 특성과 학교 및 가정 배경 등에 관한 설문조사도 실시합니다.

국가	읽기		수학		과학	
	PISA 2018 평균 점수	PISA 2000부터 주기별 평균 점수 변화량의 평균	PISA 2018 평균 점수	PISA 2003부터 주기별 평균 점수 변화량의 평균	PISA 2018 평균 점수	PISA 2006부터 주기별 평균 점수 변화량의 평균
OECD 평균	487	0	489	-1	489	-2
B-S-J-Z(중국)	555	m	591	m	590	m
싱가포르	549	6	569	1	551	3
마카오(중국)	525	6	558	6	544	8
홍콩(중국)	524	2	551	0	517	-8
에스토니아	523	6	523	2	530	0
캐나다	520	-2	512	-4	518	-3
핀란드	520	-5	507	-9	522	-11
아일랜드	518	0	500	0	496	-3
대한민국	514	-3	526	-4	519	-3
폴란드	512	5	516	5	511	2
스웨덴	506	-3	502	-2	499	-1
뉴질랜드	506	-4	494	-7	508	-6
미국	505	0	478	-1	502	2
영국	504	2	502	1	505	-2
일본	504	1	527	0	529	-1
호주	503	-4	491	-7	503	-7
대만	503	1	531	-4	516	-2
덴마크	501	1	509	-1	493	0
노르웨이	499	1	501	2	490	1
독일	498	3	500	0	503	-4
슬로베니아	495	2	509	2	507	-2
벨기에	493	-2	508	-4	499	-3
프랑스	493	0	495	-3	493	-1
포르투갈	492	4	492	6	492	4
체코	490	0	499	-4	497	-4
네덜란드	485	-4	519	-4	503	-6
오스트리아	484	-1	499	-2	490	-6
스위스	484	-1	515	-2	495	-4
크로아티아	479	1	464	0	472	-5
라트비아	479	2	496	2	487	-1

PISA 국가별 읽기·수학·과학 평균 점수

PISA 시험의 결과가 발표되면 늘 대중과 언론의 관심이 쏠립니다. 요즘 들어 더욱 그렇습니다. 똑똑한 어른들만 사는 세상의 아이들이 얼마나 잘 읽는지 궁금하기 때문일 것입니다. 그들의 예상처럼 PISA 2018 읽기 평가 에서 한국 학생들이 획득한 평균 점수는 전체 참여국 중 상위권입니다. 고 무적입니다. 캐나다, 핀란드, 아일랜드, 폴란드, 스웨덴, 미국 등이 한국과 같은 그룹에 속해 있습니다. 덕분에 어른들의 눈에 한국은 읽기 상위권 국 가가 되었습니다. 물론 한국보다 성적이 좋은 나라들도 있습니다. 중국, 싱 가포르, 홍콩, 마카오가 최상위권 국가들입니다. 중국은 경제가 발달한 베 이징, 상하이, 장수성, 저장성 4개 지역만 참여해서 그런지 성적이 탁월합 니다.

OECD 보고서는 학업 성취와 교육 기회 공정성 간의 조화를 이룬 나라 로 한국을 꼽습니다. 평균적으로 학생들이 기초 문해력을 갖추고 있으면서 다른 나라들에 비하여 지역이나 학교 유형, 가계 소득처럼 고정된 환경 요 인에 따른 학력 격차가 상대적으로 덜한 나라라는 의미입니다. 특히 우리 나라 15세 학습자들의 '회복탄력성resilience'이 비교적 우수했습니다. 회복탄 력성이란 어렵고 힘든 일을 겪은 후에도 빠르게 회복하여 스스로 성공하 고 행복해질 수 있는 능력을 말합니다. 실제로 PISA 보고서에 따르면 한국 에서 경제적으로 어려운 환경의 아이들이 높은 학업 성취를 보이는 비중 이 다른 나라들에 비해서 상대적으로 높았습니다. 균등한 학교 재정 지원 이나 통일된 교육과정 등 여러 가지 요인이 작용했겠지만, 가장 중요하게는 학생 개개인이 주어진 환경과 긍정적으로 상호작용하면서 열심히 노력했기 때문일 것입니다.

; 평균 점수에 가려진 한국의 읽기 실태

매튜 효과가 양극화된 집단의 값으로 표출되면 구조적인 학력 격차가 나타납니다. 잘 읽는 아이들과 그렇지 못한 아이들 사이에 좁히기 어려운 리터러시 격차가 발생하게 되는 것입니다. 이 격차는 학업 수행의 결과로서 표현되는 '성취 격차'이지만, 따지고 보면 우리 아이들이 그간 학교에서 어떻게 배웠는지를 반영하는 일종의 '학습 격차'이기도 합니다. 또 근본적으로는 우리 아이들이 학교 안팎의 생활세계에서 경험한 '기회 격차'입니다.

평균 점수는 언제나 그 이면에서 작용하는 다양한 맥락적 요인들을 면밀하게 고려해야만 비로소 그 의미가 온전하게 살아납니다. 교육의 효율성을 생각해 봅시다. 한국은 교육에 상당히 많은 돈을 쓰는 나라 중 하나입니다. OECD 국가의 평균 교육비는 약 8만9천 달러인데, 우리나라는 학생 한 명이 고등학교를 졸업할 때까지 미국 돈으로 약 10만 달러를 투자합니다. 미국, 핀란드, 노르웨이 등의 수준입니다. 한국처럼 잘사는 나라 사람들이 아낌없이 교육에 투자하는 것은 이상하지 않습니다. 교육비 투자와 학업 성취도 사이에 유의미한 상관관계가 있음을 잘 알기 때문입니다. 그런데 OECD 평균을 넘어서면 이러한 상관관계 역시 급격하게 약화된다는 점도 눈에 띕니다. 우리만큼 투자하지 않는 나라들의 아이들도 우리 못지 않게 잘 읽는다는 뜻입니다. 한국의 경우 통계에 잡히지 않는 엄청난 규모의 사교육까지 덧붙이면 사실 별로 할 말이 없습니다.

우리는 공부에 돈도 많이 쓰지만 시간도 많이 씁니다. PISA 설문 조사에 의하면 한국은 주당 50시간 이상을 공부하는 몇 안 되는 나라 중 하나입니다. 읽기 시험의 평균 점수가 한국과 비슷한 나라 중 홍콩, 마카오, 아일랜드, 폴란드, 캐나다, 덴마크, 대만, 미국 등은 학업 시간이 OECD 평균인 45시간 내외입니다. 에스토니아, 노르웨이, 영국, 호주, 일본 등은 40시간 정도입니다. 핀란드나 독일은 주당 평균 학업 시간이 35시간 정도이지만 한국과 읽기 성취도 면에서 대등합니다. 한국과 비교할 만한 나라 중 학업 시간이 50시간 이상이라고 보고한 나라는 싱가포르와 중국뿐입니다. 그런데 중국과 싱가포르는 우리보다 평균 점수가 통계적으로 유의미하게 높습니다. 긴 학업 시간이 잘못은 아니지만 버락 오바마 전 미국 대통령은 자국의 공교육 개혁을 주문하면서 한국 학생들의 공부량을 언급하기도 했습니다! 쏟아부은 시간만큼의 결과가 나오지 않는다면 한번쯤 왜 그렇게 된 것인지에 대한 질문들, 즉 우리 아이들은 어떻게 공부하는가, 또 제대로 공부하는가를 생각해 보아야 합니다.

; 경쟁의 공간이 되어 버린 학교

PISA 설문 조사에는 학생들이 학교를 어떻게 생각하는지 묻는 문항도 있는데, 그중 이런 질문이 있습니다. "학교는 협력하는 곳인가 아니면 경쟁하는 곳인가?" 한국 학생 중 절반 이상은 학교를 협력의 공간이 아니라 경쟁의 공간이라고 대답했습니다. 경쟁의 문화 공간으로서의 학교에 더 익숙하고, 경쟁 환경에서 더 잘 공부할 수 있다고 생각하는 것입니다. 한국의 경우 협력을 중시하는 학생들의 비중이 53퍼센트로 OECD 평균 63퍼센트에 한참 미치지 못합니다. 반면 우리에게 익숙한 선진국들은 거의 모두 이 응답에서 평균보다 훨씬 높은 반응을 보였습니다.

이건 조금 생각해 볼 만한 결과입니다. 학생들이 학교에 대해 가지는 일종의 '문화적 모형cultural model'을 짐작할 수 있기 때문입니다. 문화적 모형이란 어떤 집단이나 현상, 일 등에 관하여 한 개인이 문화적으로 습득한 경험적 관점을 뜻합니다. 가령 '공부는 외우는 것이다' '공부는 오래 앉아서 하는 것이다' '공부는 이기기 위한 것이다' 같은 공부에 대한 선입견이나 오개념은 그것을 보고 듣고 경험하면서 터득한 편협한 문화적 모형에 기인합니다. 협력 학습에 대한 부정적 인식은 '협력은 비효율적이다' 같은 협력이 자신에게 딱히 도움이 되지 않았던 경험이나 '협력은 시간 낭비고 귀찮은 것이다' 등의 가치를 얄팍하게 파악하는 주변인들의 말들을 통해서 얻게 된 부정적 문화적 모형에 뿌리를 둡니다. 문화적 모형은 어지간해서는 잘 바뀌지 않기 때문에 학생들이 다양한 생활 경험을 통해서 사람과 세상에 대한 합리적 관점을 형성할 수 있게 돕는 일이 중요합니다.

그렇다면 경쟁의 공간으로서의 학교란 무엇입니까? 다른 친구에 뒤처지지 않기 위해서, 남들보다 앞에 서기 위해서, 100점을 맞기 위해서 공부하는 학교입니다. 미국의 심리학자 캐롤 드웩Carol S. Dweck(1946~)의 언어를 빌리자면,[6] 경쟁적 학교 경험은 '고정된 마음가짐fixed mindset'을 조장합니다. 성장보다는 승패와 줄 세우기를 중요시하는 태도와 관점 말입니다. 이렇게 외부에서 공부의 힘을 찾는 정체된 마음으로 지탱되는 학습은 오래가지 못합니다. 승패와 줄 세우기가 중요하지 않은 훨씬 더 고차원적인 배움의 환경에서는 전혀 먹히지 않기 때문입니다.

반대로 협력의 공간으로서의 학교란 무엇입니까? 친구들과 협력하면서 공부하고, 서로의 공부가 모두의 이익에 기여하는 배움의 기회로 가득 찬 학교입니다. 드웩의 이론에 의하면 이런 학교는 학생들이 '성장의 마음가짐growth mindset'을 가질 수 있도록 북돋습니다. 점수와 순위보다는 배우고자 하는 것의 성취와 숙달을 더 중요한 태도로 생각합니다. 남이 아닌 나, 그들이 아닌 우리 안에서 스스로의 목적을 세우고 정진하는 학습 동기는 더 견고하고 오래갑니다.

경쟁의 학교 인식을 지닌 아이들을 볼 때, 우리 중 누구도 이것이 전적으로 그들의 문제라고 탓할 수 없습니다. 여러분을 포함해 우리 아이들이 적어도 12년 동안 그렇게 배우고 경험해서지, 원래 그들이 경쟁적 학습자 성향을 가지고 있다거나 멀쩡한 학교의 일들을 경쟁적이라 받아들였기 때문이 아닙니다. 경쟁의 학교 인식은 아이들의 문제가 아니라 좁게는 어른들이 만들어 놓은 학교의 문제이며, 넓게는 우리의 교육과 사회의 문제입니다.

; 잊힌 다문화 가정의 아이들

조만간 우리의 평균 점수는 우리가 알고 있는 평균 점수가 아니게 될 것입니다. 평균 점수 이면에 가려진 학습자 다양성에 대한 검토 사항들이 점점 더 많아질 것입니다. 앞으로 우리 사회에 다문화 가정 아이들이 점점 더 많아질 것이라는 예측 때문입니다.[7]

미국이나 영국 같은 선진국들이 평균 점수가 우리만 못한 것은 이들이 전형적인 이민 국가이기 때문입니다. 이민자 가정 학생들의 비율이 높아지면 학교의 언어적, 문화적 다양성이 커지지만, 당장의 성취도를 측정하는 표준화된 시험에서는 평균 점수의 저하로 이어집니다. 리터러시의 기회가 상이한 다양한 언어적, 문화적 배경의 아이들이 온전히 한 가지 문자 체계로 표준화된 시험을 치르기 때문입니다.

반대로 한국은 중국 4개 성을 제외하고 이민자 가정의 학생 비율이 0.2퍼센트 미만인 유일한 나라입니다. 거의 대부분의 학생들이 태어날 때부터 사용한 모국어를 가지고 PISA 시험을 본 것입니다. 이 수치만 보자면, 한국은 PISA 2018에 참여한 약 80개 국가 중 인종적, 언어적, 문화적 다양성이 가장 부족한 나라입니다. 그러니 선진국들의 평균 점수가 낮다고 해서 그들의 리터러시 수준이 떨어진다고 단정 지을 수 없으며, 우리의 평균 점수가 높다고 해서 우리의 리터러시 수준이 탁월하다고 우쭐해질 필요도 없습니다.

학습자 다양성에 관한 더 중요한 문제는 한국의 학교 교육에서 다문화

가정 아이들이 거의 없는 것처럼 취급된다는 것입니다. 시험, 공부와 성적, 학교와 교육이라면 그 어떤 주제보다도 진지하게 토론하는 어른들의 안중에 다문화 가정 아이들은 없습니다. 학교에서 공부해야 할 것들을 정리해 놓은 국가의 교육과정에서 언어적, 문화적, 인종적 다양성에 대한 포괄적 관점이나 주목할 만한 원리는 눈에 띄지 않습니다. 지난 이십여 년간 많이 개선되었음에도 여전히 '한국적(한국적이라는 말의 의미는 더 살펴볼 일이지만, 여기서는 적어도 우리에게 내재되어 있는 문화적 편협함과 암묵적 배타성에 대한 사람들의 불편한 마음이 담겨 있습니다)'인 수많은 교과서들 또한 사정은 마찬가지입니다.

실질 노동 인구가 급격하게 감소하고 있는 한국의 사회경제적 구조상 다원적 다문화 사회로의 진입은 생존 전략입니다. 다양성이 끼어들 여지가 협소한 서울과 강남에서는 크게 문제되지 않을 일이라고 말할 수도 있겠습니다만, 수도권과 지방 중소 도시에 사는 지인들에게만 물어봐도, 이것은 미래가 아닌 당장의 문제입니다. 지금부터라도 우리 사회의 지극히 합당한 구성원인 다문화 가정 아이들을 위한 포괄적이며 체계적인 리터러시 학습의 지원과 기회 확충이 이루어져야 합니다. 학교는 절대로 이 아이들을 잊지 말아야 합니다.

; 점점 커지는 리터러시 격차

PISA 시험에서 보고된 평균 점수를 해석할 때 가장 주목해야 할 부분이

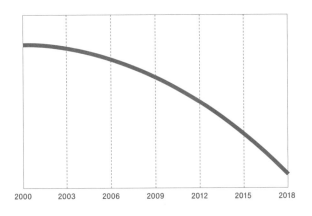

한국, 네덜란드, 태국의 PISA 읽기 시험 성취도 추이 유형(2000~2018)

있습니다. OECD 보고서는 지난 이십여 년간 읽기 성취도가 지속적으로 저하되어 온 대표적인 나라로 한국을 콕 집었습니다.

2000년부터 2018년까지 7회에 걸쳐 시행된 PISA 읽기 시험의 평균 점수 추이를 그래프로 나타내면 한국과 네덜란드, 태국의 그래프는 급격하게 우하향 곡선을 그립니다. 매회 시험에서의 증감을 계산하면 3.1점씩 평균적으로 감소해 왔습니다. 3점이라고 하니 별것 아닌 점수 같지만, 그것이 일곱 번 반복되면 21점이며 7회 평균 점수의 4퍼센트를 차지합니다. 최고 점수(556점)를 얻었던 2006년에 비하면 2018년은 40점 이상의 낙폭(514점)입니다. 떨어져도 잘하고 있으니 걱정 없다고 생각하는 사람들은 강 건너 불구경이나 하겠다는 헛똑똑이 어른들 말고는 없을 것입니다.

그렇다면 왜 우리 아이들은 점점 못 읽게 된 걸까요? 그 실마리를 평균 점수에 가려진 리터러시 격차에서 찾아보려 합니다.

PISA는 점수에 따라 읽기 수준을 여섯 개로 나누어 놓았습니다. 숫자가 높을수록 잘 읽고 잘 이해하고 정확하게 시험 문제의 답을 맞힌 것이고, 숫자가 낮을수록 시험에 나온 글들을 읽는 데 어려움을 겪은 것입니다. 가령, 수준1과 수준2는 글의 문면적인 의미, 즉 글자 그대로의 의미를 파악하는 수준입니다. 단어의 뜻을 파악하고 문장과 문장을 연결해서 글에 표현된 내용을 '정보' 수준에서 이해하는 데서 읽기 수준이 머물러 있는 것입니다. 그러니 수준1 정도의 아이들은 글에 나온 아주 간단한 사실적 정보를 찾는 것 이상의 읽기 과제를 해결하는 데 실패할 가능성이 큽니다. 반면에 수준5나 6에 도달한 학생들은 매우 고차원적인 읽기를 수행할 수 있습니다. 여러 개의 글을 동시에 놓고 서로 비교해 가면서 분석하고, 글의 타당성이나 신뢰성도 평가할 수 있습니다. 과제 해결에 필요한 정보를 찾아 읽고, 행간에 숨겨진 글쓴이의 의도나 동기 같은 것들도 파악하면서 읽습니다.

그런데 우리나라의 경우 상위권 학생들의 비율은 정체된 반면 하위권 학생들의 비율이 큰 폭으로 증가해 왔습니다. PISA 2018에서 수준5~6에 도달한 상위권 학생의 비율은 평균 점수가 하락하기 시작한 2009년에 비해서 거의 변하지 않았습니다. 사실 이는 그렇게 놀라운 일은 아닙니다. 보편 교육이 이루어져서 구조적으로 새로운 교육 기회가 창출되기 어려운 대부분의 선진국에서 흔히 보이는 정체 현상이기 때문입니다.

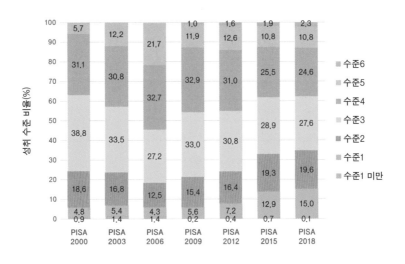

한국의 PISA 읽기 시험 영역별 성취 수준 추이(2000~2018)

　그런데 PISA 2018에서 우리나라는 수준1 또는 그 이하에 놓인 아이들의 비율이 눈에 띄게 증가했습니다. 2000년에 비하면 9.4퍼센트가 증가했고, 비율로 따지면 거의 세 배에 육박합니다(5.7퍼센트에서 15.1퍼센트로 증가). 이 증가율은 OECD 1등입니다. 지난 20년 간의 PISA 결과로만 보자면 글을 거의 읽지 못하는 아이들이 늘어나는 추세가 한국이 가장 심각하다는 의미입니다. OECD에서도 한국을 리터러시 격차가 가장 급격하게 벌어진 나라로 지목합니다. 그러니 이 결과에 의하면, PISA 시험의 평균 점수 하락 원인은 우리 아이들의 문해력 수준이 전반적으로 저하되었기 때문이라기보다는 텍스트를 잘 못 읽는 아이들의 비중이 급격하게 증가했기 때문이라고 보는 편이 타당합니다.

; 디지털 강국, 허약한 디지털 리터러시

PISA 읽기 시험에는 사실과 의견을 구별하는 문항이 있습니다. 이 문항을 풀기 위해 학생들은 남태평양 폴리네시아의 이스터섬에서 발전한 라파 누이 문명의 흥망성쇠를 다룬 책《문명의 붕괴》(제러드 다이아몬드 저, 민음사, 2005)에 대한 서평을 읽습니다. 그리고 이 서평에 대하여 참 거짓을 판별하는 다섯 개의 항목을 풀어야 합니다. 각 항목의 정보가 서평의 대상이 되는 책에 출처를 분명하게 두고 있는 것이라면 사실로, 서평을 쓴 사람의 주관적 생각이라면 의견으로 판단해야 합니다. 네다섯 개 항목을 맞히면 성공이고, 세 개 또는 그 미만이면 실패입니다.

이 문항은 정보를 판단하고 분별하는 수준, 즉 수많은 정보를 취급해야하는 디지털 시대에 반드시 갖추어야 할 읽기 능력을 측정합니다. 그런데 전 국민 대부분이 인터넷에 익숙한 한국 학생들은 이 문항에서 눈에 띄게 부진한 모습을 보였습니다. 성공한 학생의 비율이 25퍼센트가 채 안 되는 수준으로, OECD 국가 중 거의 최하위 그룹에 속했습니다. 비슷한 수준의 나라는 콜롬비아, 코스타리카, 체코, 슬로바키아 정도였습니다. 정답률이 60퍼센트 이상인 국가는 호주, 캐나다, 뉴질랜드, 네덜란드, 영국, 미국 등이었으며, OECD 평균은 47퍼센트였습니다. 더욱 눈에 띄는 것은, 대체로 모든 국가에서 전체 평균 점수가 높을수록 사실-의견 구분 문항 점수 역시 높게 나타나는 경향을 보였는데, 한국만 유독 이 상관관계에서 멀리 떨어져 있었습니다. 다시 말해, 평균 점수에 비해 해당 문항 정답률이 너무 낮

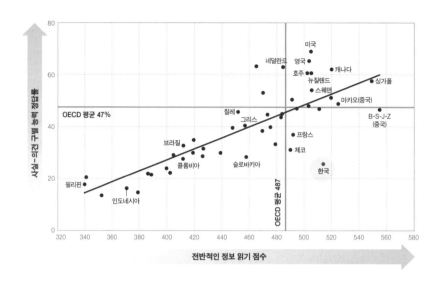

각 나라별 사실—의견 구별 능력과 전반적 읽기 능력 간의 상관관계를 보여 주는 그래프

았음을 뜻합니다.

한 문항으로는 정보 판별 능력을 쉽게 판단할 수 없다고 반문할 수 있지만, 이는 PISA 시험의 엄밀함과 신뢰성을 봤을 때 결코 쉽게 지나칠 수 없는 대목입니다. 평균 점수에 가려진 한국 학생들의 디지털 정보 판별 능력이 세계 수준에 비해서 많이 뒤처져 있습니다. 주어진 교과서를 읽고 정보를 찾아 문제를 푸는 기술은 좋지만, 실생활 속에서 정보를 통해 어떤 것의 실체를 파악하는 능력은 현저히 떨어진다고 추론해 볼 수 있습니다. 성적, 순위, 입시에 치인 많은 아이들이 디지털 세상을 가장 빨리 준비한다는 대한민국에서 잊히고 있습니다.

리터러시 역량을 키우는
학교의 힘

팬데믹의 와중에 세계적 권위의 학술지인 《교육 연구자 Educational Researcher》에 학교 폐쇄가 아이들의 기초학력에 미치는 영향을 조사한 연구가 게재되었습니다. 이 연구는 한 학기 동안 학교가 정상적으로 운영되지 못할 때 학생들의 학업 성취도가 현저하게 낮아질 것이라고 예측합니다. 가령, 3학년이 도달해야 할 읽기의 성취도를 100이라고 보았을 때, 한 학기 동안 학교가 망가지면 아이들은 고작 70 정도만 성취한다는 것입니다. 2020년 초부터 지금까지 코로나19가 우리를 괴롭히고 있는 만큼, 팬데믹 이전에 실시된 PISA 2018 시험의 결과를 해석할 때도 이를 시의적으로 고려해야 할 필요가 있습니다.[8]

문제는 회복입니다. 그런데 더 문제는 모든 학생들이 학습 손실 상황에서 동일하게 회복되지 않을 수 있다는 가능성입니다. 상위권 학생들은 학교가 다시 정상화되었을 때 그 전의 손실분을 빠르게 만회할 수 있지만, 하위 30퍼센트 학생들은 학교가 다시 열려도 이미 잃어버린 것들을 되찾는 일이 어렵다고 합니다. 원래 있던 리터러시 격차가 코로나19로 인한 학교의 부실로 더욱 벌어지게 된 것입니다. 실제 한국에서 실시한 2020년 학업 성취도 평가의 결과는 이 연구의 결과를 현상적으로 확인해 줍니다. 중고등학생들을 대상으로 한 이 시험에서 학생들의 국어 성적의 평균 점수가 예년에 비하여 통계적으로 유의미하게 저하되었습니다. 특히, 중위권 학생들은 줄었지만 하위권 학생들의 비중은 눈에 띄게 증가했습니다.

사람들은 코로나19가 일상을 망가뜨렸다고 말합니다. 이 지독한 바이러스의 감염병 상황이 해결되어도 정상적인 생활로 돌아갈 수 없을 것이라고 한탄합니다. 그러나 이 감염병 시대의 문제들은 사실 대부분 이미 존재해 왔던 것들입니다. 코로나19가 일상에 잠복해 있던 다양한 구조적 문제들을 증폭시키고 더욱 복잡하게 만들었으며, 당장에 그것을 해결하지 않으면 안 되는 절박한 상황으로 우리를 이끌었을 뿐입니다. 그러니 일상으로 되돌아가지 못한다는 탄식은 우리의 낭만적 감수성을 자극하는 것 이외에 각별한 의미를 둘 일이 아닙니다. 오히려 일상의 학교로 되돌아가기 위해서는 지금 불거진 문제들을 기꺼이 들추어 면밀하게 분석한 후 대안을 마련하고자 하는 비상한 각오와 분명한 의지가 전제되어야 합니다. 한 번 벌어진 격차를 쉽게 좁히기는 어렵지만, 마태복음 구절이 반드시 불변의 진리라고는 말할 수 없습니다.

; 상향 평준화로 가는 길

평균 점수를 말할 때 늘 따라오는 이야기가 있습니다. 학교를 어떻게 상향 평준화할 것인가. 이것은 이상적인 바람입니다. 이왕이면 그냥 평준화가 아니라 모든 아이들이 잘하는 방식으로 상향 평준화가 되는 것을 마다할 사람은 없을 것입니다.

그런데 상향 평준화라는 말에 대해 우리는 가끔 오해를 합니다. 대표적인 것이 어려운 걸 가르치거나, 복잡한 문제를 풀게 하면 상향 평준화가 될 것이라는 믿음입니다. 학원의 성공 전략인 소위 '선행(학습)'이 학교까지 파고 들어간 형국입니다. 이것은 일종의 교육의 '가속화 패러다임acceleration paradigms'으로, 아이들의 현재 수준이나 능력과 상관없이 점점 더 난도가 높은 교육을 하자는 것입니다. 적성, 능력, 흥미, 동기, 목적과 무관하게 어려운 걸 가르치면 아이들은 어떻게든 따라오기 마련이라는 생각인데, 조금 과장하자면 가학적 교육관이라고 표현할 수도 있겠습니다.

교육의 가속화 패러다임, 사교육을 통한 선행학습, 문제풀이식 교육은 학업 성취 곡선에서 가장 오른쪽에 위치한 일부 최상위권 학생들에게는 그럴듯하게 들릴 수 있습니다. 무엇보다 그들의 양육자들이 그렇게 생각하고 있습니다! 어떤 면에서는 배울 것이 더 이상 없어 보이는 아이가 해당 학년의 교육과정을 지속하는 일이 무의미해 보이기도 합니다. 학생 자신도 수업에 흥미를 느끼기 어렵고, 무언가를 더 찾아서 해 보려는 노력마저 저하시킬 수도 있습니다. 그렇다면 이런 학생들에게 당장 필요한 공부는 선행학습입니까?

여러분이 그렇다고 대답하더라도, 저는 그렇지 않다고 말하고 싶습니다. 이들에게 정말로 필요한 공부는 '독립적 공부'일 것입니다. 독립적으로 읽고 쓰고 생각하고 판단하고 문제를 해결하는 공부 말입니다. 몇 학년 위의 교육과정을 토씨 하나 놓치지 않고 그대로 따라가려는 인위적인 학습보

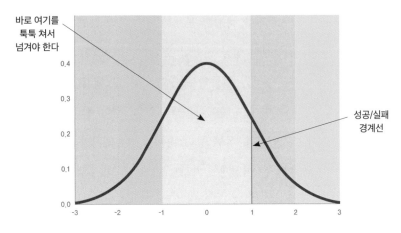

【학교의 상향 평준화? 어떻게?】

바로 여기를
톡톡 쳐서
넘겨야 한다

성공/실패
경계선

학업 성취도 분포 곡선과 리터러시 교육의 상향 평준화 전략

다는 해당 학년에서 경험할 수 있는 가장 지적인 형태의 실세계 문제 상황을 분석하여 다양한 해결책을 찾아보려는 탐구 과정, 배운 것들을 개별적으로 또는 묶어서 사용하는 응용력, 몇 번 실패하더라도 지치지 않고 다시 시도하는 지적 끈기와 몰입 등이 더 중요하지 않겠습니까? 이러한 공부 방식이야말로 일련의 지적 탐구 과정을 안내하는 진정한 의미의 '자율학습self-regulated learning'입니다.

아이들의 수준보다 훨씬 더 어려운 것을 가르쳐서 학교를 상향 평준화하자는 말은 학업 성취 곡선 곳곳에 빼곡하게 위치한 대다수의 학생들에게는 별 효과가 없는, 가짜 교육 가설입니다. 상향 평준화는 사실 잊힌 아이들, 노력한 것에 비해서 시험에서 점수를 잘 받지 못하는 아이들, 성취 곡

선의 중간과 왼쪽에 위치한 아이들을 툭툭 쳐서 오른쪽으로 옮겨 줄 때 가능합니다. 자원과 기회가 없어서, 어른들의 관심이 부족해서 성공의 기회를 놓친, 성공과 실패를 가르는 선상에 놓인 아이들을 도와주어야 합니다. 이들은 학교에서 좋은 자료와 기회, 양질의 도움을 제공하면 성공할 수 있는 아이들입니다. 이들에게 문제를 풀고 해결하는 기본적인 힘을 키워 줄 수 있을 때, 학교가 그런 아이들에게 기회와 자원을 제공해 줄 수 있을 때, 그들의 성적이 올라가면서 상향 평준화가 가능합니다. 잘하는 아이들이 향상된 아이들과 어울려 협력하면서 깊고 넓게 배울 수 있는 기회가 만들어질 때 평균 점수는 그렇게 올라가는 것입니다.

; 리터러시 인권을 주장한 디트로이트 아이들

주어진 가정환경으로 인해 적절한 학습 자원과 기회가 마련되지 못한 아이들, 그들을 지원하고 안내해야 할 공립학교에서조차 외면당한 잊힌 학생들이 목소리를 내 교육적 무관심과 재정적 결핍이 부조리한 것임을 어른들에게 알린 사건[9]이 있습니다. 미국 미시간주, 디트로이트라는 도시에서 벌어진 일입니다.

자동차 제조업의 본고장이었던 디트로이트는 산업화 시대 가치 창출의 핵심 기지였으며, 미국의 경제를 이끌던 도시였습니다. 그런데 이 시는 2013년에 파산을 선언했습니다. 최근 재정 상황이 좋아지긴 했지만, 파산의 여파는 도시가 책임져야 할 공공 영역의 부실을 가져왔습니다.

대표적 희생양이 학교와 아이들입니다. 도시 재정이 어렵다 보니 학교 재정도 부실해졌습니다. 젊은 백인 중산층 교사들은 가뜩이나 흑인 및 저소득층 자녀들이 많은 파산한 도시의 문제 학교에서 일하고 싶어 하지 않았습니다. 학교는 좋은 교사들을 데리고 올 수도, 좋은 물리적 자원들을 마련할 수도 없었습니다. 기본적인 교과 수업과 가장 핵심적인 읽기 수업을 제대로 제공하기 어려워졌습니다. 학생들을 제대로 가르치지 못한 것입니다.

그러자 디트로이트 학교의 학생들이 법원에 고소를 합니다. 이들은 "읽기, 쓰기는 시민으로서 반드시 갖추어야 하는 기본 능력인데, 우리 학교는 그것을 도와주지 않는다. 이것은 시민 인권의 심각한 침해다."라고 주장하였습니다. 읽고 쓰는 일은 시민의 권리이며, 학교에 다니는 모든 학생들이 읽고 쓸 수 있도록 가르치는 일은 정부의 책무라고 공표한 것입니다. 이에 대한 연방 법원의 판결은 다음과 같습니다.

지난 수십 년간 미시간주 정부는 디트로이트 학교들에 대한 투자 회피와 의도적 무관심으로 원고인 디트로이트 학생들이 교육의 가장 기초적인 디딤돌인 리터러시에 접근하는 것을 거부해 왔다. 리터러시는 공적, 사적 삶에 참여하기 위한 근간이며 미국 교육 전통의 핵심 요소이다. 그러나 의도적, 비의도적 행위들을 통해서 미시간주는 리터러시 접근을 위한 기본적인 수업과 도구를 대다수 저소득층의 유색 인종 학생들이 다니는 원고들의 학교에 제공하는 일에 체계적이고 지속적이며 고의적으로 실패함으로써, 원고들이 그것을 쟁취할 기회조차도 박탈했다.

법원은 학생들의 손을 들어주었습니다. 또 미시간주 정부는 지난 수십 년간 방치되다시피한 디트로이트 학교들에 대한 재정적 지원을 늘리고, 디트로이트 학생들에게 양질의 리터러시 수업을 제공해야 한다고 판시했습니다. 물론 이 판결이 디트로이트 학교를 얼마나 어떻게 바꿀 수 있을지는 미지수입니다. 그러나 이 결정이 디트로이트의 학생들과 시민들이 누려야 할 당연한 기회를 제공할 것임은 분명해 보입니다.

가장 필요한 것은
제대로 된 기회

세종대왕은 왜 한글을 만들었습니까? 사람들에게 하고 싶은 말이 있고 표현하고 싶은 감정이 있는데 그것을 글로 표현하지 못하는 상황이 지극히 야만적이라는 것을 알았기 때문입니다. 세종대왕은 아는 것을 넘어 이해했고, 없는 자들의 답답함과 고통을 헤아릴 섬세함과 이타심이 있었습니다. 소통의 비효율성과 그로 인해 경제와 문화의 모든 일들이 지지부진한 상황에 놓인 것에 대한 치밀한 문제의식이 있었기 때문입니다.

그래서 배우기 쉽고 읽고 쓰기에 편리한 한글을 만들어 백성들에게 소통의 도구를 마련해 주었습니다. 그 도구를 준비함으로써 문명국의 사람들에게 어울리는, 그들이 삶을 영위할 기회에 접근할 수 있는 권리를 인정한 것입니다. 당장 모두가 그것을 가지고 읽고 쓰지 못하더라도, 가까운 미래에는 모두가 그것을 가지고 제대로 읽고 쓰기를 바랐을 것입니다.

리터러시의 성패는 한 개인의 능력 여부나 노력 여하에만 달려 있지 않습니다. 다양한 개인들이 소속된 공동체적, 사회적 역량과 깊이 연관되어 있습니다. 따라서 리터러시를 제대로 가르치는 일은 미래 세대를 생각하는 나라의 교육 당국이라면 절대 놓쳐서는 안 될, 미래 기회를 창출하는 일입니다. 누구나 읽고 쓸 권리, 즉 '리터러시에 대한 권리rights to literacy'가 있으며, 학교는 그들이 리터러시를 누릴 수 있도록 적극적으로 가르치고 도와주어야 할 책임이 있습니다. 그것을 학교가 제공해 주지 못했을 때, 이는 단지 어떤 학생, 한 개인의 학습 기회를 박탈했다는 문제에서 끝나지 않습니다. 이는 그 세대가 미래의 건강한 시민으로 성장해서 사회에 참여하는 기회 자체를 박탈하는, 사회를 망치는 일입니다. 그 형태와 운영 방식이 무엇이든 학교가 제대로 서야 하는 이유입니다.

학교는 한 개인이 미래의 삶을 준비하기 위해서 활용할 수 있는 가장 중요한 공적 수단이어야 합니다. 그런데 지금 우리의 학교는 어떻습니까? 학교 자체가 목적이 되어 버렸습니다. 기초적인 읽기와 쓰기, 경이로운 리터러시의 경험과 앎의 체험을 도외시합니다. 외우고 풀고 시험을 봅니다. 줄을 세우고 순위를 만들어 경쟁시킵니다. 시험에서 100점 받는 것, 반에서 일등 하는 것, 좋은 학교에 진학하는 것이 목적이 되었습니다. 하지만 좋은 학교에 가는 것은 삶의 목적, 시민의 지향점이 될 수 없습니다. 좋은 학교는 좋은 삶을 살기 위한 도구로 그 가치가 인정되면 충분합니다.

읽지 못하는 아이들에게 가장 필요한 것은 바로 기회입니다. 읽을 수 있는 기회, 더 잘 몰입해서 읽는 법을 배울 수 있는 기회 말입니다. 좋은 사람들과 함께 양질의 자료를 가지고 몰입해서 공부하면 슬슬 자신감이 생깁니다. 자신감은 자동차의 배터리 같은 것입니다. 조금 더 어려운 글을 읽고 조금 더 잘 읽는 법을 배우고 싶은 마음의 시동을 걸기 위해서는 독자로서 스스로에 대한 믿음이 생겨야 합니다. 또, 한번 시동이 걸린 자동차가 여러 시간 동안 달리려면 연료가 필요합니다. 수준에 맞는 흥미로운 책, 시간이 아깝지 않은 효과적인 지도와 안내, 학생과 교사, 아이와 부모가 서로를 아끼는 분위기 등이 갖춰진다면 계속 읽고 싶어지는 마음이 강해질 수 있습니다. 인내심도 생기고 지구력도 생깁니다. 홀로 서는 독자가 되는 행복한 경험입니다.

앞에서 언급했던 트리샤의 이야기로 돌아가 봅시다. 사려 깊은 파커 선생님은 트리샤에게 글 읽는 법을 가르쳐 주었고, 성실한 트리샤는 그 기회를 놓치지 않고 열심히 배웠습니다. 학교 수업이 끝나도 선생님과 함께 공부했습니다. 더디지만 제대로, 많지 않지만 꼼꼼하게 읽으려고 노력했습니다. 어느 날 수업 시간에 파커 선생님이 권해 준 책은 트리샤가 새로운 독자가 되었음을 스스로 확인하는 기회였습니다. 트리샤는 단어와 단어, 문장과 문장, 여러 단락이 이어지는 글을 지치지 않고 읽어 내려갔습니다. 잊힌 아이가 홀로 설 수 있는 독자로 새롭게 태어나는 순간이었습니다. 파커 선생님의 각별한 관심과 도움, 트리샤의 열정과 노력이 세상이 뿌듯해할 아름다운 독자를 만들었습니다.

그날 밤, 이 어린 독자는 잠들기 전 자신만의 특별한 의식을 진행합니다. 트리샤는 거실에서 책 한 권을 찾습니다. 오래전 할아버지가 보여 준 바로 그 책입니다. 아이는 꿀 한 숟가락을 책 표지에 떨어뜨리곤 살며시 꿀맛을 봅니다. 그러고는 이렇게 말합니다. "아, 이 꿀은 정말 달콤해. 지식도 이 꿀처럼 달콤하지. 그런데 그건 꿀벌과 같은 거야. 책장을 부지런히 넘기면서 내가 찾아 나서야 하거든."

훗날 트리샤는 어른이 되어 파커 선생님을 만나게 됩니다. 파커 선생님은 트리샤를 반기며 어떤 일을 하는지 물어봅니다. 트리샤는 아이들 책을 만드는 일을 한다고 대답합니다. 그림도 그리고 글도 쓴다고 말입니다. 그림을 잘 그리던 아이가 글도 잘 읽고 잘 쓸 수 있게 되었습니다. 이제는 아예 글 쓰는 직업을 갖게 되었습니다. 눈치가 좋은 분이라면 이미 짐작했을 듯합니다. 이야기 속 주인공인 트리샤는 이 책을 지은 유명한 작가, 패트리샤 폴라코입니다.

6장

실질적 문맹 사회로 가는 잘못된 설계

읽지 못하는 사회의
불편한 현실

I read it, but I don't get it.

"읽긴 읽었는데 무슨 말인지 모르겠어요."

요즘 우리에게 꽤 익숙한 말입니다. 열심히 밑줄을 긋고 책장 모서리를 접어도 그것이 무슨 뜻인지 도통 이해하기 어렵습니다. 켜켜이 쌓인 보고서 뭉치와 씨름하고 꼬리에 꼬리를 문 이메일을 훑어 내려가도 읽고 있는 글이 무슨 의미인지 분명하게 머릿속에 잡히지 않습니다. 종일 읽어도 선명하게 남는 것이 없을 때 마음은 찜찜하고 개운치 않습니다. 읽는 사람은 쓰는 사람을 원망하고 쓰는 사람은 읽는 사람을 의심하지만, 실은 아무도 제대로 읽고 쓰지 않습니다. 좌절과 의심이 반복되면 대개 사람들은 차라리 안 읽고 안 쓰는 무리수를 둡니다. 여러분도 혹시 그렇게 포기했습니까?

배우지 못하는 사회는 대충 만들어지지 않습니다. 실질적 문맹 사회는 견고하게 자리 잡은 문화적 경험의 집합적이고 역사적인 소산입니다. 이것은 한 개인의 일상과 문명 공동체의 다양한 영역들을 관통하면서 그 모양이 잡히고 굳어집니다. 잘 못 배운 사람은 어떻게든 가르쳐 고쳐 쓸 수 있지만, 잘못 작성된 문화는 노벨상 수상 작가들도 고쳐 쓰기 어렵습니다.

; 성적만 생각하는 선행학습

가령, 배움에 대해 사려 깊지 못한 사회에서는 일단 아이들이 뭔가 읽기 시작하면 마흔두 권의 학습만화 전집 정도는 섭렵해야 한다고 생각합니다. 학습만화는 아이들의 호기심을 불러일으키고 딱딱한 정보를 흥미로운 이야기 방식으로 전달한다는 점에서 꽤 유익한 복합 장르의 읽기 자료입니다. 그런데 문제는 학습만화 자체가 아니라, 아이에게 전집을 안기면서 부모들이 내심 욕망하는 것들입니다. 그들은 명목상으로는 독서의 즐거움을 말합니다. 하지만 책을 읽는 일보다 책 내용을 공부하는 것에 더 깊은 뜻을 둡니다. 내 아이가 역사, 과학, 지리, 정치, 경제 등 거의 모든 분야의 내용을 학교에 들어가기 전 또는 다음 학년으로 진급하기 전에 미리 알아두었으면 하는 욕심입니다. 남들에게 뒤처지지 말라는 애정이 동기지만, 남들보다 먼저 가고 싶은 이기적 욕망이기도 합니다. 인문과 예술, 과학과 공학을 통섭한 레오나르도 다빈치도 우리 아이들처럼 마흔두 권의 학습만화를 취학 전에 완독하지는 못할 것입니다.

장삿속에 밝은 혹자들은 이런 일들을 두고 '선행학습'의 시작이라고 합니다. 그러나 교육자이자 학습과학자로서 고백하건대, 저는 이 말이 어떤 종류의 학습 이론, 교육 이론, 발달 이론에 기초하고 있는지 정확하게 알지 못하겠습니다. 무엇을 배우기 전에 해야 하는 공부라는 말 같은데, 그렇다면 선행학습은 언제 시작해야 하며 어떤 종류의 후행학습을 위한 것입니까?

미리 다 알고 학교에 가는데 학교에서 배우는 것이 재미있을 턱이 없습니다. 학원에서 중3 수학 진도를 열심히 빼도 교실에서 중1 수학 문제를 풀지 못하는 중2 아이들이 흔합니다. 혹여 선행학습이 효과를 본다 한들, 그것은 성적을 위한 것이지 배움을 위한 것이 아닙니다. 이미 우리 사회의 성공 원리로 굳어진 선행학습이라는 괴물은 제대로 읽고 쓰고 소통하면서 열린 생각과 독창적 아이디어를 촉진하는 사회에서는 결코 권장하지 않을 방법입니다. 도대체 이런 일들은 언제, 누구로부터 시작된 것입니까?

그래도 부모의 마음이 그렇지 않다는 것쯤은 잘 압니다. 아이에게 하나라도 더 잘해 주고 싶은 마음이 어딜 가겠습니까? 그러나 여러분이 정녕 자녀의 미래를 걱정하는 부모라면 '읽는 법에 대한' 선행학습을 고민해 보십시오. 가령 이런 방법은 어떻습니까? 방바닥에, 침대에, 식탁 위에, 소파에, 창문 밑에 책을 있는 대로 던져둡니다. 그리고 여러분이 그 책들을 읽습니다. 여러분의 책을 읽어도 되고, 아이의 책을 읽어도 좋습니다. 오며 가며 발에 차이고 눈에 밟히는 책들을 보고 아이의 호기심이 발동하게 두십시오. 주말 아침, 눈곱도 떼지 않고 찾아낸 엄마 아빠가 무언가 곰곰이 하는 일을 관찰하게 하십시오. 그런 비밀스러운 일에 자기도 끼어 함께하고 싶은 마음이 들게 하십시오.

아주 간단해 보이는 일이지만 이것은 '읽는다'는 말과 행동으로 가득 찬 일상을 만드는 생활 프로젝트입니다. 아이들 스스로 읽을 기회를 찾아 제 것으로 만들 수 있는 '리터러시 환경'의 설계자가 되십시오. 알지도 못하고 이해도 못하는, 제대로 읽을 수도 없는 지식을 강둑처럼 쌓아 올리는 허황된 일로 아이들이 지치지 않게 도와주십시오.

; 배움을 빙자한 수동적 읽기

아이가 자라 초중등학교에 들어가면 적어도 12년 동안 다양한 글을 읽고 쓰게 되어 있습니다. 국어 시간에도, 역사 시간에도, 과학 시간에도 읽고 써야 합니다. 국가의 '교육과정'이라는 일종의 법령에 그렇게 하라고 되어 있습니다. 교과서는 교육과정의 취지를 잘 살려 가르치라고 만든 '하나의' 학습 자료입니다. 하지만 어찌 된 일인지 우리 교실에서는 교과서 외우기와 시험 문제 풀이가 주된 일이 되었습니다. 매 학기 중간고사, 기말고사에 사이사이 단원평가, 수행평가가 줄줄이 있습니다.

시험 문화에서는 성적에 들어가건 '생기부(생활기록부)' 입력 사항이건 시험 문제를 풀어 정답을 찾아내는 일이 학생의 능력이며, 그걸 가르치는 일이 학교의 사명입니다. 시험의 기술을 터득한 똑똑이들은 이미 유사한 문제 풀이를 했으므로 문제를 확인하고 정답을 예측한 후에 그 틀에 맞추어 주어진 글을 읽는 신공을 발휘합니다. 이런 놀라운 기술의 효용과 가치는 그에 걸맞은 시험 점수로 돌아옵니다.

안타깝게도 아이들이 학교에서 경험하는 이 모든 일은 '실제로' 읽고 쓰는 일과는 한참 거리가 멉니다. 읽고 쓰는 일은 텍스트와 나의 지식을 통합하여 능동적으로 의미를 만들어 내는 일입니다. 다른 사람의 도움을 받을 수는 있지만, 반드시 내가 하지 않으면 안 되는 일입니다. 그러나 학교의 교과서 읽기처럼 텍스트를 하나의 정보로 치환하여 줄줄 외는 일은 낮은 수준의 수동적 읽기입니다. 반복적으로 수동적 읽기를 경험하고 수동적 읽기에 스스로 만족하게 되면, 수동적 읽기가 최상의 읽기 방법으로 받아들여집니다.

하지만 명심할 것이 있습니다. 시험에서는 수동적으로 읽어도 점수가 나오지만, 현실에서는 수동적으로 읽으면 한숨만 나온다는 사실입니다. 현실 세계의 복합적 문제 상황은 예외 없이 능동적이고 창의적이며, 분석적이고 실용적인 읽기를 요구합니다. 이 점에서 읽기와 쓰기를 가르치고 배우는 곳이 학교라면, 우리의 학교는 '공교육'이라기보다는 '빈 교육'에 가깝습니다. 수고는 많이 했는데 딱히 보람은 없습니다. 그렇다고 이것이 반드시 누구의 잘못이라고 콕 집어 말할 수는 없습니다. 이런 교육을 받고도 열에 아홉은 대학에 가니 말입니다.

; 쉽다는 탈을 쓴 가짜 읽기

시험 준비를 해 주지 못하는 학교에 심히 화가 난 학부모들은 자녀들을 각종 온·오프라인 학원으로 보냅니다. 그런데 학원에서는 제대로 읽고 쓰는 일을 절대 하지 않습니다. 읽지 않아도 정답만 찾으면 되는 끼워 맞추기식 사고에 '진짜로' 읽는 일 따위는 전혀 도움이 되지 않기 때문입니다. 다만, 당대 또는 동네 최고의 달변가 선생님이 학생들을 위해 아이들 대신 친히 가짜로 읽고 씁니다. 학원이라는 공간에서는 읽는 방식에 정해진 답이, 쓰는 법에 특별한 길이 있기 때문입니다.

예컨대, 학생과 학부모, 교육자 모두가 똘똘 뭉쳐 시험이라는 목적지로 단체 행군을 하는 중에는 모든 글을 최대한 잘게 썰어 읽어야 합니다. 시험 상황에서는 시험의 지문과 제재를 저미고 다져서 해체하는 것이 읽기의 정도正導이기 때문입니다. 원글이 무엇인지 알지 못해도 문제없습니다. 으깨진 것들을 먹어야 체하지 않고 소화도 잘 되니 원래 무얼 먹기로 했든 크게 상관없는 것입니다. '인강(인터넷 강의)'을 듣고 '내가 뭔가 이해했구나!' 라는 느낌이면 충분하기 때문입니다.

가짜 읽기가 발휘하는 환각성은 요즘 유행하는 어른들을 위한 '인강(인문학 강의)'에서도 나타납니다. 도스토옙스키의 소설을 읽지 않아도 그걸 읽어 주는 강의를 들으면 마음이 우아해지면서 서양 고전을 스스로 찾아 읽는 고상한 사람으로 변신합니다. 한글로 된 《맹자》와 《논어》를 손수 찾아 읽지 않아도, 잘 정리된 동영상 강의를 꾸준하게 들으면 인생을 통찰한 어른이 됩니다. 남이 요약해서 이미 다 풀어진 말들을 듣고서 내가 직접 원전을 찾아 능동적으로 글을 읽고 엮어 배웠다고 착각합니다.

그러니 인터넷 강의들이 내거는 '공부하자, 독서하자, 배우자, 알자!'라는 구호는 상당히 역설적입니다. 사교육, 출판업, 인문 콘텐츠 사업을 하는 회사들이 최근 앞다투어 뛰어들고 있는 이런 종류의 강의 비즈니스에서는 콘텐츠 소비자가 정신 차리고 도스토옙스키와 《맹자》와 《논어》를 지나치게 열심히 찾아 읽는 일이 광범위하게 발생할 때 오히려 사업을 접어야 하기 때문입니다.

지식을 쉽게 얻고 싶어 하는 마음은 이해되지만, 지식이란 주민등록번호처럼 주민센터에 신고하여 취득할 수 있는 신분증이 아닙니다. 지식은 취득하는 것이 아니라 구성하는 것입니다. 그것의 핵심 과정이 읽기입니다. 읽기란 남이 쓴 텍스트와 나의 지식과 경험을 연결하여 새로운 이해를 구축하기 위해 노력해야 하는, 일종의 정체성 형성 과정입니다.

; 맹목적 성취가 이끄는 잘못된 읽기

고등학교가 필요한 것은 대학교 때문입니다. 그래서 중학교도 필요합니다. 그래서 초등학교도 필요합니까? 대학에 진학할 때는 생활기록부에 기록된 직업을 고스란히 자신의 장래 희망으로 가져갑니다. 가령, 사범대 국어교육과에 진학하는 학생들은 대부분 1학년 때 교사, 2학년 때 중학교 교사, 3학년 때 중학교 국어 교사로 생활기록부형 진로를 '결정해야' 합니다. 기원과 효능을 알 수 없는, 학원에서 만들어 낸 마법의 입시 전략입니다. 교사가 무얼 하는 사람인지, 중학교 교사가 어떤 마음가짐을 가져야 하는지, 중학교 국어 교사가 어떻게 사람과 사회의 성장에 기여할 수 있는지 깊게 고민해 본 학생은 많지 않습니다. 물론 이것은 학생들의 잘못이 아닙니다. 그런 생각을 해 보라고 읽을 자료를 권해 주는 사람도, 실제로 별로 읽을 만한 자료도 없었기 때문입니다.

장래 희망이 직업과 동격이 된 세상에서는 '무얼 하는 사람' '어떻게 사는 사람'이 되어야 할지에 대해 특별히 읽고 생각해 볼 이유도, 여유도 없습니다. 대학에 가서도 각종 시험 때문에 특별히 읽고 생각해 볼 겨를 없이 진로가 굳어집니다. 가령 중학교 국어 교사가 되기 위한 가장 '수월한' 방법은 국어과 중등교사 임용 시험을 치르는 것입니다. 1학년부터 4학년까지 수업을 듣고 엄청난 경쟁률의 시험을 준비하면 됩니다. 시험 치르는 일에 별다른 고민은 필요 없으며, 노량진 학원은 필수 선택입니다. 대학교에서 아무리 창의적, 문제해결적 수업을 해도 노량진으로 갈 수밖에 없는 학생들의 현실이 있습니다! 내가 무엇을 할 것인가, 어떤 분야에 종사할 것인가, 그 분야의 전문가란 어떤 사람인가보다 시험을 볼 것인가 말 것인가가 더 큰 문제입니다. 이건 교수의 잘못도 학생의 잘못도 아닙니다. 학교와 대학이 어느새 그렇게 되어 버렸습니다.

대학을 졸업하면 직장에 들어갑니다. 직장에서는 거의 처음으로 뭔가를 제대로 읽고 써야 하는 상황에 놓입니다. 맞추기 어려운 큐브 퍼즐처럼 짜인 경쟁과 단절의 직장 문화에서는 내가 무엇을 읽고 쓸 때 누군가 함께 읽어 줄 것이란 기대는 사치입니다. 이를 악물고 스스로 깨지면서 읽지만, 한참 부족한 이해력은 잘 안 깨집니다. 생계를 위해서 하루하루 읽고 쓰는 일들을 밥 먹듯이 해도, 늘 이해가 되지 않는 회사 일들에 마음은 점점 더 허기가 집니다. 특목고와 명문대를 나와 대기업에 입사한 초능력자도 사업의 목적과 맥락을 고려하면서 알맞게 글을 읽고 쓰는 일에는 무능력합니다. 어떤 사안에 관한 생각을 적어 보라고 하면 무력감과 자괴감이 먼저 찾아옵니다.

많은 직장인들에게는 당장의 일 처리를 위해 필요한 문서, 이메일, 보고서, 기안서, 계획서, 검토 자료, 참고 자료를 읽고 정리하는 일들이 고통으로 다가옵니다. 하지만 고통은 온전히 개인적인 것이 아닙니다. 그런 고통을 경험하는 본인도 힘들지만, 당장 성과를 내야 하는 동료와 상사 역시 고통스럽습니다. 일의 맥락에 어울리지 않는 중언부언, 동문서답, 논점 이탈, 아전인수의 악순환 속에서 허덕이는 사람에게 창의와 혁신을 기대하기는 어렵습니다. 하지만 이들을 나무라지는 마십시오. 적어도 16년 동안 가정, 학교, 학원에서 그렇게 하면 된다고 '배운' 사람들입니다. 그래서 대안이 뭐냐고 저에게 묻는다면, 직무에 맞게 읽고 쓰는 법을 회사에서 새로 가르치는 편이 차라리 낫다고 대답하겠습니다. 소탐대실, 사후약방문을 원치 않는 기업의 리더십은 구성원들의 리터러시 향상을 위한 프로그램 개발에 주저하지 않을 것이기 때문입니다.

실질적 문맹 사회가 되는
세 가지 이유

　　사람들이 제대로 읽고 쓰지 못하게 된 사정에는 아주 간단한 이유가 있습니다. 실제 상황에서 제기될 법한 문제들을 해결하기 위한 목적으로 진지하고 성실하게 읽고 써 볼 수 있는 양질의 기회가 충분히 주어지지 않았기 때문입니다. 기회의 결핍으로 허약한 독자를 양산하는 사회는 읽고 쓰는 일을 너무 쉽게 생각하여 특별히 그것을 더 배울 기회가 사람들에게 필요한가에 의구심을 품습니다. 이런 사회는 글 깨치기, 탈문맹 이상의 깊고 넓게 읽고 쓰는 것 따위는 먹고사는 일이나 개인의 성공과 출세에 별로 도움이 되지 않는다고 근거 없이 가정합니다. 읽고 쓰는 법들을 테스트하고 실천할 수 있는 기회들을 마련해 주려는 사회적 노력들이 전부 다 시간 낭비일 뿐이라고 오판합니다.

　　많은 사람들이 문화인, 교양인, 전문가, 시민이 되고 싶어 하면서도, 그렇게 되기 위해서 번거롭게 스스로 읽고 쓰면서 의미를 구성하고 세상을 판단하려 하기보다는 훨씬 간단한 방법들이 있을 것이라고 기대합니다. 읽고 쓰는 일 따위는 누구나 때가 되면 할 수 있는 '기본'이기에, 때가 되어도 읽고 쓰지 못하면 타고난 인지능력이나 가정환경에 문제가 있는 사람이라고 무시하기도 합니다. 세상이 금방이라도 뒤집힐 것처럼 '미래, 창의, 혁신, 변혁' 등의 담론들을 쏟아 내지만, 그런 유행어들이 실체를 갖기 위해서 반드시 필요한 제대로 읽고 쓸 수 있는 기본기와 기초 체력에 대한 관심은 없습니다. 이것은 비슷하게 흉내만 내는 수준에서 삶이 유지되는 읽지 못하는 사회, 배우지 못하는 사회의 전형적 특징입니다. 지식은 넘치지만 지력은 고갈된 사회입니다. 읽을거리는 많지만 정작 읽지는 않는 거품 사회입니다.

무엇이든 잘 배우려면 양질의 학습 기회가 충분히 주어져야 합니다. 기회가 부족하면 배우기 어렵고, 배우기 어려우면 무엇을 성취하기 어렵습니다. 어떤 일을 하기 어려워지면 그 일이 싫어지고, 그 일이 싫어지면 그 일을 회피하게 됩니다. 기회 결손은 학습 결손으로 이어지고, 곧 학습 동기와 학습 성취의 저하로 이어집니다. 이런 악순환의 종착점은 모두가 배움을 포기한 채 아무 일 없었다는 듯 모든 일이 각성 없이 돌아가는 상태입니다. 공동체 구성원의 자각 없이 관성적, 관행적 문화가 지배하는 사회에서는 제대로 읽고 쓰는 일을 '문화적 경험'으로서 배우기 어렵습니다. 이렇게 실질적 문맹 사회가 만들어지는 조건이자 결과를 다음의 세 가지 역설적인 리터러시 문화로 설명할 수 있을 것 같습니다.

; 질문하지 않는 시험 사회[1]

시험 이야기를 다시 해 보겠습니다. 우리가 제대로 읽고 쓰지 못하게 된 첫 번째 문화적 요인은 우리가 '질문하지 않는 시험 사회'에 살고 있기 때문입니다. 시험이란 질문에 답하는 것입니다. 질문의 내용이 고차원적이면, 답의 내용도 고차원적이어야 합니다. 질문의 형식이 확산적이면 답의 형식도 확산적이어야 합니다. 질문의 본질이 답의 본질을 좌우합니다. 질문의 의도를 잘 파악하여 그것에 어울리는 답을 마련하고 제시하는 것이 시험의 원리입니다. 그러니 가장 좋은 시험 준비는 가장 좋은 질문들을 만들고 그 질문들에 답해 보는 과정을 연습하는 것입니다.

그렇다면 우리의 시험은 어떻습니까? 질문이 없습니다. 질문이 있어도 답이 분명한 질문입니다. 세상에 정답이 단 하나 존재하는 질문에 대답하는 가장 좋은 방법은 그 답을 찾아 외우는 것입니다. 대개의 시험이 그렇듯, 하나의 질문에 답하는 과정이 네다섯 개의 그럴듯한 선택지들에서 추려내는 것이라면, 시험은 주어진 것 중 정답을 찾는 선택의 문제가 됩니다. 이 일은 그다지 고차원적인 사고를 필요로 하지 않습니다. 기껏해야 글에 나타난 명시적 정보를 정확하게 찾는 능력 정도입니다. 이런 시험은 지문을 읽고 가장 옳지 않은 선택지를 찾아 삭제하는 기술 정도로도 해결할 수 있습니다. 하나의 정답을 찾는 일이 서너 개의 오답을 찾는 일로 등치되는 것입니다. 의문문과 물음표가 잔뜩 들어갔다고 해서 좋은 질문은 아닙니다.

질문은 두 가지 기능을 갖습니다. 하나는 누가 무엇을 어떻게 생각하는지 알기 위한 것이고, 다른 하나는 누가 무엇을 어떻게 생각하도록 안내하는 것입니다. 전자는 평가 목적의 질문이지만, 후자는 지도 목적의 질문입니다. 시험은 전자를 추구하지만 사실 후자의 기능도 가지고 있습니다. 그러니 시험의 질문은 사람의 사고방식을 특정한 방향으로 유도하는 중요한 도구가 되기도 합니다. 뒤집어 말하면, 특정한 내용과 형식의 질문을 통해서 사람의 사유를 특정한 방식으로 주물할 수 있다는 뜻입니다. 이렇게 볼 때, 편협한 질문들로 가득한 시험 문화의 가장 심각한 문제는 정답 찾기의 시험이 사람들, 특히 성장 중인 학생들의 '정답 찾기의 세계관'을 지속적으로 강화하고 재생산한다는 것입니다.

편협한 시험은 사람이 세상을 잘 살기 위해 물어야 할 질문들의 정답이 맥락에 상관없이 언제나 가치 있는 절대 진리이며, 그 진리는 나에게서 오는 것이 아니라 외부의 권위자들에 의해 주어진다고 암묵적으로 주입합니다. 절대적 지식관을 지속적으로 강화하는 시험에서 수험생이 할 일은 질문에 적합한 지식을 교과서로 대표되는 권위적 출처에서 찾아 확인하는 일에 지나지 않습니다. 이런 시험에서는 지식이 맥락이나 상황, 조건에 따라 의미와 가치가 다르게 규정될 수 있다는 생각이 애초에 부정됩니다. 그렇게 답하면 오답 처리됩니다! 어떤 지식의 효용과 가치를 다른 지식과의 관계 속에서 파악하고, 외부의 지식과 자신의 지식을 통합하여 새로운 지식으로 구성하려는 능동적 독자의 정체성 또한 배척됩니다. 그렇게 행동하면 퇴실당합니다! 어린 시절부터 이런 류의 시험들을 수십 번, 수백 번 치르고 이런 류의 질문들을 수천수만 개씩 풀며 살아가는 사람들의 지식관과 세계관이 구성적이고 맥락적이며, 유연한 인식의 틀로 형성될 것이라는 기대는 참으로 낭만적이지 않을 수 없습니다.

그렇다면 우리의 학교 수업은 어떻습니까? 시험에는 수많은 질문이 나오지만, 정작 수업에서는 질문을 하지 않습니다. 여기서 질문이란 주어진 질문이 아니라 학습자 스스로 창안하는 질문입니다. 우리 수업에서는 학생이 스스로 질문을 만들고, 다양한 텍스트를 읽으면서 그것에 대답하고, 자신의 대답을 다른 사람들과 공유하면서 확장하고, 기존의 질문을 보다 날카롭게 세공하는 식의 배움이 부족합니다. 확장적 세계관, 사람과 세상을 바라보는 유연한 사고의 틀을 기를 수 있는 '질문 만들기'를 실천하고 경험할 여유가 없습니다. 시험 사회에서는 학교 수업의 방향성이 '시험에 대한 가르침teaching to the test'으로 정의되기 때문입니다. 시험 성적으로 개인의 역량과 학교의 명예, 국가의 성취가 결판나는 상황에서는 '무엇을 평가할 것인가(시험의 내용)'가 '무엇을 가르칠 것인가(수업의 내용)'를 좌우하는 교육적 의사 결정의 역전 현상이 일어납니다. 시험의 존재 이유가 좋은 수업, 좋은 학습에 종사하기 위한 것이라는 대원칙을 망각한 학교에는 질문하지 않는 침묵의 교실만이 존재할 뿐입니다.

사실, 시험을 위해 가르치는 것이 나쁜 일이 되지 않는 경우도 있습니다. 시험이 정말 좋은 시험일 때 그렇습니다. 정말 좋은 시험이란 학습자의 수행 능력을 온전하게 포착하고 설명할 수 있는 시험입니다. 만약 여러 문서를 분석적으로 연결하여 종합적으로 이해하는 능력을 온전하게 요구하는 '타당한' 시험이 있다면, 읽기 수업은 그 시험에 철저히 대비하는 것으로 충분합니다. 좋은 수업이 목표로 하는 것을 좋은 시험이 측정해 주기 때문입니다. 하지만 그 어떤 시험도 배움을 온전하게 잡아낼 수 없습니다. 현실

세계의 문제 상황을 교실 안에 그대로 복제할 수 없고, 또한 그것을 시험이라는 인위적인 방법으로 복제할 수도 없기 때문입니다. 따라서 완벽히 타당한 시험은 없기에, 시험에 의존하는 교육은 결코 성공할 수 없습니다.

교육 당국의 책임자들을 포함해, 사람들이 시험에 매몰되는 이유는 근본적으로 교실에서 가르치고 배우는 일을 신뢰하지 않기 때문입니다. 수업의 내용과 목표가 삶에 필요한 것으로 설정되고, 교실에서 수업 목표 달성을 위한 핵심 지식과 역량, 기술과 태도 등을 제대로 가르치고 배울 수 있다면 굳이 시험이 필요하지 않을 것입니다. 완벽하게 가르치고 배웠는데 별도로 시험을 볼 이유가 없기 때문입니다. 그러나 학교 관리자들은 늘 불안해합니다. 수업이 제대로 이루어지는지, 아이들이 제대로 배우고 있는지, 교사들이 제대로 가르치고 있는지 확신할 수 없습니다. 이것은 많은 아이들을 한 건물 안에서 표준화된 내용과 방식으로 가르쳐야 하는 근대 학교 제도의 한계이기도 합니다. 이런 당국자들의 불안함을 보완해 주는 도구가 바로 시험입니다. 그들은 시험을 통해서 아이들이 얼마나 잘 배웠는지, 교사들이 얼마나 잘 가르쳤는지, 학교가 얼마나 잘 돌아가고 있는지 파악하고 싶어 합니다. 수업 불신이 시험 맹신을 낳는 것입니다. 시험에 매몰되는 순간, 시험이 모든 것을 좌우하는 학교가 됩니다.

시험과 달리 학습이란 일종의 탐구 과정입니다. 모든 탐구는 질문으로 시작합니다. 세상 또는 어떤 일에 대하여 질문하고, 질문에 기초하여 탐구 가설을 설정합니다. 가설을 검증하기 위해 세상을 조사하고, 조사 결과를 바탕으로 원래 가설을 재검토합니다. 이러한 지적 탐구 과정에는 정당한 근거와 합리적 사유가 뒷받침되어야 합니다. 하지만 탐구하지 않는 교실에서는 질문하는 일이 수업에 방해물이 되기도 합니다. 한참 열심히 책을 읽고 있는 아이에게 "공부 안 하고 뭐 해!"라고 준엄하게 꾸짖는 부모들이 있듯이, 열심히 손을 들어 질문하는 학생에게 "질문은 수업 끝나고 하자!"라고 정중하게 청유하는 교사들도 있습니다. 하지만 이런 일들이 부모와 교사의 잘못은 아닙니다. 그들 역시 질문하지 않는 시험 사회에서 양육된 어엿한 구성원이기 때문입니다.

; 대화하지 않는 회의 사회[2]

리터러시는 의사소통을 위한 것입니다. 따라서 제대로 읽고 쓰는 일은 제대로 말하고 듣는 일, 즉, 제대로 대화하는 문화적 참여를 통해서 심화 확장됩니다. 대화가 부재한 공간에서는 리터러시의 배움을 설계하기 어렵고, 대화가 누락된 맥락에서는 제대로 된 리터러시의 경험을 쌓기 어렵습니다. 이런 점에서 대화가 결핍된 사회는 근본적으로 사람들의 리터러시가 깊고 풍부해질 수 있는 기회를 원천 차단합니다. 수없이 회의가 이어져도 진지하게 대화하지 않으면 서로 읽고 생각한 것들을 나눌 기회 자체가 없어집니다. 자신의 생각이 옳은지 그른지, 그럴듯한지 허술한지, 쓸 만한지 무모한지 확인할 길이 없습니다. '대화하지 않는 회의 사회'는 리터러시의 배움에 심드렁한, 재미없는 사회입니다.

그렇다면 여러분의 사무실 일과 중 대화 없는 회의의 일상은 어떠합니까? 가령, 기업의 최고경영자가 주재하는 회의는 어떻습니까? 제가 여러분 대신 한번 상상해 보겠습니다.

• **장면 1.** 회사의 최고경영자는 대개 '지배적 발언권을 가진 화자 dominating speaker'입니다. 그의 역할은 주로 말을 하는 것으로, 귀는 생물학적으로는 뚫려 있지만 사회적으로는 골목길에 주차된 대형 세단의 사이드미러처럼 견고하게 접혀 있습니다. 그래야 마음이 긁히지 않습니다! 회의 참석자에게 말을 하라고 권하지만 누구도 편하게 말할 상황은 아닙니다. 경영자의 문제이기도 하지만 회사의 문화가 원래 그렇게 형성되어 있기 때문입니다.

• **장면 2.** 최고경영자는 대화를 한다고 착각하고, 나머지 참석자들은 대화를 하는 척합니다. 그렇게 해야 버틸 수 있습니다! 숨 막히게 중요한 회의에서는 아무리 독한 사람이라도 섣부른 대화 시도가 독이 된다는 것을 알고 있습니다. 평소에 아무리 무책임한 사람이라도 책임지지 못할 대화는 아예 시작하지 않는 것이 좋다는 불문율 정도는 이해합니다. 철통 같은 보안의 대회의실은 여러분이 생각하는 것만큼 '안전한 곳'이 아닙니다. 할 말을 제대로 하지 못하는 공간은 위험한 공간입니다. 몰라도 질문하지 못하고 틀릴까 봐 발언하

지 못하는 회의실은 그야말로 지뢰밭입니다.

• **장면 3.** 최고경영자의, 최고경영자에 의한, 최고경영자를 위한 회의가 끝나고 나면 소리 없는 아우성이 이어집니다. 그가 무슨 말을 했는지, 그 말의 뜻은 무엇인지, 그가 그런 말을 하게 된 내막이 어떠한지에 대한 집중 수사에 착수합니다. 그와의 회의 때는 정작 질문하나 던지지 못한 이들이 그의 의중을 읽기 위한 또 다른 회의를 시도합니다. 이런 회의들은 몇 날 며칠을 두고 이어집니다. 그가 있는 자리에서 물어보면 될 것을, 별도의 시간과 장소를 마련하여 짧지 않은 가방끈의 임직원들 여럿이 둘러 모여 머리를 싸매고 회의합니다. 회의적인 회의입니다.

• **장면 4.** 하지만 이곳에서는 예의 또 다른 '의중'이 문제가 됩니다. 최고경영자의 의중을 추론하는 그다음 서열들의 의중입니다. 의중이 의중을 낳는 회의는 안 하느니만 못합니다. 누군가의 말을 이해하는 데 수많은 밤을 하얗게 불태워야 하는 회사 구성원들은 조만간 번아웃이 되어 공중에 하얀 재로 부유할지 모릅니다. 대화가 없으니 사고가 없고, 사고가 없으니 의미가 없습니다. 말과 말, 사고와 사고, 의미와 의미가 만나지 못하니 새로운 비즈니스 아이템과 경영 전략은 나중에 그가 다시 언질을 줄 때까지 기다려야 합니다. 그때

까지는 그를 제외한 모두에게 고문의 시간입니다.

• **장면 5.** 신입이거나 나이가 가장 어린 참여자는 회의록을 작성합니다. 번거로운 숙제이지만, 사실 일과 리터러시를 배울 수 있는 굉장한 기회입니다. 회의록을 작성할 때는 누가 언제 어떤 말을 했는지 그 내용과 맥락이 분명하게 드러나도록 써야 합니다. 불필요한 언어의 잡음은 줄여야 하지만, 알맹이 언어와 그것을 둘러싸고 있는 과육의 맥락을 삭제해서는 안 됩니다. 회의의 언어들을 정리하면서 작성자는 자기 자신에게 대화를 겁니다. 어떤 말들이 교환되었고 교차되었는지, 어떤 말들이 배척되고 묻혀 버렸는지 확인합니다. 이렇게 작성자는 회의의 맥락에 맞게 '대화'를 복원합니다. 중요한 흐름과 맥락을 파악할 수 있게 됩니다. 좋은 회의록은 좋은 보고서 못지않은 중요한 업무 문서입니다.

• **장면 6.** 회의록은 말의 맥락을 제대로 이해하지 못해 고생하는 상사들에게 아주 유용합니다. 회의 중 발생한 갈등 상황에서 대체 누가 이겼는지, 누가 양보했는지, 누가 조정했는지 파악하지 못하는 사람들 말입니다. 이들은 회의록을 작성하지는 않더라도, 참가자들의 양해를 구하고 회의 내용을 녹음해 듣는 편이 낫습니다. 녹음된 말들을 다시 들으면서 자신만의 회의록을 작성해 보는 것입니다. 그

러면 말의 맥락이 보이기 시작하면서 의미가 트입니다. 한번 이런 방법의 효과를 본 사람들은 어린 후배들에게 막말을 퍼붓는 일을 당장 멈출 것입니다. 신입들은 이미 회의록을 작성하면서 말의 맥락과 메시지를 줄줄 꿰고 있을 테니 말입니다.

답답하고 지루한 대화 없는 회의 사회의 리터러시 경험은 현대 학습 과학 및 리터러시의 관점에 여러모로 어울리지 않습니다. 첫째, 현대 학습 이론은 대화를 통한 배움의 '분배 원칙distributed principle'을 강조합니다. 여기서 분배란 덩어리로 된 학습을 n분의 1로 나눈다는 것이 아니라, 한 조직의 공동체 맥락 안에서 구성원들이 서로의 역할을 나누고 지식과 역량을 조화시켜서 '함께 배운다'는 뜻입니다. 이렇게 함께하는 배움을 가능하게 하는 핵심 도구가 바로 대화입니다. 대화를 중요하게 생각하지 않던 예전에는 배움은 혼자 하는 것이라고 생각했습니다. 학습자의 인지가 개별적으로 작동하는 것으로 봤습니다. 혼자 읽고 쓰고 생각하면서 공부하면 된다고 생각했습니다. 배움의 과정도 결과도 개별 학습자의 역량과 책임으로 판단되었습니다. 따라서 개인이 독점하는 배움에서는 대화라는 수단이 필요치 않습니다. 타인과 정보, 생각, 의견, 관점, 지식, 감정, 정서 등을 나눌 이유가 없기 때문입니다. 우리가 생각하는 배움, 특히 학교에서의 학습은 주로 대화가 필요하지 않은 개인적 배움입니다. 대화 없는 회의, 소통 없는 사무실의 학습입니다.

그러나 제대로 된 배움은 때로는 밀착되고 때로는 느슨하게 조직된 공동체 안에서 다양한 상징적 소통을 통해서 일어납니다. 특히, 원시 사회나 첨단 디지털 사회나 특정한 지식 또는 생활 영역의 전문성을 배우기 위해서 협력적으로 수행하는 분배된 학습의 원리와 대화의 기능은 크게 다르지 않습니다. 따라서 분배된 학습은 '대화적 학습dialogic learning'을 전제합니다. 공동체 구성원마다 배움의 과정과 내용에 차이가 있겠지만, 대화적 배움은 소통을 통해서 일정한 성과와 경험, 성찰과 개선의 의지를 '공유하는 배움shared learning'입니다. 이상적으로 볼 때, 사무실이나 회의실에서, 교실이나 강의실에서 얻은 나의 배움은 대화를 통해서 타인과 함께 공유된 학습의 결과입니다. 공유된 학습의 과정에서는 구성원들이 서로의 사유와 행동들을 말로써 점검합니다. 대화를 매개로 소통되는 다양한 생각들을 비교, 대조, 분석, 연결하면서 공동체의 사유 과정을 점검하고 조절합니다. 이렇게 '공유된 메타인지shared metacognition'를 통해서 더 나은 학습을 기획하고 추구합니다.

둘째, 대화는 두 가지 종류의 리터러시 학습을 촉진합니다. 먼저 '능동적 학습active learning'입니다. 이것은 특정 영역의 지식이나 원리를 적극적으로 이해하고자 하는 '내용 학습content learning'입니다. 능동적 학습은 모든 좋은 학습의 기본입니다. 하지만 특정 세부 영역의 전문가다운 학습은 내용 학습을 넘어섭니다. 전문가들은 특정 영역의 특수한 내용들을 가지고 직접 '일의 과정에 참여'하는 방법에 대해서도 전문적입니다. 그래서 필요한 것이 '비판적 학습critical learning'입니다. 비판적 학습은 동료, 상사, 고객, 소비자, 상담자, 조언자, 협력자 등 다른 사람들과 함께 다양한 지적, 정서적 소통의 과정을 통해서 일의 과정 자체를 성찰하고 개선하는 과정으로, 전문 영역의 일들이 어떻게 돌아가는지 배우는 것입니다. 이것은 메타적이고 맥락적인 학습이라는 점에서 읽고 쓰고 말하고 듣고 생각하고 행동하고 판단하고 결정하는 일련의 '사회문화적 실천sociocultural practices' 방법들을 배워 나가는 일입니다. 따라서 잘 설계된 전문가적 배움이란 내적으로는 능동적 내용 학습으로 심화되고, 외적으로는 사회문화적 실천을 배우는 것으로 확장됩니다.

셋째, 대화는 궁극적으로 전문 영역의 맥락에서 작동하는 다양한 '문화적 모형'을 배우는 데 기여합니다. 학습이란 학습자가 어떤 일에 대하여 이미 가지고 있는 자신의 문화적 모형을 의식적이고 성찰적으로 사유하는 법을 배우는 것입니다. 또한, 자신의 문화적 모형과 동료 또는 텍스트를 통해서 새롭게 접한 문화적 모형이 어느 지점에서 서로 연결되고 충돌하는지 분석하여 해결의 실마리를 찾는 과정입니다. 그리하여 지금까지의 자신과 새롭게 발전하는 자신의 모습을 연결하는 작업입니다. 결국, 전문 영역에서 일어나는 최고의 배움은 자신이 배우고 있는 특정한 지식 또는 업무 영역에 관한 문화적 모형과 그 영역을 지금까지와는 완전히 다르게 바라볼 수 있는 대안적 문화적 모형을 구축하는 것으로 발전합니다. 이 모든 일들이 다양한 유형의 대화, 진지하고 성실하며 서로의 정체성과 개성, 가치관과 세계관을 존중하는 대화를 통해서 매개됩니다. 말과 말을 섞는 대화는 문화와 문화를 섞는 최고 수준의 지적, 사회문화적, 리터러시적 상호작용입니다.

; 책임지지 않는 방임 사회[3]

'책임지지 않는 방임 사회'는 리터러시의 공동체적 성장을 방해합니다. 이런 사회에서는 자신이 하는 말들, 읽고 쓰는 법들, 생각을 소통하는 양식들에 대해서 책임지지 않습니다. 잘못된 소통에 무책임하거나, 아니면 서로에게 책임을 전가하거나, 최악의 경우에는 아예 읽고 쓰고 대화하는 일들에 책무성 같은 건 필요하지 않은 것처럼 행동하고 사고합니다. 책임지지 않는 사회는 무례한 사회이며, 무례한 사회에서는 제대로 읽고 쓰고 소통할 수 있는 좋은 기회들이 고사됩니다.

교육의 책무성 담론의 중심에는 늘 교사들이 있습니다. 가령, 학업 성취도 평가에서 아이들의 시험 점수가 저하되면 비난의 화살은 언제나 '교사'라는 과녁을 향합니다. "교사들이 제대로 가르치지 못해서 학생들이 못 배운다." "교사들이 수업 준비를 엉망으로 하니 아이들의 수업 참여도를 기대할 수 없다."와 같은 말들의 화살이 사방팔방 쏟아집니다. 심지어 '성직자적 교육관은커녕 남들은 기대하기 어려운 정년이 보장된 안정된 직장에서 따박따박 월급 받으면서 공무원처럼 생을 살아가는 인간 군상' 정도로 싸잡아 비난하기도 합니다.

그런데 이러한 비난의 이면에는 '학습의 책임'에 대한 두 가지 섣부른 가정이 전제됩니다. 먼저, '아이들의 학습 과정과 결과에 대한 책임이 전적으로 교사들에게 달려 있다'는 가정입니다. 아이들 공부는 교사들이 책임지라는 것입니다. 아이들 성적이 좋으면 이런 가정이 망각되지만, 아이들 성적이 떨어지면 부모의 전두엽에서 이런 생각의 불똥이 튑니다. 그런데 첫 번째 가정을 한 겹 벗겨 내면 '아이들은 학습에 대한 책임을 질 필요가 없다'라는 또 다른 가정이 드러납니다. 아이들은 학교에 가서 배우면 그만이지 거기서 뭘 스스로 책임질 일은 없다는 것입니다. 이런 가정은 많은 학부모들의 마음속에 깊게 뿌리내린 믿음으로, 대부분의 경우 자신이 그런 생각을 가지고 자녀를 양육하고 있다는 것 자체를 자각하지 못합니다. 학습의 책임에 관한 일종의 잘못된 문화적 모형입니다.

아이가 학습에 책임질 필요가 없다는 생각은 사교육 현장에서 적나라하게 드러납니다. 사교육은 경제 자본으로 추가적인 교육 기회를 사는 행위입니다. 사교육을 제공하는 주체들은 학원이나 과외라는 교육 서비스를 팔아 경제적 이득을 취합니다. 따라서 사교육의 맥락에서 학부모와 학원은 소비자와 생산자의 관계에 놓이고, 이 둘의 관계는 '돈'이라는 것으로 묶입니다. 이때 돈을 받은 사람들은 돈값만큼의 책임을 져야 합니다. 과외나 학원 수강에 계약서가 필요하지는 않더라도, 문화적으로 그렇게 받아들여집니다. 사교육자들은 '책임지고' 아이들을 가르칩니다. 돈으로 책임이 거래되므로 아이들 스스로 공부에 책임질 필요가 없습니다. 책임져야 할 일이 아닌데 능동적이고 적극적일 필요가 있겠습니까? 학원 공부가 수동적이고 무기력해지기 쉬운 것도 이 때문입니다.

하지만 학습이란 그렇게 무책임하게 일어나지 않습니다. 사실, 배움이란 자신의 배움에 대해서 스스로 책임지는 경험을 쌓는 일입니다. 그것은 다른 사람이 조율하는 배움의 과정을 내가 조율할 수 있을 때까지 훈련하고 연습하고 적용하는 경험입니다. 다양한 책임을 요구하는 학습 경험을 통해서 아이들은 '타자조절적 학습자other-regulated learner'에서 '자기조절적 학습자self-regulated learner'로 발전적 성장을 거듭합니다. 특정한 배움의 과정 초기에는 모든 것이 낯선 '외부자outsider'로서의 정체성을 갖지만, 일종의 학습 책임의 '이양' 과정을 통해서 '내부자insider'로서의 정체성을 형성하게 됩니다. 어떤 공동체에서 외부자는 그 공동체의 학습에 특별히 책임질 필요가 없습니다. 하지만 내부자는 자신의 지식과 역량의 범위 안에서 개인과 공동체의 학습에 대하여 일정 정도의 책임을 공유해야 합니다. 이런 점에서 초심자novice나 신입newcomer은 가장 낮은 수준의 책임만을 지지만, 해당 영역의 심층 지식을 통달한 전문가expert나 대가master는 최고 수준의 책무성을 감당합니다.

따라서 학교 교육은 일종의 전문가인 교사가 일종의 초심자인 학생들에게 스스로 자신의 공부에 책임지는 법을 가르치는 문화적 과정입니다. 교사의 책임을 점점 줄여 나가면서 학생의 책임을 점점 증대시키는 과정입니다. 이러한 점진적 책임 이양의 과정은 교사의 강요와 종용에 의한 것이 아니라, 학습자 스스로의 자발적 관찰과 적용 그리고 효과 검증을 통해서 일어납니다.

리터러시는 결국 '스스로' 하는 것입니다. 처음에는 타인의 도움이 필요하지만 언젠가는 스스로 읽고 쓰고 생각하고 소통할 수 있는 사람이 되어야 합니다. 스스로 할 수 있다는 것은 책임질 수 있다는 말입니다. 읽고 쓰고 대화하고 소통하는 일을 책임지고 수행하고 실천하는 것입니다. 책임을 지기 위해서는 자율성autonomy이 갖추어져야 합니다. 자율이라는 말 자체가 스스로 관리하고 통제하면서 자기가 하는 일들을 조율할 수 있다는 뜻입니다. 이렇게 자율적으로 일을 하게 되면 결국에 자신이 하는 일에 주인정신ownership이 생겨 그것들을 아끼고 잘 사용할 수 있습니다. 남의 것이 아니라 나의 것이 되기 때문입니다. 이러한 '책임의 학습 경험'은 결과적으로 배우는 사람 스스로 '내가 할 수 있다'라는 주도감agency, 즉 성공의 경험을 설명하는 핵심적인 사회정서적 역량을 함양할 수 있게 해 줍니다.

리터러시를 증진하는 사회는 사람들에게 자신들의 리터러시에 대한 일정한 책임을 준수하도록 요구하는 사회입니다. 여기서 책임이란 강요된 의무가 아닙니다. 오히려 공동체의 변화와 성장을 위해서 스스로 그것의 종류와 범위를 정하는 것입니다. 배움에 책임지는 사회는 자신의 리터러시 행위가 공동체에 어떻게 기여할 수 있는지 분석할 수 있는 지혜와 함께, 그것이 불러올 수 있는 예기치 않은 결과들에 대해서 미리 조사할 수 있는 성실함과 치밀함을 구성원에게 요구합니다. 읽고 쓰는 일이 단지 한 개인의 자족적 수행이 아니라 직간접적 공공성의 함의를 내포한 공동체적 실천임을 자각하라고 늘 상기시키고 권장하는 사회입니다.

제대로 읽는 사회를 위한
새로운 설계

읽고 쓰는 능력은 전문성을 가름하는 척도입니다. 어떤 분야의 전문가가 되려면 그렇지 않은 사람들에 비하여 훨씬 더 어렵고 길고 복잡한 텍스트를 읽고 쓸 줄 알아야 합니다. 초보자는 대개 교과서와 같이 잘 정제된 텍스트를 읽지만, 전문가는 원천 자료와 같은 날것 그대로의 텍스트를 읽어야 합니다. 초보자는 누군가가 골라준 텍스트만 읽어도 되지만, 숙련된 전문가는 필요한 텍스트들을 직접 찾아서 읽어야 합니다. 거의 모든 영역의 전문가들은 복잡한 텍스트를 가지고 읽고 쓰면서 배운 정보나 사실, 원리 등을 첨예한 문제 상황에 명민하게 적용하는 사람들입니다.

하지만 우리는 제대로 읽고 쓰는 법을 배우지 못했습니다. 아주 잘못된 일입니다. 읽고 쓰는 능력은 타고난 재주가 아니라 후천적으로 길러지는 역량이기 때문입니다. 전통적인 심리학 연구들뿐만 아니라, 많은 사람들이 환호하는 뇌 연구들도 이에 동의합니다. 인간의 몸에 글을 읽고 쓰는 능력이 말을 하는 능력이나 표현의 욕구처럼 생득적으로 내장되어 있지 않기에, 일상을 살아가면서 접하는 다양한 자극, 경험, 연습을 통해서 전반적인 뇌의 기능을 잘 읽고 쓸 수 있게 활성화시켜야 합니다. 그래서 읽기와 쓰기는 단번에 완전히 습득할 수 없는, '평생 배워야 하는 능력'입니다. 다양한 상황에서 여러 가지 텍스트를 가지고 생각하고 소통하고 일해야 할 요구가 발생하는 한, 우리는 끊임없이 읽고 쓰는 힘을 갈고 닦아야 합니다. 새로운 문제 상황은 새로운 지식과 능력, 새로운 태도와 관점을 요구하고, 그것들은 새롭게 읽고 쓰면서 계발됩니다. 읽고 쓰는 일은 어느 한순간에 통달하는 능력이 아니라 늘 새로운 상황에서의 능동적인 적용과 반성적인 학습을 통해서 성장하는 고귀한 인간 능력입니다.

리터러시를 제대로 배우기 위해서는 '질문'할 수 있어야 합니다. 질문은 자연스럽게 '대화'를 유도합니다. 생산적이고 의미 있는 대화는 대화자들 사이에 공유된 '책무성'을 전제로 합니다. 이렇게 배운 읽기는 평소와는 다른 읽기입니다. 제대로 읽고 이해하기 위해서는 평소와는 다르게 읽어야 합니다. '평소'란 예전에 배웠던 대로, 늘 하던 대로를 뜻합니다. 질문 없는 사회, 대화 없는 사회, 책임 없는 사회에서 흔히 보이는 상투적 읽기 말입니다. 우리는 살면서 수많은 '평상시'에 다양한 경로로 글 읽는 법을 배우고 경험합니다. 평소대로 하는 일은 익숙하기 때문에 편하고 쉽습니다. 그러나 심신이 편한 상태에서는 변화가 일어날 일이 없습니다. '변화'는 언제나 '불편함'에서 시작되며 그것을 느끼고 자각하는 일 역시 의식과 노력을 요구하는 불편한 일입니다. 그러니 오늘부터 여러분은 불편해져야 합니다.

3부

디지털 시대
새로운 리터러시

뉴미디어 시대, 변화하는 리터러시

새로운 시대의
새로운 리터러시

　　모든 것이 급격하게 변하고 있습니다. 특히 인터넷이라는 디지털 공간에서 사적이거나 공적인 미디어들, 또는 그들 중간 어디쯤에서야 이해될 법한 새로운 미디어들이 어우러져 작동하면서 사람들의 의사소통 맥락이 크게 바뀌었습니다. 어떻게 읽고 써야 하는가를 이야기할 때 이는 꽤 주목해야 할 정보입니다. 읽고 쓰는 일에 대한 새로운 이해가 필요하다는 뜻이기 때문입니다. 정보를 처리하고 지식을 구성하며 의미를 디자인하는 일련의 리터러시 활동은 인공적 현상이 아닙니다. 그것은 우리가 글을 읽고 쓰는 맥락에 직간접적으로 기여하는 사람, 도구, 자원, 환경 들과 끊임없이 상호작용하는 인간적인 과정입니다.

새로운 세상은 새로운 맥락을 만들고, 그것은 새로운 방식으로 읽고 쓸 것을 요구합니다. 낯설지만 금세 익숙해지는 디지털 미디어들을 가지고 우리는 새롭게 읽고 쓰는 경험을 합니다. 그러면서 더 잘 읽고 더 잘 쓰기 위해 새로운 지식과 능력을 부지런히 익히고 배우고 싶어 합니다. 그렇다면 새로운 리터러시를 요구하는 새로운 소통의 맥락을 어떻게 설명할 수 있습니까? 아직 살아 있는 과거의 맥락이란 무엇이고, 이미 미래가 된 현재의 맥락은 그것과 어떻게 다릅니까? 이 질문에 얼른 대답하지 못한다면, 지금이야말로 삶을 규정하는 새로운 리터러시의 맥락에 관해 우리의 이해를 갱신해야 할 시점입니다. 이 장에서는 디지털 사회의 새로운 리터러시의 맥락에 대해 이야기해 보려고 합니다.

새로운 리터러시 이해하기 1 :
인터넷 시대의 상상과 실현

인터넷에서 삶이 펼쳐지고 인터넷으로 삶을 알게 되는 세상에서 우리는 살고 있습니다. 그래서 인터넷은 우리에게 더 이상 새롭지 않습니다. 하지만 매일 놀라운 일들이 벌어지는 공간이기도 합니다. 심지어 그런 일들이 일어났다는 것을 알려 주는 것도, 새로 알게 된 것들을 확인할 수 있는 수단도 인터넷입니다. 이제 인터넷은 거의 모든 생활세계의 경험들이 정보, 텍스트, 미디어 형태로 소통되고 연결되는 공간이 되었습니다.

; 상상의 디지털 세계, 바벨의 도서관

오늘날 인터넷에 기반한 디지털 정보사회가 만들어 내는 새로운 질서와 혼돈, 현대 디지털 휴먼이 예측하지 못했던 삶의 확장과 한계를 이미 오래 전에 정확하게 예측한 사람이 있습니다. 바로 '작가들의 작가'라고 불릴 만큼 글 쓰는 사람들의 생각을 제대로 자극했던 아르헨티나 출신의 남미 최고의 작가 호르헤 루이스 보르헤스 Jorge Luis Borges(1899~1986)입니다.

그가 1944년에 낸 《픽션들》(민음사, 2011)이라는 소설집에는 〈바벨의 도서관〉이라는 아주 유명한 단편이 실려 있습니다. 이 소설에 나오는 도서관은 그 모습이 인터넷 공간과 너무나도 닮았습니다. 과거의 사람인 보르헤스가 현재의 우리를 대신하여 바벨의 도서관이라는 미래적 은유로써 세상의 복잡성과 혼돈을 통찰력 있게 묘사한 것입니다.

바벨의 도서관은 무수히 많은 육각기둥 모양의 서재가 빈틈없이 빼곡하게 들어차 있는 거대한 시공간적 맥락입니다. 각 서재는 다른 서재들과 수평적으로도 연결되어 있고, 위아래로도 연결되어 있습니다. 바벨의 도서관에서 내가 언제 어디서 무얼 생각하는가의 문제는 내가 어느 서재에 들어가서 어떤 책들을 읽는가로 설명됩니다. 내가 살아가는 공간은 바벨의 도서관에서 수평으로 놓인 어느 서재이며, 동시에 수직으로 연결된 특별한 시간의 서재 중 하나입니다.

이 도서관을 잘 활용하기 위해서는 '미로 만들기'와 '미로 찾기'를 동시에 잘 수행해야 합니다. 바벨의 도서관에서는 하나의 서재를 열고 밖으로 나가면 또 다른 서재로 들어가게 됩니다. 내가 서 있는 서재는 나의 생각과 행동이 좌우되는 하나의 맥락이지만, 내가 건너간 다른 서재들과 연결되면서 만들어지는 새로운 관계적 맥락의 일부이기도 합니다. 특별한 순서 없이 물리적으로 연결된 서재들이 선택되는 시공간에서, 나의 도서관은 내가 선택한 서재들의 관계로 정해지는 일종의 개별화된 미로가 됩니다. 때문에 내가 읽고 쓰고 생각하고 수행하는 것들이 무엇이며, 그것들이 서로 연결되어 어떻게 하나의 의미로 통합되는가는 전적으로 내가 만든 미로의 구조와 나의 위치로 설명됩니다.

바벨의 도서관을 묘사하는 '연결'이나 '선택', '미로' 같은 말들에서 인터넷이라는 '것'이 쉽게 연상되지 않습니까? 인터넷은 다양한 사람, 텍스트, 미디어, 정보와 공간을 복합적이고 다층적으로 연결합니다. 우리는 그물처럼 연결된 인터넷의 맥락 안에서 무언가를 탐색하고 선택합니다. 이 과정에서 그것들을 새롭게 연결 지으면서 하나로 의미가 통하는 나만의 비밀스러운 세상을 구축합니다. 그러면서, 혹은 그렇게 하기 위해서 오늘도 우리는 인터넷이라는 디지털 세계 안에서 읽고, 쓰고, 생각하고, 소통합니다.

; 기억을 대신 저장하는 기계, 메멕스

놀랍게도 보르헤스의 아이디어는 완전히 다른 부류의 사람들에 의해 전혀 다른 맥락에서 실현됩니다. 제2차 세계대전 중, 미국은 내로라하는 과학자들을 끌어모아 전쟁 도구를 만드는 일에 투입했습니다. 이름하여 '국가과학연구개발원'에 동원된 과학자들의 수가 어림잡아 6천여 명이 넘었다고 합니다. 그런데 전쟁이 끝나갈 무렵인 1945년 7월, 이 기관의 수장 버니바 부시 Vannevar Bush(1890~1974)가 한 시사 정론지에 글을 씁니다. 〈우리가 생각하는 것처럼 As We May Think〉이라는 제목을 가진 장문의 기고문이었습니다.[1]

부시는 이 글에서 미국의 과학자들은 대량 살상 무기를 만드는 것 같은 인간의 물리적 힘을 확장하는 일에 매몰되지 말고, 보다 생산적인 작업, 즉 인간의 정신 능력을 확장하려는 작업에 매진해야 한다고 역설했습니다. 그러면서 글의 말미에 '메멕스 Memex'라는 새로운 기계의 원형을 묘사합니다. '기억'이라는 뜻의 'memory'와 '확장'이라는 의미의 'extend'가 합쳐진 이름인 듯합니다. 정말 그렇다면 기가 막히게 잘 지었습니다!

부시에 의하면 메멕스는 세상의 모든 정보를 저장함으로써 인간의 기억을 무한대로 확장하는 기계입니다. 마치 일련의 도서들을 가지런히 진열해 놓은 수없이 많은 육각형의 서재들처럼 말입니다. 하지만 아무리 훌륭한 기계 장치라도 무한수의 정보를 무한정 나열하는 방식으로는 제대로 작동하기 어렵습니다. 사람이 기계에 정보를 저장하는 이유는 필요할 때 요긴하게 찾아 쓰기 위함인데, 정보를 효과적으로 찾아 쓰는 일이 불편하다면 저장 능력이 엄청나도 별 의미가 없습니다.

이 점을 잘 알았던 부시는 메멕스가 정보를 인출할 때도 획기적이길 원했습니다. 그래서 마이크로필름으로 기록한 개별 문서들에 오늘날의 태그나 북마크와 같은 일종의 코드를 부여하고, 동일한 코드를 가진 문서들을 연결해 하나의 문서를 인출하면 관련 문서들이 딸려 나오는 일종의 '정보 산책로'를 만들고자 했습니다. 정보 사용자가 여러 갈래로 생성된 이 길들을 마음대로 왔다 갔다 하면서 복수의 문서들을 동시에 취급할 수 있도록 말입니다. 만일 부시의 생각대로 메멕스가 설계되었다면, 이용자의 선택과 통제로 복수의 육각형 서재들이 연결되는 바벨의 도서관과 아주 비슷했을 것입니다.

; 가능성의 정보 네트워크, 하이퍼텍스트와 www

메멕스는 얼마 지나지 않아 테드 넬슨Theodore Holm Nelson(1937~)이라는 미국 뉴욕 출신의 컴퓨터 공학자에 의해서 조금 다른 방식으로 구체화됩니다. 넬슨은 종종 '인터넷의 아버지'라고 불리는데, 1965년에 컴퓨팅 기계학회에서 발표한 논문에서 하이퍼텍스트와 하이퍼미디어 같은 신개념을 처음 세상에 소개한 사람이기 때문입니다.[2]

이 말들에는 우리에게 익숙한 텍스트나 미디어라는 용어 앞에 '초과' 또는 '초월'의 뜻을 갖는 접두사 hyper-가 붙어 있습니다. 즉, 하이퍼텍스트란 텍스트를 넘어서는 텍스트이고, 하이퍼미디어란 미디어를 넘어서는 미디어라는 뜻입니다. 조금 더 풀어 보자면, 하이퍼텍스트와 하이퍼미디어는 경계와 구조가 이미 정해져 있는 하나의 개체로서 텍스트 또는 미디어가 가지는 한계를 극복하기 위해 고안된 대안적 텍스트로서, 수많은 '정보 덩어리node'들이 여러 개의 '정보 고리link'들로 연결되어 구축된 일종의 '정보 그물망'입니다.

하이퍼텍스트는 이전에는 생각하지 못했던 특별한 가능성을 선사합니다. 물론 제약도 함께 안겨 줍니다! 이 대안적 텍스트는 노드와 링크만 있으면 무한으로 확장할 수 있기 때문에, 독자가 자신의 읽기 행동을 제한된 울타리 안에 가둘 필요가 없습니다. 덕분에 사용자들은 '정보 산책로'를 더욱 적극적으로 선택하고 구성하여 정보 그물망 이곳저곳을 이동할 수 있습니다. 또 하이퍼텍스트 속 정보들은 서로 연결되어 있지만, 독자의 선택에 의해서만 그 기능이 발현됩니다. 능동적 독자가 하이퍼링크들을 필요와 목적에 따라 선택하여 자신만의 읽기 순서를 결정하고 자신에게 맞는 정보 공간을 규정할 수 있도록 말입니다.

이 또한 보르헤스의 도서관이 작동하는 원리와 정말 많이 닮았습니다. 도서관 이용자가 육각형 서재들을 드나들면서 고른 책들을 읽고 세상을 이해하듯이, 하이퍼텍스트 사용자는 하이퍼링크들을 따라 손쉽게 텍스트 사이를 오가며 적재적소에서 필요한 정보를 수집하고 지식을 획득합니다. 그렇다고 하이퍼텍스트의 모든 공간을 돌아다닐 의무는 없으며, 그렇게 하는 것이 효과적이지도 않습니다. 현명한 도서관 이용자가 자신이 드나들 수 있는 육각형 서재들의 수와 방문 순서 및 경로를 통제할 수 있듯이, 현명한 하이퍼텍스트 사용자는 자신이 처리할 수 있는 정보와 링크를 선택적으로 판단합니다. 그물처럼 얽힌 공간 안에서 자신에게 어울리는 공간의 깊이와 범위를 나름의 방식으로 새롭게 정의하는 것입니다.

넬슨의 하이퍼텍스트는 그것이 구축되는 공간이 단일 저장 장치에 국한되었기 때문에 개념적으로는 열린 공간이었지만, 실제로는 닫힌 텍스트에 가까웠습니다. 당시만 해도 하나의 하이퍼텍스트는 그것을 불러올 수 있는 저장 장치를 가진 하나의 컴퓨터 단말기에서만 접속할 수 있었습니다. 하지만 이런 기술적 한계는 얼마 지나지 않아 해결됩니다. 영국의 컴퓨터 공학자인 팀 버너스-리 경Sir Tim Berners-Lee(1955~)이 오늘날 우리가 사용하는 광대한 정보 네트워크로서의 인터넷의 모습을 만들어 낸 것입니다.

버너스-리 경은 해당 컴퓨터의 주인이 아니더라도 원하는 사람이라면 누구나 자신이 필요한 하이퍼텍스트에 접속할 수 있는 방법을 고민한 끝에 1991년, 소프트웨어 개념인 하이퍼텍스트와 하드웨어 개념인 컴퓨터 네트워크를 통합하여 월드와이드웹The World Wide Web을 세상에 소개합니다. 우리가 '따따따(www)'라고 줄여 부르는 것의 시초입니다. 언제 어디서나 필요한 정보에 접근할 수 있는 이러한 글로벌 웹은 마치 바벨의 도서관이 개인 공부방에서 세계인의 서재로 확장된 것 같지 않습니까? 쉽고 빠르게 원하는 텍스트에 접속해서 필요한 정보를 취할 수 있다는 것은 분명 새로운 읽기와 쓰기의 맥락임에 틀림없습니다.

; 인터넷의 등장과 확장이 던져 준 과제

보르헤스, 버니바 부시, 테드 넬슨, 버너스-리는 모두 바벨의 도서관에서 서로 다른 육각형 서재들 안에 서 있던 사람들이었습니다. 이들은 각자의 서재를 벗어나 완전히 다른 시공간에서 우연찮게 연결된 서로의 서재에 들러서 같은 책을 읽고 같은 상상을 했을지도 모릅니다. 이들의 선구자적인 사유와 실천으로 탄생한 인터넷이라는 새로운 디지털 세상은 이제 현대인의 삶의 맥락에서 빼놓을 수 없는 가장 중요한 일부가 되었습니다.

인터넷의 등장과 확장은 현대의 독자들과 저자들에게 새로운 숙제들을 던져 주기도 합니다. 하나는 "인터넷이라는 세상에서 제대로 읽고 써야 한다"는 것이고, 또 하나는 "인터넷이라는 세상을 제대로 이해하고 경험해야 한다"는 것입니다. 이 둘은 하나가 제대로 작동하지 않으면 다른 하나도 기능하지 못하는 관계에 놓여 있습니다. 새로운 세상에서 제대로 읽고 쓰기 위해서는 읽고 쓰는 맥락이 되는 그 세상 자체를 잘 이해하고 경험해야 하며, 동시에 새로운 맥락에 어울리게 제대로 읽고 씀으로써 새로운 세상을 더 잘 이해하고 경험해야 합니다.

제대로 읽고 쓰는 일은 언제나 능동성과 비판성을 동시에 요구합니다. 사려 깊은 독자라면 제가 이 장의 서두에서 '질서와 혼돈' '확장성과 한계' '선택과 통제' '가능성과 제약'과 같이 두 개의 상반된 개념을 묶어 사용하고 있음을 눈치챘을 것입니다. 인터넷 세상은 새로운 질서, 새로운 확장성, 새로운 선택 그리고 새로운 가능성을 우리에게 선사합니다. 인터넷 시대의 독자와 저자는 이것들을 능동적으로 배우고 활용할 줄 알아야 합니다. 그러나 새로운 인터넷 세상은 이전에는 그다지 부각되지 않았던 새로운 종류의 어려움들, 즉 새로운 혼돈, 새로운 한계, 새로운 통제 그리고 새로운 제약으로 우리를 시험하기도 합니다. 이러한 도전적인 상황들에 비판적으로 대응할 수 있어야 비로소 제대로 된 인터넷 독자와 저자가 될 수 있는 것입니다.

새로운 리터러시 이해하기 2 :
언어와 리터러시 환경의 변화

리터러시의 관점에서 볼 때, 21세기는 보르헤스의 설계를 질적, 양적으로 초월하는 미증유의 디지털 사회로 전환되고 있습니다. 그렇다면 이렇게 급박하고 극단적인 방식으로 끊임없이 바뀌는 디지털 리터러시 환경을 어떻게 이해할 수 있습니까? 지금까지 의사소통 환경이 어떻게 변모해 왔는지 역사적 과정을 살펴보면, 이 시대의 전환성을 이해하는 데 도움이 될 수 있을 것입니다.

; 말과 몸의 언어사회, 모어 시대

인류는 언제부터 언어를 사용하기 시작했습니까? 인류는 언제부터 글을 읽고 쓰기 시작했으며, 언제부터 글 이외의 미디어를 통해서 읽고 쓰기 시작했습니까? 사실 인류가 언제부터 언어를 사용했는지, 어떤 형식의 언어를 썼는지 정확히 알기는 어렵습니다. 그런데 인류학자들에 의하면 말을 할 수 있는 사람의 구강 구조와 말을 하지 못하는 사람의 구강 구조가 조금 다르다고 합니다. 정교한 언어를 만들어 내는 입안의 모양과 몇 가지 소리 정도로 구성된 원시언어를 쓰는 입안 모양이 다르다는 것입니다. 이를 전제로 화석으로 남겨진 두개골의 구강 구조를 분석하면, 인간이 원시 형태의 언어를 사용하기 시작한 시기를 대략 짧게는 10만 년, 길게는 30만 년 전쯤으로 추정할 수 있습니다.

지구상의 인류가 문자의 탄생 이전에 원시 형태의 언어를 사용하던 시기를 '모어母語 시대The era of first language'라 부를 수 있습니다. 태어나 자라면서 어머니가 쓰던 말을 자연스럽게 배워 쓰면서 의사소통하던 구두 언어 또는 입말의 사회입니다. 논쟁의 여지는 있지만, 유발 하라리Yuval Noah Harari(1976~) 역시 사피엔스의 역사를 기술하면서 인류 최초의 '인지 혁명cognitive revolution'을 말이라는 언어와 그것으로 향유되는 내러티브 문화(소문과 같은 이야기 짓기)와 관련지었습니다.[3]

모어 시대에는 입말 이외에도 그 쓰임의 역사가 훨씬 오래된 소통 양식들도 사용했을 것입니다. 동굴의 벽이나 흙바닥에 낙서나 표시를 하거나, 동물이나 사물의 형태를 본뜬 그림으로 서로의 뜻을 전달했을 것입니다. 또한 손짓이나 표정, 움직임이나 춤 등을 만들어 내는 도구로써 '몸'은 말의 사회에서도 여전히 가장 확실하고 핵심적인 의사소통 수단이었을 것입니다. 그러니까 모어 시대는 말소리에 더해 물리적, 시각적, 공간적 양식을 섞어서 서로 의미를 주고받던 '복합양식 사회multimodal society'였다고 볼 수 있습니다.

모어 사회에는 주로 가족이나 생활 공동체의 울타리 안에서 언어가 전달되고 학습되었을 것입니다. 그래서 물리적으로나 문화적으로 떨어져 있는 집단마다 각기 다른 언어를 사용했을 가능성도 큽니다. 집단 내에서도 내적 유연성과 변이가 컸을 듯합니다. 세대와 성별, 일의 역할에 따라 조금씩 다른 말을 썼을 것입니다. 이런 관대함이 가능했던 것은 특별히 완고하게 굳어진 언어 규칙이 아직 부재했기 때문도 있지만, 설령 그런 규칙을 엄밀하게 지키지 않더라도 일상 생활을 지속하는 데는 크게 문제가 되지 않았기 때문일 것입니다. 비교적 인접해 있거나 상업이나 외교 또는 전쟁 등의 이유로 교류가 잦은 집단끼리는 서로의 말을 듣고 따라 하면서 비슷한 언어를 사용했을 수도 있습니다. 그러나 전체적으로 보자면, 수없이 많은 소규모 공동체 언어들이 여기저기에 독립적으로 존재했을 것입니다.

모어 시대는 서로 다른 공동체가 나름의 형식으로 언어를 사용하던 '다중언어 사회multilingual society'의 시간이었습니다. 특정 언어에 대한 우월주의에 빠져 있는 일부 현대인들에게 다양한 언어가 공존하는 광경은 참으로 낯설고 이해하기 어려운 상황입니다. 실제로 평생 자기 나라에 갇혀 자기 나라 말만 쓰고 다른 나라 말은 배울 생각도 없고 잘하지도 못하면서, 외지인이 그 나라 말을 하면서 조금이라도 실수를 하면 그를 멍청이라 낙인 찍으며 무시하고 조롱하는 사람들을 심심찮게 볼 수 있습니다. 언어가 그 언어를 사용하는 사람들의 분신 같은 것이라면, 한 언어가 다른 언어들에 대하여 절대적 우월성을 가질 수는 없습니다. 각자의 언어를 존중하는 자세는 과거 사람들에게서 배워야 할 일입니다.

; 책과 지식의 언어사회, 쓰기 시대

인류의 '슬기로운 의사소통 생활'은 문자의 탄생과 함께 천지개벽합니다. 문자 덕택에 더욱 복잡한 생각을 하고 더욱 정교하게 일을 할 수 있는 리터러시의 시대가 시작되었습니다. 이것을 '쓰기 시대The era of writing'라고 부르고자 합니다. 읽기와 쓰기는 분리할 수 없고 그 우열을 가릴 수도 없으나, 문자가 필요한 이유는 읽기보다는 쓰는 데 그 목적이 선행되었을 것입니다. 써야 읽을 수 있으며, 읽게 하려고 쓰기 때문입니다.

인류가 글자를 쓰게 된 건 그리 오래전 일이 아닙니다. 기록에 의하면 문자가 존재한 시간은 대략 5천 년 정도로 추정됩니다. 오늘날 이라크 남부 지역에 해당하는 고대 수메르 지역의 사람들이 점토판에 갈대로 그어 만든 쐐기문자cuneiform script의 시작이 대략 기원전 3천 년이라고 합니다. 비슷한 시기에 이집트 사람들은 사물의 모양 등을 본떠 만든 히에로글리프hieroglyph라는 신성문자sacred carvings를 사용하여 서로에게 비밀스러운 이야기를 전하기 시작했습니다. 중국 지역에서는 거북의 등딱지에 상형문자를 새겨 썼다고 하는데, 이런 갑골문자oracle bone script가 등장한 때가 기원전 1,200년 정도라고 합니다. 10만 년 가량의 언어사를 24시간으로 환산해 보면, 인간은 하루가 끝나가는 마지막 한두 시간을 남기고서야 비로소 '쓰기 체계writing system'를 갖출 수 있었습니다.

문자와 쓰기의 체계가 견고해지면서 인간은 전에는 상상할 수 없었던 '문명인'이라는 '새로운 명함'을 갖게 되었습니다. 기억을 종이에 글자로 적어 확장할 수 있게 되면서, 여유가 생긴 인지 공간을 길고 복잡한 사고 과정을 수행하는 일에 적극적으로 활용하기 시작했습니다. 한번 소리 내면 사라지는 말과는 달리 글로 담은 정보는 비교적 오래 남기에, 멀리 떨어져 있는 사람들에게도 정보를 전달할 수 있었습니다. 또한, 여러 세대를 거치면서도 후손들에게 글로써 생각을 전달할 수도 있었습니다. 문자와 쓰기를 중심으로 한 리터러시 시대가 도래하면서 사람들은 훨씬 많은 지적 여유를 즐길 수 있게 되었으며, 동시에 훨씬 복잡한 지적 작업을 기획하고 완수할 수 있었습니다.

그런데 문자가 있는 삶의 혜택이 모든 이들에게 공평하게 돌아가지는 않았습니다. 문자의 마법은 그 마법을 부릴 수 있는 사람들의 전유물이었습니다. 더 좋은 삶을 위한 도구인 글을 배워서 일도 하고 유희도 즐길 수 있었던 사람들은 대부분 귀족이나 영주, 종교 지도자와 같이 재화와 토지, 권력을 가진 특별한 계층의 사람들이거나 그들의 종복들이었습니다. 이들은 글을 이용해 더 많은 것들을 배우고, 그렇게 배우면서 더 잘 읽고 쓸 수 있게 되었을 것입니다. 그리고 여러 가지 인적, 물적 수단을 동원해서 글을 읽고 쓰는 법을 자신들의 후세들에게 체계적으로 전수했을 것입니다. 이 시대의 리터러시는 문자를 소유한 사람들의 기득권을 더욱 공고하게 만드는 수단이었습니다. 문자의 마법과 혜택이 돈과 힘이 있는 계층에게만 귀속되었던, 아주 불평등한 사회였습니다.

성숙한 문명사회에서는 리터러시와 민주주의가 한 몸입니다. 누구나 자유의지에 따라 글을 읽고 쓰면서 세상을 분석하고 변화시킬 수 있는 기회가 제한되는 조건에서는 정의로운 민주 사회를 기대하기 어렵습니다. 다시 말하면, 정의로운 민주 사회는 모든 사람이 제약 없이 제대로 글을 읽고 쓸 수 있는 권리와 기회를 가짐으로써 사회적 책무성을 온전하게 실천할 수 있는 사회입니다.

문자나 쓰기를 권리와 기회라고 할 때, 보다 근접한 의미의 리터러시 혁명은 활판 인쇄술의 발명과 책의 보급으로 촉발되었다고 말할 수 있습니다. 독일에서는 요하네스 구텐베르크^{Johannes Gutenberg}(1400~1468)라는 출판업자가 금속활자를 만들어 서적을 인쇄했는데, 그때가 겨우 15세기 중반입니다. 그보다 일찍 우리 조상들도 금속활자를 만들어 썼는데, '직지^{直指}'라고 줄여 부르는 불교 서적의 금속활자본 간행 시점이 14세기 후반입니다. 그러니까 최소 10만 년인 모어의 시간을 하루라고 할 때, 책이라는 물질의 형태로 많은 사람들이 리터러시의 혜택을 받기 시작한 기간은 고작 5~6분에 불과한 것입니다.

인쇄술의 발달과 책의 대중화는 이성과 합리에 기반한 근대성modernity을 가지고 왔습니다. 이 시대에 접어들면서 문학, 사학, 철학, 신학, 과학 등 다양한 학문 분야의 서적들이 대량으로 출판, 유통되기 시작했습니다. 또한 서구에서는 영어, 독어 등 사람들에게 선택된 몇 가지의 언어로 글을 읽고 쓰기 시작했습니다. 그러다 보니 책의 언어로 선택받지 못한 많은 군소 언어들이 주류 문화권에서 배척당하는 현상도 생겼습니다. 언어와 리터러시 환경의 변화로 인해 쓰기의 혜택은 확장되었지만, 역설적으로 언어적 다양성은 위축된 것입니다. 현재 지구상에 남아 있는 인류어의 수는 6천500여 개 정도인데 모어 시대에는 이것보다 훨씬 많았을 것입니다 오늘날 지구인의 96퍼센트가 사용하는 언어는 단 스무 개라고 합니다. 나머지 언어는 소수 언어자들에 의해서 간신히 명맥만 유지하고 있는 수준입니다. 이러한 단일 언어주의monolingualism의 중심에 영어라는 언어(영어 중심주의English centrism)와 앵글로색슨의 백인 문화(백인 우월주의white supremacy)가 자리 잡고 있음은 부인할 수 없는 사실입니다.

책의 대량생산과 보급은 근대적 학교를 만들어 냈습니다. 학교가 어떤 곳입니까? 정해진 것들을 배우는 곳입니다. 그렇게 정해진 것들을 문장과 글로 담아 내는 책이 바로 교과서입니다. 그래서 학교의 핵심은 교과서이고, 교과서가 없는 근대 학교는 상상하기 어렵습니다. 학교는 리터러시 시대를 떠받치는 가장 중요한 근대 제도였습니다. 같은 내용의 글을 같은 방식으로 읽고 쓰는 교과서 기반의 학교 제도는 자의 반 타의 반 리터러시의 표준화를 강화해 나가던 후기 쓰기 사회의 가치를 참으로 잘 반영합니다. 실제로 가능한 것인지, 가능하다면 얼마나 가능한 것인지 의문도 들지만, 많은 경우에 이성적 태도나 합리적 사유 같은 사고 기능들도 이런 교과서들을 가지고 학교에서 효율적으로 대량생산되었습니다. 공장 건물 같은 학교에서 배운 것들이 실제 일터로서의 공장에서 요구하던 것들과 크게 다르지 않았기에, 이런 대량제조식 교육체계가 크게 문제 되지 않았습니다. 새로운 시대가 다가오기 전까지는 말입니다.

; 연결과 선택의 언어사회, 뉴미디어 시대

드디어 디지털 혁명이 일어납니다. 이 혁명은 바벨의 도서관을 다녀간 수많은 선구자들이 감지했던 새로운 시대의 요구와 이에 부응하는 새로운 기술의 개발이 낳은 결과입니다. 인쇄술과 종이책 중심의 쓰기 시대가 새로운 미디어들을 연결하는 디지털 사회로 전환되고 있습니다. 동시에 읽고, 쓰고, 소통하는 일에도 큰 변화가 생기고 있습니다. 이것은 새로운 종류의 리터러시 혁명입니다. 이 혁명은 급격하고 복합적이어서 10만 년이 하루라면, 30초가 채 안 되는 시간입니다! 새로움을 대하는 설렘과 낯섦이 뒤섞인 복잡한 감정을 우리 마음속에 불러일으킵니다. 시사 경제 주간지 《이코노미스트The Economist》의 2015년 2월 28일 자 호에 〈폰들의 행성Planet of the phones〉이라는 표지 기사가 실렸습니다. 제목도 창의적이지만, 부제도 명쾌합니다.[4]

"스마트폰은 어디에나 있고, 중독성이 있으며, 항상 변한다."

이 한 줄에 우리가 디지털적인 것들에 흔히 갖는 생각들이 잘 드러나 있습니다.

이 글에는 '포노 사피엔스phono sapiens'라는 신조어도 등장합니다. 지금도 4차 산업혁명 담론과 함께 크게 유행하고 있는 말입니다. 그럴 만합니다. 요즘에 나오는 웬만한 스마트폰은 1969년에 미국항공우주국NASA이 달나라에 우주인을 보내려고 사용했던 슈퍼컴퓨터의 처리 속도를 능가한다고 합니다. 그렇다고 그 폰으로 여러분이 달에 갈 수는 없습니다! 이런 엄청난 기계와 함께 살아가는 신인류가 바로 포노 사피엔스입니다.

실험을 하나 해 봅시다. 여러분의 포노 사피엔스들, 그러니까 아이폰이 처음 출시된 2007년 이후에 태어난 여러분의 자녀나 조카, 또는 학생들에게 이렇게 물어보는 겁니다.

"전화기가 어떻게 생겼지?"

이 질문에 그들이 눈을 부릅뜨며 여러분을 노려보아도 놀라지 마십시오. 말은 알아도 형태를 본 적이 없다면 당연히 예상할 수 있는 반응입니다. 경험 많은 포노 사피엔스는 종이에 예쁜 직사각형을 하나 그려 주면서 "이게 전화기야!"라고 말해 줄지도 모릅니다. 실험 후에도 그와 계속해서 좋은 관계를 유지하고 싶다면, 저 푸른 바다가 사실은 뽕밭이었다고 말하지 마십시오. 한없이 순박한 우리의 포노 사피엔스도 상식과 예의가 부족한 어른들에게는 크게 화를 낼지 모릅니다.

일상 습관이나 행동 양태로 보자면, 현상적 포노 사피엔스들은 사실 수많은 어른들이기도 합니다. 이들은 그들의 자녀, 조카, 학생들보다 훨씬 더 열정적으로 스마트폰을 사용합니다. 만원 지하철에서 사람의 육체를 뺀 나머지 공간을 채울 수 있는 건 오로지 스마트폰과 퀴퀴한 냄새뿐입니다. 지난 1년간 한국에서 지하철을 타고 다닌 저의 막눈에 의하면 정확히 세 명이 종이책을 꺼내 읽었습니다. 종이 신문을 전혀 사 보지 않으니 널브러진 신문지 조각들이 없어서 15년 전에 비해 지하철 안이 한결 정돈된 느낌이긴 했습니다.

출퇴근길에 마주치는 이런 장면들을 떠올리면, 《이코노미스트》 기사의 부제가 머리에 쏙 들어오지 않을 수 없습니다. 먼저, 이 부제에서 '스마트폰은 어디에나 있다ubiquitous'는 명제는 참입니다. 2020년 기준 전 세계 스마트폰 사용자는 제가 본 서울의 인류를 포함하여 이미 36억 명을 돌파했습니다. 정도야 다르겠지만 '스마트폰에 중독성이 있다addictive'는 명제 또한 설득력을 얻습니다. 열차가 흔들려도, 몸이 구겨져도, 계단에서 굴러도 스마트폰은 놓지 않는 것이 우리의 습성입니다. '스마트폰은 늘 변한다transformative'는 명제는, 어제 계약한 스마트폰이 내일 구식이 될 것을 알기 때문에 아마도 그럴 것이라고 대답하면 됩니다. 스마트폰도 변하고, 그래서 우리도 변합니다.

원래 폰이라는 물건은 멀리 떨어져 있는 사람들끼리 간편하게 말소리를 주고받으라고 만든 기계인데, 이 폰이 똑똑해지다 보니 현대인들은 그걸로 읽고 쓰는 일도 합니다. 스크린에 깔끔한 PDF 문서를 펼쳐서 읽고, 현란한 웹사이트도 사이사이 구석구석 찾아서 봅니다. 전자책도 읽고 오디오북도 듣습니다. 뉴스는 읽기도 하고 듣기도 하고 보기도 합니다. 사진도 다운로드 받고 동영상도 업로드 하면서, 재밌으면 공유도 하고 재미없어도 공유합니다. 댓글을 읽고, 내일 당장 해당 글이 삭제되더라도 앞으로 달릴 더 많은 댓글을 위하여 오늘 한 줄의 댓글을 남깁니다. 앱으로 게임을 하고, 게임하는 사람들끼리 웹에서 모여 게임을 추천하고 게임의 전략도 나눕니다.

미국 하버드 대학의 법학자이자 언론학자인 존 팰프리John Palfrey(1972~)와 우르스 가서Urs Gasser는 2008년에 저술한 《Born Digital: An Understanding of the First Generation of Digital Natives 본 디지털: 1세대 디지털 원주민에 관한 이해》라는 책(한국에서는 2010년 《그들이 위험하다》라는 제목으로 출간)에서 인터넷 세상의 정보 읽기와 학습의 변화를 다음과 같이 설명했습니다.[5]

디지털 원주민들에게 '연구'란 도서관을 찾아가는 것이 아니라 구글을 검색하는 일에 가깝다. 이들은 사서에게 도움을 요청하기보다는 위키 공동체를 확인하거나 온라인 친구들에게 묻는 것을 선호한다. 종이 신문을 사 보는 일은 거의 없으며, 대신에 온라인에서 수많은 뉴스와 정보를 타고 이리저리 흘러 다닌다. (원서 239쪽)

디지털로 연결되는 뉴미디어의 세상은 '탈인쇄술의 세상post-typographic world'입니다. 이것은 인터넷 '상에서'라는 말처럼 단지 사이버 공간만을 지칭하지 않습니다. 그것은 거대하게 맥락화된 실세계의 삶 역시 디지털적으로 바꾸고 있습니다. 종이와 연필, 책과 도서관, 문자와 줄글, 활자와 인쇄 매체는 이제 우리가 리터러시를 실천하기 위해 사용하는 하나의 도구이고 자원입니다. 온·오프라인을 가로지르는 우리의 삶은 다양한 유형과 방식의 시각적, 공감각적, 네트워크적 디지털 매체를 통해서 정보를 생산하고 소비하는 생활 경험으로 전환되고 있습니다. 공부도 그렇게 새롭게 하고, 일도 그렇게 하며, 예술도 정치도 그렇게 하면서 말입니다.

다양한 매체를 통해서 정보를 습득한다는 것은 다양한 매체를 통해서 정보를 생산한다는 이야기이기도 합니다. 그래서 디지털 사회는 10만 년 동안의 모어 시대처럼 다시금 의사소통의 다양성이 증폭되는 사회입니다. 다양한 기술(디지털 기술, 인터넷 기술, 가상현실 기술, 디지털 게임 기술, 메타버스 기술 등), 다양한 매체(인터넷 신문, 방송, 웹진, 블로깅, 채팅, 소셜미디어, 스트리밍 서비스 등), 다양한 표현 양식(문자, 음성, 영상, 사진, 그래픽, 제스처, 공간 디자인 등), 다양한 텍스트(문서, 하이퍼텍스트, 웹사이트, 오픈 소스, 복합양식 텍스트, 다문화 텍스트 등), 그리고 그것들을 창안, 활용, 변용하는 다양한 개인과 공동체가 서로의 정보(그리고 지식, 기술, 관점, 전략, 의견, 태도, 입장, 가치, 요구 등)를 공유합니다. 지금은 인류의 읽고 쓰는 생활을 어느 하나의 절대 규준으로 통일하거나 획일화하기 어려운 멀티리터러시의 시대입니다.

새로운 리터러시 이해하기 3 :
뉴미디어 시대의 리터러시

　　　새로운 시대의 리터러시를 이야기할 때 빠지지 않는 단골 메뉴가 있습니다. 바로 미디어 리터러시media literacy입니다. 이 말은 교과서에도 나오고 시험에도 나옵니다. 미디어 리터러시라는 제목을 단 교양 강좌들이 넘치고, 부모를 위한 미디어 교육 프로그램도 새롭게 실험되고 있습니다. 저널리즘을 실천하는 기자나 언론인은 이 말을 특히 좋아해서, 미디어 리터러시를 주제로 한 각종 기사와 칼럼, 방송 등을 그들의 미디어에서 어렵지 않게 찾아볼 수 있습니다. 일상의 모든 영역에서 미디어의 영향이 엄청나기 때문에 매우 자연스럽게 그 중요성이 부각되고 있는 개념입니다. 미디어가 넘쳐나는 시대에 반드시 익혀야 할 리터러시이기도 합니다.

　그런데 종종 우리는 어떤 말을 쓸 때 그 말이 정작 무엇을 의미하는지 토론하는 일을 소홀히 하는 경향이 있습니다. 가령, 미디어 리터러시를 이해하기 위해서는 먼저 '어떻게 미디어를 바라봐야 하는가'에 대하여 논의해야 합니다. 미디어 리터러시라는 말에서 리터러시의 대상이 되는 객체가 미디어이기 때문에, 이것은 미디어 리터러시의 전제를 확인하는 분석적 작업입니다. 또한, 이 논의는 미디어와의 관계 속에서 '어떻게 리터러시를 바라봐야 하는가'에 관한 그다음 질문을 탐구하기 위한 일종의 프레임을 마련하는 일이기도 합니다. 이러한 논리적 사유를 통해서 '새로운 미디어 시대에 리터러시 교육을 위해서 우리가 무엇을 할 수 있는가에 대한 실질적 토론의 어젠다도 꾸밀 수 있습니다.

; 미디어를 바라보는 세 가지 관점

저는 미디어를 세 가지 관점에서 바라봅니다. 이들 각각은 서로 변별되는 특징과 효용을 지닙니다. 그래서 이들 관점에서 미디어에 복합적으로 접근하면 미디어란 과연 무엇인지 조금 더 입체적으로 이해할 수 있을 듯합니다.[6]

먼저, 미디어를 '기술'로 보는 관점입니다. '기술로서의 미디어 media as technologies' 접근법입니다. 말 그대로 미디어를 창안하고 지속가능하게 하는 기술들을 이해하려는 노력입니다. 예를 들면, 어떤 미디어가 현실화되는 기술, 그것이 디지털적으로 전환되는 기술에 관심을 두는 것입니다. 미디어를 제대로 사용하기 위해 필요한 기술, 미디어의 부정적 영향을 최소화하기 위한 기술, 미디어와 사용자의 상호작용을 증진하기 위한 기술에도 주목합니다. 나아가 미디어가 갖는 사회적 가치를 극대화하기 위하여 공학 기술에 인문적 또는 사회문화적 안목을 융합하기도 합니다.

전통적인 학문의 관점에서 보자면, 물론, 모든 학문은 새로운 관점을 도입하고 적용하면서 끊임없이 변화합니다 미디어 기술을 수업에 적용하고 학습 효과를 연구하는 교육공학이나 정보 사용 경험에 관한 디지털 미디어 기술의 효과성과 증진 방안을 연구하는 정보과학, 또는 직관적인 컴퓨터 사용자 환경이나 디지털 네트워크의 개선 또는 알고리즘과 머신러닝을 통한 인공지능 기술에 집중하는 컴퓨터 공학 등의 분야가 이 관점을 견지합니다. 모두 설계, 실험, 개발, 검증, 보완, 향상 등 공학적 디테일을 요구하는 학문들입니다.

다음으로 미디어를 하나의 '텍스트'로서 이해하려는 접근법, '텍스트로서의 미디어 media as text' 관점입니다. 미디어 자체를 읽고 분석해야 할 것으로 보는 관점입니다. 가령, 좁게는 신문 기사나 방송 프로그램을 텍스트로 간주하여 그것의 내용과 형식이 갖는 편향이나 문제점 등을 분석합니다. 좀 더 넓게는 신문 미디어와 방송 미디어, 전통적 인쇄 미디어와 현대적 디지털 미디어를 각각의 텍스트로 보고, 이들의 공통점과 차이점 등을 읽으려 합니다. 더 나아가서는 미디어를 하나의 문화적 텍스트로 읽고, 그것이 다양한 정치적, 사회적, 문화적 여론 형성과 의사 결정에 미치는 과정과 결과, 요인 등에 대해서 이해하고 분석하려는 입장입니다.

미디어에 대한 텍스트적 접근법에 어울리는 학문 영역의 대표는 저널리즘이나 문화 비평 같은 것들입니다. 특히, 일반적으로 언급되는 미디어 리터러시를 설명할 때 채용되는 핵심 개념들을 제공하는 연구 분야입니다. 즉, 미디어 또는 미디어 자료를 비판적으로 읽고 활용하기 위해 필요한 지식이나 능력, 또는 그러한 태도라는 일반적 정의가 상당 부분 이런 관점에 기대고 있습니다. 최근에는 구글이나 아마존의 검색 시스템 같은 상업적 정보 검색 미디어에서 작동하는 알고리즘의 역할과 그것이 미디어 사용에 잠재적으로 미치는 긍정적 부정적 영향에 대해서도 관심을 갖습니다. 기술적으로 공학 지식을 요구하기도 하지만, 거시 관점은 언론학이나 사회학, 인문학과 교육학 등의 영향을 많이 받은 관점입니다.

마지막으로 디지털 미디어를 '맥락'으로 보는 관점입니다. '맥락으로서의 미디어media as context'입니다. 하나의 미디어는 특정한 기술이자 우리가 읽고 해석해야 하는 어떤 텍스트이기도 하지만, 동시에 인간 생활의 의미와 가치를 좌우하는 하나의 맥락이기도 합니다. 가령, 우리는 스마트폰 기술을 사용하여 스마트폰 미디어를 읽지만, 스마트폰을 가지고 삶을 살아가기도 합니다. 스마트폰이 있는 삶은 스마트폰이 없는 과거의 삶과 확연하게 구별됩니다. 더욱이 스마트폰 시대엔 스마트폰이 없는 곳에 있어도 스마트폰의 맥락과 환경이 삶을 규정합니다. 지구는 이미 이런 디지털 미디어의 맥락 안에 놓인 행성이 되었습니다. '폰들의 행성'이라는 말이 괜히 나왔겠습니까?

맥락으로서의 미디어 관점은 새로운 리터러시의 맥락을 이해하는 꽤 신선한 안목을 제공합니다. 최신의 인지과학과 학습과학은 다양한 층위에서 작용하는 맥락을 이해해야만 인간의 인지, 경험, 배움을 이해할 수 있다고 분명하게 증언합니다. 가령, 미국의 국립과학원, 국립의학원, 국립공학원에서 공동으로 수행한 '인간은 어떻게 배우는가How People Learn'라는 주제의 연구 보고서는 학습이 일어나는 맥락과 문화가 누락되면 인간의 지적, 정서적, 사회적 경험을 온전하게 설명할 수 없다고 했습니다.[7]

무언가를 만들고, 사용하고, 읽고, 쓰고, 대화하고, 협력하고, 생각하고,

판단하는 인간의 모든 사유와 행동의 경험은 언제나 특정한 맥락에서 규정됩니다. 만일 경험과 맥락의 관계가 음식과 그릇 같은 것이라면, 그 경험을 설명할 때 맥락이 삭제되어도 크게 문제가 되지 않을 것입니다. 떡볶이의 맛과 향을 묘사할 때 얼룩덜룩한 초록색 플라스틱 접시는 없어도 그만입니다. 그러나 경험을 둘러싼 맥락이란 마치 거북의 등딱지 같은 것이기에, 맥락을 삭제한 경험은 가능하지도 않으며 제대로 설명할 수도 없습니다. 등딱지 없는 거북은 거북이 아니기에 절체절명의 순간에도 불편해 보이는 등딱지는 절대 뗄 수 없습니다. 그러니 맥락은 떡볶이 그릇보다는 거북의 등딱지에 더 가깝습니다.

미디어는 이미 우리가 읽고 쓰고 생각하고 소통하는 일이 벌어지는 과정과 양상, 의미와 가치를 결정하는 가장 중요한 맥락이 되었습니다. 따라서 새로운 미디어들이 연결된 디지털 시대에 리터러시를 말하기 위해서는 그것들을 기술 또는 텍스트라는 대상으로 취급하는 관점을 넘어서 그러한 기술이 사용되는 맥락, 그러한 텍스트가 읽히는 맥락으로서 미디어를 이해할 필요가 있습니다.

; 미디어 리터러시와 뉴미디어 시대의 리터러시

미디어 리터러시라는 말을 유행어처럼 들을 때마다 저는 "그것은 미디어 리터러시인가, 아니면 미디어 시대의 리터러시인가?"라고 질문하게 됩니다. 말이 나온 김에 여러분에게도 한번 물어보겠습니다. 우리가 관심을 갖고 토론해야 할 대상은 미디어적 읽기와 쓰기입니까, 아니면 미디어 사회에서 맥락화된 읽기와 쓰기입니까?

미디어 리터러시는 어떤 한 종류의 리터러시를 말합니다. 미디어(와 미디어 정보)를 잘 읽고, 잘 분석하고, 잘 활용하고, 잘 만들기까지 하자는 것입니다. 여기서 '잘'이라는 말은 여러 가지로 해석됩니다. 정보를 다루는 일에 인지적으로 능숙해야 하고, 정보의 가치를 판단함에 있어서 비판적 안목을 견지해야 합니다. 미디어가 갖는 잠재적 위험성(윤리적, 심리적, 사회적, 법적 문제 등)을 이해하고 의식적으로 자신의 행위를 조정하고 통제할 수도 있어야 합니다.

그러나 미디어 리터러시가 미디어 사회에서 요구하는 리터러시의 모든 측면을 설명할 수는 없습니다. 조금 더 넓은 안목으로 이 시대의 리터러시를 이해하려면, 수많은 미디어가 작동하면서 조성되는 새로운 소통의 맥락에서 읽고 쓰는 일들의 과정과 본질, 의미와 가치에 주목할 필요가 있습니다. 특히 뉴미디어 시대의 리터러시를 말할 때 'literacies in the new media age'와 같이 리터러시를 복수 명사로 쓴다면, 미디어 사회에서 맥락화된 다양한 리터러시의 활동과 경험에 대해서 이야기할 수 있게 됩니다.

읽기를 생각해 봅시다. 종이책으로 읽을 때와 스크린으로 읽을 때, 소설책을 읽을 때와 설명문을 읽을 때, 과학책을 읽을 때와 역사책을 읽을 때, 공공 의식을 가지고 읽을 때, 사적으로 읽을 때, 미디어에서 읽을 때나 미디어 없이 읽을 때, 가정에서 읽을 때와 학교에서 읽을 때, 주류 계층이 읽을 때와 소수 계층이 읽을 때, 사회적 약자가 읽을 때와 사회적 강자가 읽을 때의 상황 모두를 고려할 수 있습니다. 이 모든 읽기 경험에 서로 다른 관심사, 서로 다른 목적, 서로 다른 전략, 서로 다른 지식, 서로 다른 관점, 서로 다른 의식, 서로 다른 편향성, 서로 다른 이해관계가 작동합니다. 그것들이 제각각 미디어 시대의 맥락 안에서 실천됩니다. 우리는 이러한 '다양성diversity'을 이해해야 합니다. 미디어라는 기술과 텍스트를 넘어 미디어가 만들어 낸 다층적 맥락 안에서 생활세계 경험lifeworld experience 으로서의 읽기 쓰기가 어떻게 기능하는가를 생각해야 합니다.

다양성의 관점은 새로운 미디어와 기존 미디어의 관계를 이해하는 데도 도움이 됩니다. 사실, 새로운 미디어와 기존의 미디어는 늘 연결되어 있습니다. 뉴미디어는 올드미디어의 대안으로 등장하지만, 그것은 완전한 대체가 아니라 발전적 변화입니다. 올드미디어 역시 뉴미디어의 영향을 받아 수정되면서 스스로 진화합니다. 저도 뉴미디어 시대라는 말을 많이 하지만, 사실 뉴미디어와 올드미디어가 공존하는 시대이며, 올드미디어가 뉴미디어처럼 진화하는 시대이기도 합니다. 물론, 이 과정에서 적자생존과 선택적 진화는 불가피합니다.

가령, 유튜브는 가장 강력한 대중 미디어인 텔레비전의 특징과 장점을 잘 본떠서 만든 뉴미디어입니다. 영상이 나오고, 자막을 선택할 수 있으며 TV 방송처럼 촬영한 영상을 편집해 내보냅니다. 실제 상황을 재현하는 채널도 있고, 이를 인터넷을 통해 송출하고 공유합니다. 심지어 재방송 기능까지 있습니다. 유튜브가 성공한 첫 번째 이유는 그것이 매우 친숙한 것이었기 때문입니다. 사람들이 텔레비전의 경험을 유튜브에 동원했습니다! 동시에 유튜브는 텔레비전과 달리 개인 미디어, 상호작용 미디어, 실시간 미디어의 새로운 기능을 실현했습니다. 그래서 엄청나게 성공한 뉴미디어입니다. 급기야 요즘에는 되려 텔레비전이 유튜브를 따라 합니다. 시청자와의 상호작용이 중요하게 고려되면서 많은 공중파 프로그램들이 매우 사적인 콘텐츠를 가지고 실험적인 방식으로 제작됩니다. 관찰 예능이 좋은 예입니다.

시각적 리터러시의 개념을 이론적으로 깊게 연구한 미디어 학자인 제이 데이비드 볼터 Jay David Bolter (1951~)는 이러한 현상을 'remediation'이라는 개념으로 설명했습니다.[8] '매개'라는 의미의 'mediation(여기서 mediate는 '매개하다'라는 뜻이며, media는 '매개체, 매체, 또는 미디어'를 뜻함)'과 '다시'라는 의미의 접두사 re-가 합쳐져서 생긴 말입니다. 그래서 직역하면 '재매개'이고, '교정'의 의미('교정'이라는 뜻을 가진 또 다른 단어인 'remedy'와 동의어)도 함께 가집니다. 그러니까 미디어들끼리 서로의 변화를 매개하고 그 과정에서 필연적으로 상호 교정되는 현상을 말합니다. 새로운 미디어가 등장해서 기존 미디어가 소멸되는 것이 아니라, 서로서로 영향을 주고받고 진화하면서 다양성의 미디어 맥락을 형성하는 것입니다.

인터넷 신문, 소셜 네트워크, 스트리밍 서비스와 같은 뉴미디어는 따지고 보면 완전히 새로운 것이 아닙니다. 그러나 그들이 작동하는 방식과 역할, 그것들을 통해서 사람들이 어떤 생각이나 행동을 할 때 미치는 영향은 예전의 그것들과는 확연하게 구별되기도 합니다. 입체적인 디지털 공간에서 다양한 개인적, 공적, 상업적 미디어들이 특별한 인과관계 없이 네트워크로 연결될 때 새롭게 읽고 쓰고 소통하는 맥락을 만들어 냅니다. 그러니 자연스럽게 우리가 경험하는 리터러시의 과정과 결과, 그 실천 양상도 새로운 맥락에 적응하고 변합니다.

무한한 가능성이 존재하는
새로운 리터러시 사회

자, 이제 다시 보르헤스 이야기로 돌아갑니다. 드디어 결론이니 힘을 냅시다! 그의 작품 중 〈바벨의 도서관〉 말고도 유명한 단편소설이 또 있습니다. 〈끝없이 두 갈래로 갈라지는 길들이 있는 정원〉이라는 단편으로, 여러 갈래의 가능성과 결말을 가진 하이퍼텍스트 소설의 시초로 평가받는 작품입니다. '단편'이라는 말이 딱 맞는 짧은 소설인데, 열두 번쯤은 읽어야 그 내용이 조금 이해됩니다. 처음에는 슬렁슬렁, 회를 거듭할수록 꼼꼼하게 읽어 보십시오. 하지만 난해한 만큼 신기하고 재미있는 소설입니다. 어떻게 1940년대에 이런 작품을 썼을까 하는 생각이 듭니다. 이 소설을 읽게 된 우리는 분명 행운아임에 틀림없습니다.

이 소설의 주인공 유춘 박사는 영국에 살고 있는 중국계 영문학과 교수이자 제1차 세계대전 중 독일의 스파이로 활동합니다. 어느 날 유춘 박사는 알버트라는 사람을 만나게 됩니다. 그리고 알버트에게 취팽이라는 사람이 쓴 글을 받습니다. 그런데 유춘 박사는 이 글을 읽고 혼란스러워 합니다. "나는 모든 미래가 아닌 다양한 미래들에게 끝없이 두 갈래로 갈라지는 길들이 있는 정원을 남긴다."라는 구절에서 특히 난감해합니다. 이에 알버트는 이 구절에서 중요한 것은 공간이 아닌 시간이라고 말합니다. 여기서의 '갈래'란 공간적인 갈라짐이 아니라, 시간 속에서의 갈라짐입니다. 공간적으로 갈라져 있다는 것은 어떤 하나를 선택하면 다른 하나는 포기해야 한다는 의미입니다. 반대로 시간적으로 갈라져 있다는 것은 미래를 안내하는 선택지가 여러 가지라는 뜻입니다.

저는 이 소설을 읽으면서 뉴미디어 시대에 우리가 어떤 방식으로 리터러시를 이해하고 배워야 하는지에 대한 하나의 단서를 얻었습니다. 그것은 바로, 우리 아이들에게 '선택의 정원'을 남기자는 것입니다. 다양한 가능성으로 열려 있는 정원을 남기자는 것입니다. 미래에 대한 선택과 판단은 우리 아이들이 하게 하고, 우리는 다만 그들이 판단을 할 때 우리가 도와줄 수 있는 것들을 하자는 것입니다. 그들이 현명한 판단을 할 수 있도록 도움이 되는 지적, 정서적, 사회적 자원과 도구들을 제공해 주자는 것입니다. 이 정원은 그래서 어느 하나를 선택해서 다른 하나를 포기해야 하는 닫힌 정원이 아니라, 늘 새로운 가능성으로 열려 있는 미래의 정원입니다.

앞서 우리는 연결과 선택이라는 인터넷의 맥락, 인터넷이 연결하는 다양한 미디어들의 상호작용이 만들어 내는 뉴미디어의 맥락에 대해서 이야기 했습니다. 뉴디미어 시대의 언어적, 문화적, 소통적 다양성에 대해서도 이야기했습니다. 변화무쌍한 새로운 리터러시의 맥락은 스마트폰을 선택하고 종이책을 포기하거나 반대로 종이책을 선택하고 스마트폰을 포기하는 어느 한 공간으로 특정된 정원이 아닙니다. 스마트폰의 가능성이 있고 종이책의 가능성도 있는, 가능한 모든 형식과 양식의 미디어들이 경쟁하며 어떤 것들은 도태되고 또 다른 것들은 선택되는 무한한 가능성이 열려 있는 정원입니다. 아이들이 뛰노는 정원으로서 새로운 리터러시의 맥락은 언제나 다양성을 전제하며, 그것은 더욱 증대된 다양성의 리터러시 사회로 갈라져 있는 정원입니다.

디지털 시대, 좋은 독자의 역량

상상과 의심이 필요한
디지털 읽기 환경

컴퓨터나 스마트폰으로 연결되는 디지털 공간에서도 우리는 무언가를 읽습니다. 그런데 사람들은 스크린만 쳐다보는 디지털 읽기가 한없이 가볍고 무익하며 완전히 시간 낭비라고 말합니다. 공부나 업무의 집중도와 능률을 저하시키는 대표적인 방해꾼이라고도 말합니다. 이런 생각이 아주 틀린 것은 아니지만, 언제나 옳지도 않습니다. 어떤 디지털 읽기는 정말로 백해무익하여 '읽기'라고 부르기도 어렵지만, 그래도 좋은 디지털 읽기는 시간이 아깝지 않을 만큼 여러모로 유익하기도 합니다.

이 장에서는 디지털 읽기에 대해서 알아보려 합니다. 요즘 유행하는 디지털 리터러시의 가장 핵심적인 요소로, 디지털 환경에서의 읽기이자, 디지털 시대의 읽기입니다. 디지털 읽기의 효용이 파스타를 맛있게 만들기 위해서 유튜브를 찾아보는 것으로 그친다면 굳이 잘 읽어야 할 필요는 없습니다. 명민한 엄지의 힘으로 극복하면 되는 일입니다. 그러나 디지털 시대에 제대로 읽는 것만큼 어려운 일도 없습니다. 좋은 디지털 읽기를 위한 근본적인 문제, 디지털 시대의 환경적 맥락에 대해서 알아봐야 하는 이유입니다.

누구나 디지털 읽기를 하지만 실제로 좋은 읽기를 제대로 실천하기란 쉽지 않습니다. 좋은 디지털 읽기란 무엇입니까? 하루에도 수십 수백 번 접속하는 인터넷에서 어떻게 하면 잘 읽을 수 있습니까? 오늘날 독자들이 주목해야 할 디지털 환경의 특징은 무엇이고, 어떻게 새로운 환경에 적응하면서 능동적, 전략적, 비판적으로 읽을 수 있습니까? 도전적이다 못해 위험천만하기까지 한 디지털 환경에서 독자로 살아남는 법은 무엇입니까?

디지털 읽기와 관련하여 떠오르는 책이 하나 있습니다. 1980년에 출간된 저명한 천체물리학자 칼 세이건Carl Sagan(1934~1996)의 《코스모스Cosmos》입니다. 이 책에는 대중적이면서도 다채로운 과학의 관점과 사례가 가득합니다. 저는 이 책을 박사과정 유학 중에 학위논문을 쓰는 일이 멀미 나게 힘들어서 며칠 동안 공부를 파업하고 읽었습니다. 한국에서는 학부 교양 필독서였는데 읽다가 포기했습니다! 그렇게 읽은 보람이 있게 전공 책 못지않게 많이 배운 책입니다. 사연이 어떠하든, 여러분은 우주 탐험이라는 용감하고 위대한 인류의 작업이 누구든 시도 때도 없이 빠져드는 디지털 읽기와 대체 무슨 상관인지 궁금할 것입니다.

저는 이 책에 등장하는 호기심 많은 사람들의 열정과 노고, 희망과 한계를 읽어 내려가면서 "디지털 읽기와 우주 탐험이 상당히 유사하지 않은가?"라고 질문하고 싶었습니다. 사실 이런 질문은 저에게만 의미 있을지 모르지만, 지금도 인터넷 읽기나 디지털 리터러시 등의 주제로 강연할 때 이 책의 좋은 구절들을 인용합니다. 이 책의 서두에는 다음과 같은 말이 등장합니다.

우주를 탐험하려면 의심skepticism과 상상imagination 모두 필요하다. 상상은 종종 우리를 말도 안 되는 세상으로 데려간다. 그러나 상상하지 않고는 아무 데도 갈 수 없다. 의심을 통해서 우리는 환상과 사실을 구별한다. 의심하면서 우리 자신의 사유를 검증한다. (원서 2쪽)

저에게 우주는 제각각으로 위치한 무한수의 별들이 무한수의 관계(또는 관계 없음)로 공존하는 무한한 '가능성possibilities'의 공간입니다. 동시에 경계와 부피를 가늠할 수 없을 정도로 광대하고, 시시각각 벌어지는 별들의 사태들을 인지하기 어려운 '불확실성uncertainties'의 공간이기도 합니다. 이러한 가능성과 불확실성의 공간을 탐험할 때는 이 둘이 미묘하게 중첩되고 충돌하는 지점들을 미리 예측하여 효과적으로 대응하는 일이 중요합니다.

그래서 탐험가는 남다른 용기와 명랑함으로 새로운 가능성을 찾기 위하여 '긍정의 상상력'을 끈기 있게 발휘합니다. 상상력은 탐험의 시동을 거는 스파크이자 흥미로운 여정을 지속시키는 에너지입니다. 또한 탐험가는 안전하고 성찰적인 우주 탐험을 위해 갖가지 허구와 환상을 판별할 수 있는 '예민한 의심 능력'도 발휘해야 합니다.

만약 일상의 디지털 공간이 새카만 우주처럼 수많은 가능성과 불확실성을 내포하는 공간이라면, 우리의 디지털 읽기도 성공적인 우주 탐험처럼 상상과 의심을 끊임없이 요구하는 진지하고 도전적인 프로젝트가 되어야 할 것입니다. 그렇다면 우리는 어떤 독자가 되어야 합니까? 디지털 환경에서 좋은 독자는 어떻게 상상하고 의심하는 사람입니까?

디지털 읽기 환경의
다섯 가지 특징

디지털 환경에서 무엇을 어떻게 읽어야 하는지 이해하려면 새로운 읽기의 가능성을 허락하는 디지털적 특징들에 대해서 먼저 살펴봐야 합니다. 세상에는 디지털 환경을 설명하는 이론과 관점이 꽤 많지만, 여기에서는 이 책의 관심사인 리터러시의 과정과 본질을 이해할 때 도움이 될 만한 몇 가지 특징들을 중심으로 이야기하려 합니다.[1]

첫째, 디지털 환경은 '공간적spatial'입니다. 디지털 공간에는 수많은 정보들이 삼차원의 좌표 상에서 자유롭게 위치합니다. 이때 정보는 공간의 어느 지점에 위치할 수도 있지만, 다른 지점으로 이동하기도 합니다. 만약 어떤 정보가 다면적 성질을 가지고 있다면 그것을 왼쪽에서 쳐다보는 것과 위에서 내려다보는 모습이 다를 것입니다. 또한 어떤 정보에 곧바로 접근할 수도 있지만, 주변을 구불구불 돌아야만 닿을 수도 있습니다. 디지털 공간에서는 이렇게 서로 다른 방향과 경로에서 정보를 이해할 수 있습니다.

디지털 공간에서는 특정한 정보를 바라볼 때 다양한 관점과 해석을 통해 접근할 수 있습니다. 그런데 정보가 무수히 많으니 그만큼 몇 배 많은 관점과 해석, 접근법이 존재할 수 있다는 점도 인식해야 합니다. 디지털 정보들은 인쇄된 책의 글자, 문장, 단락, 쪽, 절과 장처럼 평면적이고 순차적인 방식(왼쪽에서 오른쪽으로, 위에서 아래로, 처음부터 끝까지 등)으로 나열되지 않습니다. 첫째 시간에는 국어, 둘째 시간에는 과학 등 학교 시간표처럼 순서가 미리 정해져 있지도 않습니다. 그래서 아무 생각 없이 디지털 공간을 돌아다니다가는 제대로 되는 일이 하나도 없게 되는 안타까운 일이 벌어지기 십상입니다. 하지만 두 눈을 부릅뜨고 주도적으로 공간을 찾아 나서면, 생각지 못했던 성과를 얻을 수도 있습니다.

둘째, 디지털 공간은 '백과사전적encyclopedic'입니다. 디지털 공간은 엄청난 양의 정보들로 채워지는데, 정보량이 다른 것과 비교할 수 없을 만큼 많다는 것은 정보를 사용하는 사람에게는 꽤 매력적인 요소입니다. 자신이 원하는 정보를 쉽고 충분하게 획득할 수 있을 것이라는 긍정적 예측이 가능하기 때문입니다. 예전에는 공부를 하다가 막히거나 더 찾아보고 싶은 것이 생기면 국어사전이나 사전 중 으뜸인 백과사전을 찾아봤습니다. 브리태니커 백과사전은 아주 비싸서 경제적 여유가 있는 집에서만 살 수 있었습니다! 출판사가 내건 상투적인 광고 문구처럼 지식의 보고인 백과사전에는 백화점처럼 없는 게 없다고 믿었기 때문입니다. 이제 사람들은 인터넷이라는 백과사전을 사용합니다. 그 안에 빼곡히 들어찬 수많은 표제어와 정의, 각종 사례와 자료 들을 쉽고 저렴하게 찾아 활용합니다.

위키wikis 같은 오픈 소스들을 떠올리면 '백과사전적'이라는 표현을 더 쉽게 이해할 수 있습니다. 이런 웹 문서들은 대중에게 저작의 자유가 열려 있어서 누구나 생산 과정에 참여할 수 있는 공동 창작물이자 공유된 정보 저장소입니다. 조금 넓게 보면, 인터넷 자체가 각종 언론, 기관, 단체, 동호회, 개인 등 다양한 정보원들이 생산한 온갖 것들이 연결된 오픈 소스입니다. 그래서 인터넷은 특정 개인에 의해 독점된 저작물이 아니라 수많은 정보 주체들이 특정 항목에 대해서 협력적으로 글을 쓰는 공간입니다. 인터넷은 마치 여러 사람이 함께 만드는 공유된 백과사전의 집합 같습니다.

셋째, 디지털 환경은 다분히 '비선형적nonlinear'입니다. 앞에서 공간은 입체적이라고 했습니다. 따라서 공간 안의 백과사전식 내용물들이 연결되고 구조화되는 방식 또한 입체적이어야 합니다. 그런데 우주의 별만큼이나 많은 정보 조각이 일렬로 줄줄이 배치되기만 하면 수많은 정보가 공간을 촘촘히 채운다 한들 큰 쓸모가 없습니다. 버니바 부시의 메멕스를 떠올려 봅시다! 초록색 전깃줄에 가지런히 연결된 크리스마스 장식용 전구들을 켜려면 한쪽에서 다른 쪽으로 전류를 순환시켜야 합니다. 마찬가지로 한 가지 선상에 놓인 특정 정보에 접근하려면 그 줄 전체를 처음부터 끝까지 훑는 방법밖에 없습니다. 선택과 조절, 다양한 접근의 가능성이 제한되는 것입니다.

효율성을 놓고 보면 갖가지 정보들을 그물처럼 연결하여 사용자가 언제 어디서든 필요한 것에 접근할 수 있게 하는 방식이 효과적입니다. 그래서 인터넷 디지털 환경은 노드와 링크로 연결되는 거대한 하이퍼텍스트로 구축됩니다. 그렇습니다. 테드 넬슨의 하이퍼텍스트입니다! 반년 가까이 이어지는 혹한의 겨울철에도 사람들이 미국 미네소타주 미니애폴리스의 도심을 안락하게 뛰어다닐 수 있는 이유는, 이 도시의 빌딩들이 꽤 많은 스카이워크(일종의 구름다리)로 연결되어 있기 때문입니다. 건물들은 잘 만들어진 다리들을 통해서 유기적으로 연결됩니다. 사시사철 밤낮없이 달리기를 즐기는 사람들에게는 최적의 인도어 트랙입니다. 디지털 원주민들이 매일 하이퍼링크들을 타고 인터넷 세상을 돌아다니는 것처럼 말입니다.

넷째, 디지털 환경은 '상호작용적interactive'입니다. 공간의 입체성은 공간 안의 지점들이 사통팔달로 연결되어 있을 때, 그래서 사용자가 연결망의 효용과 가능성을 몸소 경험할 때 비로소 인지할 수 있습니다. 돌아다니지 않으면 공간의 경계와 탐험 경로를 가늠하기 어렵지만, 일단 돌아다녀 보면 공간에 점점 익숙해지면서 대강의 실체가 잡힙니다. 모든 공간을 전부

다 체험할 수는 없지만 공간에 대한 지각과 내가 가는 길, 그리고 나의 현위치에 대한 감각이 생기면 더 많은 곳을 뛰어다니고 싶어집니다. 공간의 입체성이 연결로써 구체화되면서 탐험가의 다양한 상상과 사유, 주도적인 행동을 촉진하는 역동적 상호작용성이 증대되는 것입니다.

또한 디지털 공간에서는 사용자와 환경, 사용자와 사용자가 상호작용합니다. 이런 상호작용들은 디지털 공간을 채우고 있는 정보와 정보, 텍스트와 텍스트의 상호작용도 매개합니다. 가령, 부지런하고 창의적인 사람들은 전혀 관련 없어 보이는 정보들을 연결하여 새로운 정보를 만들어 내곤 합니다. 상호작용성을 이해하는 사람들은 능동적이고 비판적으로 디지털 정보를 취급하기 때문에 필요한 것들을 적극적으로 찾습니다. 이때 좋은 독자는 정보를 찾는 행위에도 집중하지만 정보를 찾아가는 과정과 순서에 대해서도 늘 유념하며, 키워드 사용, 하이퍼링크의 선택 같은 자신의 판단이 읽기에 어떤 영향을 미칠지도 수시로 검토하고 고민합니다. 정보를 취득하기 위한 읽기인지 아니면 내용을 학습하려고 읽는 것인지, 또는 사실 여부를 확인하기 위한 읽기인지에 따라 판단을 다르게 내려야 하기 때문입니다.

다섯째, 디지털 환경은 '다원적plural'입니다. 무한한 공간 속 지점들이 새롭게 연결되면 평상시에 보이지 않던 형상들이 보이고 들리지 않던 목소리들이 들립니다. 다양한 정체성들이 연결됨으로써 수많은 사실, 지식, 주장, 의견이 표상되고 서로 소통하기 시작합니다. 이때 좋은 독자는 나와 다른 관점을 적극적으로 받아들일 줄 압니다. 관점 취하기perspective taking를 시도해 나와 타인과 공동체가 추구하는 목적, 욕망, 이해, 권력 관계의 맥락을 헤아립니다. 미처 생각하지 못했던 이념과 시점을 바탕으로 자신의 행동 및 사고방식을 돌아보고 평가합니다. 디지털 공간은 서로 다름에 관한 사람들의 지적, 문화적 욕구를 전제로 하지만, 동시에 섬세한 상호 존중의 방식으로 공간의 다원성을 증대하면서 끊임없이 확장됩니다.

다원성의 디지털 공간은 하나의 기준과 관습에 의해 획일적, 관성적으로 통제되는 표준화된 범용 공간gobal space이 아닙니다. 전체로서의 공간은 개념적으로만 존재할 뿐, 구체적인 지역 공간local space을 중심으로 디지털적 다원성의 진화가 일어납니다. 지역 공간의 내적 변화와 성장, 그들 사이의 갈등과 협업, 심지어 무관심과 배타성마저 전체 공간의 다원적 관계성에 기여합니다. 과학 공동체, 케이팝 팬페이지, 게임 동호회, 맘카페, 언론 감시단처럼 인터넷에서 특정한 목적, 관심사, 전문성 등을 지속적으로 공유하는 다양한 집단들은 디지털 환경의 다원성을 확장시키는 강력한 에너지를 생성합니다.

디지털 환경의 특징들은 새로운 가능성의 읽기를 촉진하고 권장합니다. 물론 모든 디지털 읽기가 항상 긍정적이고 탐험적일 수는 없습니다. 하지만 이 중 한두 가지의 가능성으로 자신의 디지털 읽기 경험을 설명할 수 있다면, 적어도 누군가가 여러분을 종일 스크린과 사투를 벌이면서 소중한 시간을 낭비하는 사람이라고 타박하지는 못할 것입니다. 자, 여러분은 오늘 디지털 공간에서 어떻게 읽고 있습니까?

가짜를 판별하는
능력 기르기

모든 일이 그렇듯이, 디지털 환경에도 양면이 있습니다. 새로운 배움의 가능성과 정보를 알아가는 기회의 이면에는 디지털 독자라면 누구나 직면하게 되는, 전례 없는 도전들이 도사리고 있습니다. 이 도전들은 다음과 같은 환경적 특징 때문에 생겨납니다.

첫째, 디지털은 '검증되지 않은 공간untested space'입니다. 대표적 오프라인 정보 창고인 도서관과 비교해 봅시다. 도서관은 최고는 아니어도 소위 '작가'라 불리는 사람들이 쓴 책을 선호합니다. 대부분의 인쇄 서적들은 사업 인가를 받은 출판사가 기획하고 발행합니다. 베스트셀러와 스테디셀러는 열렬한 대중 독자들이 선택합니다. 판매량에 상관없이 주옥같은 책들은 사서들이 열심히 찾아냅니다. 오프라인에는 전문가들이 도서를 검토, 평가, 선택하는 일련의 필터링 절차가 존재합니다.

반면에 디지털 환경에서는 누구나 무엇이든 내키는 대로 표현하고 드러낼 수 있습니다. 디지털 키보드와 카메라, 노트패드나 녹음 애플리케이션으로 무엇이든 손쉽게 정보의 형태로 제작할 수 있습니다. 정돈된 메시지를 정교하게 디자인하여 공유하는 이들도 많지만, 대개는 다양한 플랫폼들을 통해서 속전속결로 자신이 생산한 것들을 게재합니다. 디지털 환경에서는 텍스트의 생산과 소비 사이에 출판, 검토, 비평, 선정이라는 중간 과정이 흔히 생략됩니다. 도서관에는 책을 안내하는 사서가, 학교에는 공부를 안내하는 교사가, 옷가게에는 쇼핑을 안내하는 점원이 있지만, 대체로 인터넷에는 전문적 중재자 없이 정보의 생산이 곧바로 소비로 이어집니다.

둘째, 인터넷은 '확정되지 않은 공간uncertain space'입니다. 검증되지 않은 정보들이 넘쳐나기 때문에 어떤 정보가 사실이고 거짓인지를 분명하게 판단하기가 쉽지 않습니다. 도서관에 가는 사람 중 저질의 도서나 나쁜 책을 고를까 봐 염려하는 사람은 거의 없습니다. 유익하고 좋은 책을 찾고 싶은 독자들은 작가의 명성, 출판사의 신뢰, 목차의 구성, 디자인의 감수성 등을 두루 보고 판단합니다. 조금만 찾아보면 서점, 출판사, 기관에서 선정한 추천 도서 목록들이 널려 있고, 그래도 판단이 서지 않으면 주변의 친한 책벌레들에게 물어보면 됩니다. 반면 인터넷에는 정보의 신뢰성과 진위를 판단할 수 있는 단서가 충분치 않습니다. 혹여 있어도 찾는 일이 수월하지 않거나, 어렵게 찾아도 쓸 만한 것인지 파악하기 쉽지 않습니다. 고의로 출처를 숨기거나 속이는 사람들도 허다해 정보와 사실, 지식과 앎에 관하여 분명한 판단을 내리기가 막막합니다. 어두운 시골길을 헤드라이트 없이 운전하는 기분입니다.

; 가짜 앞에서 흔들리다

여러분들을 위해 웹사이트를 하나 가져왔습니다. '멸종 위기에 처한 태평양 북서부 연안 지역의 나무문어tree octopus를 구하자'라는 사이트입니다. 이 웹사이트 대문에 담긴 글과 이미지를 확인하면서 이 사이트가 무엇에 관하여 어떤 정보를 제공하고 있는지, 유익하고 믿을 만한 자료들을 담고 있는지 살펴보십시오.

여러분은 나무문어 사이트를 보고 읽는 동안 무슨 생각을 했고 어떤 질문을 했습니까? 고백컨대, 이 웹사이트는 가짜입니다. 일부러 사람들을 속이려고 만든 자료입니다. 그런데 한 연구에 의하면 이 사이트를 읽은 중학

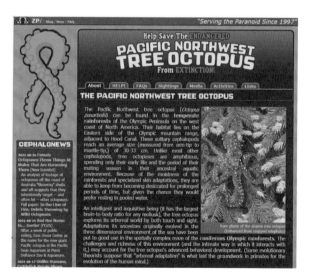

https://zapatopi.net/treeoctopus/
'멸종 위기에 처한 태평양 북서부 연안 지역의 나무문어를 구하자' 홈페이지 대문

생들의 대다수는 그 진위를 전혀 의심하지 않았다고 합니다. 웹사이트의 내용을 적극적으로 이해하려고 상당한 시간을 할애했지만, 정작 해당 사이트의 사실 여부는 의심하지 않았습니다. 사이트가 뭔가 잘못된 것일 수도 있다는 생각을 아예 하지 못했기 때문입니다. 그렇다면 여러분은 어떻게 읽었습니까? 중학생처럼 읽었다고 해도 부끄러워할 필요는 없습니다. 금전 사기를 당하지 않은 것만으로도 다행입니다.

어른들은 이 사이트를 어떻게 읽을까 궁금해진 저는 같은 사이트를 제가 가르쳤던 한국과 미국의 대학생들에게 보여 주었습니다. 처음에는 학생 대부분이 시큰둥했습니다. '이게 뭐야? 날 뭘로 보고!'라고 생각했을 것입니다. 그런데 사이트를 보면 볼수록 점점 빠져드는 학생들의 모습이 보였습니다. 수업 시간에 담당 교수가 요청한 일이니 뭔가 이상하지만 그래도 끝까지 읽어 보려고 노력했을 것입니다. "자, 누가 이 사이트에 대해서 이야기해 줄 사람?"이라고 물었더니 대부분이 이렇게 말했습니다. "이 사이트는 조금 이상해 보여요!" 아무래도 대학생들이 중학생들보다는 낫습니다. 왜 그렇게 생각하는지 물으니 저마다 근거를 들었는데, 몇 가지로 추려 보면 다음과 같습니다.

- 주소가 '닷넷(.net)'으로 끝난다. 닷넷이나 닷컴(.com)은 개인적, 상업적 사이트일 가능성이 높다. .edu(.ac.kr), .gov(.go.kr), .org와 같이 정부 기관이나 대학 같은 공공 사이트에 비하면 뭔가 유무형의 이득

을 취하려고 운영하는 사이트처럼 보여 믿기 어렵다.

- 디자인이 세련되지 못하다. 색감이 촌스럽고 레이아웃도 조악하다. 폰트 크기가 작고 줄 간격이 촘촘해서 글 정보도 눈에 잘 들어오지 않는다. 일반 대중이 볼 것이라고 생각하고 전문적으로 제작된 사이트 같지 않다.

- 영상 자료들이 링크되어 있는데 공신력을 확신하기 어려운 것들이다. 사이트 본문에 논문이나 학술서 같은 믿을 만한 인용 자료가 없어서 정보의 출처와 전문성도 확인하기 어렵다.

여러분도 그렇게 생각했습니까? 그렇다면 비판적 독자입니다. 사이트의 디자인, 정보의 출처, 사이트의 주체에 대해서 검토하려는 태도가 신중해서 좋습니다. 자신의 판단에 대한 근거를 찾아 조목조목 설명한 점도 눈에 띕니다. 이 정도면 웹사이트가 진짜인지 확인하고 싶어질 것이고, 구글에 검색하면 이 사이트가 가짜라는 제보들을 금방 확인할 수 있습니다. 좋은 출발입니다. 그런데 저라면 이에 더하여 다음과 같은 바보 같은 질문들도 해 볼 것 같습니다.

- 문어가 나무에 사는가?
- 문어의 서식지는 어디인가?
- 나는 문어에 대해서 얼마나 알고 있는가?

• 문어에 대한 나의 지식은 믿을 만한가?

생각해 봅시다. 지금 우리가 읽고 있는 디지털 자료는 '나무문어'에 관한 것입니다. 그런데 이 지구상에 정말 나무문어라는 동물이 존재합니까? 혹시 이 질문을 들었을 때 "그런가?"하며 여러분의 동공이 주체할 수 없을 정도로 요동쳤습니까? 문어는 바다, 그러니까 물에서 살아야 하는데, 문어 같은 것들이 산에 사는지, 그래서 산낙지입니까? 바위에 붙어사는지, 그래서 돌문어입니까? 나무 위에 엎드려 사는지에 관한 여러분의 상식이 정말 확고했습니까? 문어가 당연히 물에 산다는 걸 알아도 좀처럼 갈피를 잡지 못하는 여러분의 마음은 이 사이트 때문입니까, 여러분 자신 때문입니까, 아니면 나무문어 때문입니까?

웃자고 한 활동이지만, 마냥 웃고 지나치기엔 씁쓸합니다. 나무문어라는 바보 같은 이야기를 선뜻 사실로 받아들이려 했던 것이 썩 마음에 들지 않기 때문입니다. 이 사이트를 보면서 여러분도 스스로에게 이것저것 질문했을 것입니다. 나무문어에 관하여 이렇게까지 심각해지는 상황이 낯설고 어색해서 조금 더 해보려다 멈추었을지도 모릅니다. 너무 당연한 질문, 답이 있어 보이는 질문이라고 무시했거나 아주 상식적인 것들을 공연히 따져 묻는 것 같아서 주저했을지도 모릅니다.

읽기는 독자와 텍스트의 상호작용입니다. 텍스트는 독자를 자극하고, 이런 자극에 어떻게 대응할지를 판단하는 것은 전적으로 독자의 몫입니다.

그런데 그 근거를 어디에 두어야 하는지를 판단하는 일이 쉽지 않습니다. 나무문어 웹사이트가 진실인지 거짓인지, 믿을 만한 것인지 아닌지, 과학적으로 그럴듯한지 사기인지를 판단하는 일차적인 근거는 여러분이 이미 가지고 있는 지식입니다. 어떤 것에 대하여 정교하면서도 통일된 형태의 '선행 지식prior knowledge'을 얼마나 가지고 있는지가 여러분이 정보를 정확하게 이해하고 판단하는 과정에 직접적인 영향을 미칩니다. 수중 동물인 문어에 관한 지식이 확고하다면, 그럴듯한 나무문어를 봐도 "이건 가짜야!"라고 자신 있게 말할 수 있듯이 말입니다.

좋은 디지털 독자가
되는 법

자기 자신에게 도대체 내가 알고 있는 것이 무엇이고 그렇게 생각하는 근거는 또 무엇인지 굳이 따져 묻는 사람은 별로 없습니다. 문어처럼 상식적이라고 생각하는 것들에 대해서는 더욱 그렇습니다. 그런데 잘 알고 있다고 생각하는 대상에 대해서도 판단이 흔들리는데, 고도로 전문화된 내용의 인터넷 자료를 보고 자신 있게 쓸 만하다고 단정할 수 있습니까? 내가 정보의 가치를 판단하는 과정이 합리적이고 믿을 만한 것이라고 어떻게 확신할 수 있습니까?

디지털은 우리를 '알 수 없는 공간unknowable space'으로 떠밉니다. 확실하게 지각하고 인지하지 못하면 제대로 판단할 수 없습니다. 때문에 디지털 환경에서 제대로 읽는다는 것은 인식론의 측면에서 보면 절대 얕잡아 볼 과업이 아닙니다.[2] 개인의 인식론이란 지식의 본질, 앎의 과정에 대한 저마다의 이론입니다. 그런데 아무리 많이 알아도 그것보다 더 많은 것들이 늘 상 넘쳐 나는 곳에서는 누구나 인식론적 한계에 직면합니다. 마음 편하게 들뜬 마음으로 무작정 돌아다니다가는 곳곳에 있는 썩어 문드러진 정보의 쓰레기 더미로 나를 떠밀게 됩니다. 이는 '짐작하기 어려움'의 정도가 갈수록 심화되는 디지털 환경에서 좋은 읽기를 가로막는 근본적인 요인입니다. 코로나19의 감염병 상황에서 매일매일 새롭게 갱신되는 최근의 지적 재앙 사태가 이를 잘 보여 줍니다.

그래도 읽는 일을 멈출 수는 없습니다. 21세기를 살아가는 우리는 도전적인 디지털 공간에서 제대로 읽는 일을 실천하려 애쓰는 디지털 휴먼이어야 합니다. 그러니 무언가를 읽을 때 다음과 같은 몇 가지 기초적인 질문들을 늘 상기해 보면 좋겠습니다.

- 나는 무엇에 대하여 얼마나 잘 알고 있는가?
- 내가 그렇게 알고 있다고 생각하는 근거는 무엇인가?
- 나의 앎을 어떻게 보완할 것인가?
- 내가 무엇을, 왜 읽어야 하는지를 어떻게 판단할 수 있는가?

좋은 디지털 읽기는 자신의 앎의 한계를 자각하는 데서 출발합니다. 다양한 시선과 과학적 근거를 가지고 자신의 앎을 더욱 촘촘하고 견고하게 다져야 합니다. 앎에 관하여 우리는 독립적이어야 합니다. 남의 도움 없이 나의 앎에 대하여 스스로 판단하고 세상의 이치를 꿰뚫을 수 있어야 합니다. 무엇이 지식이고 그것을 어떻게 알게 되는지 대답할 수 있는 '인식론적 독자성epistemic autonomy'을 갖추어야 합니다.

그러나 불행하게도 그 누구도 완벽한 인식론적 독자성을 확보할 수 없습니다. 평생을 한 분야에 매진한 전문가도 자신의 영역을 떠나면 항상 정확한 판단을 내릴 수는 없습니다. 물리학자인 스티븐 호킹 박사가 프랑스 요리사인 자크 페펭보다 아스파라거스 요리에 관하여 더 좋은 판단을 내리기는 어렵습니다.

그래서 좋은 디지털 독자는 자신의 앎에 관하여 높은 수준으로 자각하되, 제한된 앎을 보완해 줄 수 있는 텍스트를 찾아 나섭니다. 이때 나보다 더 믿을 만한 전문적 출처를 다양하게 탐색할 수 있어야 합니다. 즉, 디지털 읽기는 '믿을 만한 사람'과 '안심하고 읽어도 좋을 텍스트'를 찾는 과정입니다. 이러한 일종의 '인식론적 의존성epistemic dependence'은 결코 수동적이고 패배적인 개념이 아닙니다. 외려 앎의 깊이와 경계를 밀도 있게 심화 확장하려는 '겸손한' 독자의 기본자세입니다. 인식론적 독자성과 의존성이 서로 타협되는 지점에서 진정한 앎의 기회가 확장됩니다

9장

읽는 인간이 되기 위한 디지털 읽기 전략

질문하며 읽는
전략적 독자로 성장하기

디지털 환경은 열린 독자를 요청합니다. 이런 독자는 신속하지만 치밀하게 정보의 가치를 판단하면서 읽습니다. 가치판단은 유동적이고 임시적이어야 합니다. 그래야 제약된 범위의 단서를 가지고 어떤 정보가 읽을 만하고 어떤 출처가 믿을 만한지, 그것이 어떤 쓸모가 있는지 찬찬히 검토할 수 있습니다. 자신의 가치판단을 지속적으로 갱신하는 것입니다.

좋은 독자는 자신과 타인, 세상의 앎에 겸손하기 때문에 다양한 읽기 전략들을 문제 상황에 맞게 활용할 줄 아는 인지적으로 능숙한 독자입니다. 자신이 어떻게 읽고 있는지 까탈스럽게 질문하면서 읽기의 목적과 상황에 비추어 메타인지적으로 읽는 출중한 독자입니다. 흔히 말하는 '전략적 독자strategic reader'입니다. 전략적 독자는 스스로의 읽기 과정에 대한 가장 단순한 질문들에 가장 적극적으로 응답합니다. 이 장에서는 제대로 읽을 줄 아는 디지털 독자들이 스스로에게 묻는 다음의 네 가지 질문들에 답해 보는 시간을 가지려 합니다.[1]

- 무엇을 읽어야 하는가?
- 어떻게 연결하여 이해하는가?
- 언제, 왜 그렇게 판단하는가?
- 나는 제대로 읽고 있는가?

디지털 읽기 전략 1.
선택: 무엇을 읽어야 하는가?

생산적이고 창의적인 읽기를 하려면 독자 스스로 좋은 텍스트를 찾고 선택할 수 있어야 합니다. 일상의 읽을거리들은 대부분 누군가로부터 주어진 것들입니다. 그중에는 나보다 책을 잘 읽는 사람들, 더 많이 읽는다고 여겨지는 사람들이 골라 준 것들이 많습니다. 부모님, 선생님, 형제, 직장 동료, 유명인, 지도자, 전문가와 같은 개인에서부터 출판사, 도서관, 언론사, 대학 같은 기관이나 공동체에서 선정한 것들입니다. 이렇게 '추천된' 책들 모두 나의 읽기를 충만하게 합니다. 그러나 디지털 읽기에서는 조금 더 과감하고 독립적일 필요가 있습니다. 디지털상의 읽을거리들은 완성된 책의 형태로 출간된 것들도 있지만, 대개는 특정한 사안을 다룬 개별 문서나 이미지, 각종 자료의 형태로 올려져 있기 때문입니다. 그러니 디지털 읽기는 '주어진 읽기'라기보다는 '찾아가는 읽기'에 가깝습니다.

디지털 환경에서 '어떻게 읽을까'라는 질문은 '무엇을 읽을까What should I read?'라는 질문에서 답의 실마리를 찾을 수 있습니다. 무엇을 읽을지 선택하려면 무엇보다 '네비게이션 전략navigational strategies'이 필요합니다. 여러분의 멋진 자동차를 떠올려 보십시오. 요즘 같이 갈수록 복잡해지는 교통 상황에서는 아무리 저렴한 모델이라도 네비게이션 없는 차가 없고, 제 아무리 미래형 첨단 차량일지라도 네비게이션이 없으면 '깡통'입니다. 디지털 환경에서도 마찬가지입니다. 적극적이면서도 절제된 방식의 정보 네비게이션 과정은 좋은 디지털 읽기에서도 누락될 수 없습니다. 수많은 정보들이 제멋대로 얽혀 있기에 내가 원하는 정보가 어디에 저장되어 있는지, 어떻게 그리로 갈 수 있는지, 나는 지금 어디에 있는지 확인하는 일이 관건입니다. 요즘엔 디지털 공간에서조차도 주어진 것들만을 소비하는 일에 익숙한 사람들이 많지만, 그것만으로 귀한 읽기 시간을 허비한다면 결코 좋은 디지털 독자라고 말하기 어렵습니다.

네비게이션이란 쉽게 말하면 '길 찾기'입니다. 하지만 정보 선택을 위한 생산적인 길 찾기는 자동차의 그것과는 구별됩니다. 가령, 디지털 읽기의 네비게이션은 단계적이고 절차적인 행위입니다. 디지털상에서는 출발지부터 목적지까지의 '읽기 경로the path of reading'가 아름다운 분홍색 선으로 안내되지 않습니다. 미리 정해진 길을 따라가는 것이 아니라 이전에 없던 새로운 구간들을 하나하나 공정해 나가야 합니다. 결과적으로 독자 스스로 '읽기 순서the order of reading'를 결정해야 합니다. 좋은 디지털 독자는 상황에 따라 변주되는 나만의 순서로 텍스트를 골라 읽습니다. 때로는 지금까지의 순서를 폐기하고 아예 다른 대안적 순서를 모색하기도 합니다. 이것은 창의적이면서도 신중한 선택과 노력을 요구합니다. 그래서 디지털 읽기의 정보 네비게이션 전략은 길 찾기보다는 '길 닦기'에 가까운 행위입니다.

네비게이션은 읽기의 불확실성을 줄이려는 노력입니다. 인터넷에서는 필요한 정보를 찾고 싶어도 정작 그것이 무엇인지 정확하게 알지 못하는 경우가 다반사입니다. 그래서 정보의 범위를 좁혀 가면서 자신에게 필요한 것들을 구체화해야 합니다. 이런 작업은 독자의 의식적이고 반성적인 사고를 요구합니다. 정보를 찾으면서 동시에 자신이 어떤 경로와 순서로 디지털 공간을 탐색하고 있는지 자동으로 성찰할 수 있는 사람은 거의 없습니다. 이런 일의 진행 과정을 이해하는 유일한 방법은 메타인지적인 주의와 노력뿐입니다. 계획하기(어떻게 찾지?)와 점검하기(잘 찾고 있나?), 판단하기(효과가 있었나?)와 조정하기(다르게 찾아볼까?)를 위해서 스스로에게 던지는 질문들은 메타인지적 정보 탐색에 도움이 됩니다.

정보 찾는 일이 뭐가 그리 중요한가, 내용만 이해하면 그만 아닌가라고 반문할 수 있습니다. OECD의 보고서를 비롯하여 최근의 공신력 있는 연구 결과들에 의하면 내용을 이해하는 독해 능력만큼이나 정보를 건설적으로 탐색하는 능력, 즉 네비게이션 능력이 디지털 읽기의 결과(얼마나 잘 이해하였는가의 정도)에 상당한 영향을 미친다고 합니다. 좋은 정보를 필요한 만큼 찾을 수 있으면 그만큼 좋은 내용들을 배우고 이해할 수 있는 기회가 마련됩니다. 밤을 새워 열심히 읽어도, 읽은 것들이 믿지 못할 것들이거나 쓸모없는 것들이라면 고된 수고가 허사로 돌아갑니다. 고의로 건드리지 않아도 언젠가 무너질 사상누각 같은 읽기를 방지하려면 효과적인 네비게이션 전략이 필수적입니다.

디지털 읽기 전략 2.
연결: 어떻게 통합할 것인가?

다양한 자료들을 활용할 수 있다는 것은 디지털 읽기의 큰 장점입니다. 그래서 좋은 디지털 읽기는 주어진 한 편의 글을 처리하면 완결되는 일반적인 읽기 활동이 아니라 복수의 자료들을 한꺼번에 취급하는 조금 복잡한 활동입니다. 하이퍼링크로 연결된 인터넷 사이트와 웹페이지는 의미적으로 딱히 필연적 관계를 갖지는 않습니다. 이것들을 통합적으로 이해하는 것은 오롯이 독자의 몫입니다. 100가지의 좋은 자료들을 수집해도 그것들을 따로 떨어진 것들로 취급하는 것은 싱거운 읽기입니다. 그보다는 자료들이 서로 어떻게 같고 다른지, 어떤 점에서 나의 이해에 도움이 되는지 판단하고 정리할 수 있어야 깐깐한 읽기가 가능합니다.

조금 이론적으로 설명해 보겠습니다. 저명한 인지과학자이자 독해 연구자인 월터 킨취Walter Kintsch(1932~)는 독자가 글을 이해하는 인지적 과정을 머릿속에 텍스트에 관한 '정신 모형mental model'을 짓는 일에 빗대어 설명했습니다. 글의 내용을 정확하게 파악하고 의미를 추론하여 하나의 잘 짜인 시스템으로 구현할 때 비로소 '이해'가 도모된다고 본 것입니다. 비유하자면, 사랑하는 사람이 생기면 그의 습성과 성향, 외모와 행동, 마음과 태도, 신념과 가치관, 냄새와 촉감 등 '그 사람'이라는 텍스트의 모든 정보를 알뜰히 통합하여 하나의 체계적인 모형을 만듭니다. 처음엔 '그에 관한 모형'이지만, 그에 대한 나의 반응과 함께 합쳐지면서 그에 관한 '나의 모형'으로 진화합니다. 그래서 누군가 그에 대해 물으면 여러분은 그에 대하여, 그리고 그를 읽은 나에 대하여 줄줄이 이야기를 꺼내 놓을 것입니다. 텍스트의 이해란 생각만 해도 설레는 일 아닙니까?

세계적인 읽기 심리학자인 찰스 퍼페티Charles Perfetti(1940~)는 킨취의 독해 이론을 여러 문서를 동시에 취급하는 '다문서 읽기' 상황에 적용하여 확장하였습니다. 이런 읽기는 개별 문서에 대한 이해에 더하여 문서들 전체를 포괄하는 큰 주제, 메시지, 의미도 이해해야 완결됩니다. 이를 위해 좋은 독자는 각각의 문서들이 서로 어떻게 관련되는지 파악하려고 노력합니다. 비유컨대, 한 가족의 구성원 개개인에 대해 알고 있다고 해서 그들을 묶어 하나의 가족으로 설명하기엔 부족합니다. 아빠와 엄마, 부모와 자녀, 형과 동생, 언니와 할머니를 구분해야 하고, 이들의 관계가 서먹서먹한지, 은근히 챙겨 주는지, 성격은 누구를 닮았고 누구와는 상극인지 등에 대한 관계 지도를 그려 봐야 종합적으로 이해가 됩니다. 어떻습니까, 텍스트의 이해란 생각만 해도 복잡한 일입니까?

저는 지난 십여 년 동안의 연구를 통해서 킨취와 퍼페티의 이론을 디지털 읽기의 상황에 어울리는 방식으로 확장해 왔습니다. 요컨대, 디지털 독해는 세 가지의 정신 모형을 요구합니다.

- **텍스트 내용 모형**: 나는 지금껏 어떤 정보를 읽고 이해했는가?
- **텍스트 관계 모형**: 내가 읽은 자료들은 서로 어떻게 관련되는가?
- **텍스트 구성 모형**: 나는 어떤 방식으로 나만의 텍스트 환경을 구축
  했는가?

먼저, 디지털 자료에 담긴 정보를 이해하면서 머릿속에 만드는 정신 모형입니다. 저는 이것을 텍스트의 '내용 모형model of text content'이라고 부릅니다. 지금까지 읽었던 모든 자료들에 대한 정확한 이해입니다. 킨취의 모형이자 '사랑하는 이의 이해 모형'입니다. 이를 위해서 좋은 독자는 다양한 의

미 구성 전략을 사용합니다. 가장 중요하게는 자신의 배경지식을 적극 활용하면서 다양한 글 자료에 드러나거나 또는 숨겨진 의미들을 추론하고 정교화합니다.

내용 이해는 텍스트들 간의 관계 속에서 파악된다고 했습니다. 개별 문서에 대한 이해가 전체 자료들의 집합적 의미를 포괄하지 못하기 때문입니다. 객관화된 숫자나 물리적 실체가 아닌 이상 전체와 부분의 합이 일치하는 경우는 거의 없습니다. 추상적인 기호를 가지고 구체적 의미를 다루는 작업인 글 읽기는 더욱 그러합니다. 그러므로 디지털 독자는 자료들 간의 연관성을 파악하고 이에 관한 창의적, 분석적 이해를 도모할 필요가 있습니다. 그래서 텍스트의 '관계 모형model of text relation'을 지어야 합니다. 이것은 퍼페티의 모형이자 '가족의 이해 모형'입니다.

좋은 독자는 관계 모형을 만들기 위해서 다양한 '연결짓기linking' 전략을 사용합니다. 자료들을 비교하여 일치점과 불일치점을 탐지하며, 주장과 근거, 원리와 적용, 사례와 반례 등 각각의 자료들이 보완적인지 또는 상이한 관점, 논증, 사실, 해석 등으로 상충되는지 나름의 준거로 판단합니다. 12개의 PDF 보고서를 읽어도 할 말이 없는 독자도 있지만, 반대로 서너 개의 자료만으로도 잘 짜인 이야기를 만드는 독자가 있습니다. 후자는 청산유수로 말만 잘하는 사람이 아니라, 텍스트의 관계 모형을 잘 지어서 체계적으로 이해할 줄 아는 독자일 가능성이 큽니다.

좋은 디지털 읽기는 여기서 멈추지 않습니다. 디지털상에서는 텍스트를 선택하는 과정도 이해의 일부입니다. 실제로 많은 연구들에 의하면, 일관성 있게 하이퍼링크와 웹 자료를 선택한 사람들이 이것저것 산만하게 링크를 클릭한 사람들보다 훨씬 더 짜임새 있게 정보를 이해한다고 합니다. 당연한 말입니다. 스스로의 식생활을 '과정적'으로 이해하는 사람들은 그렇지 않은 사람들에 비해서 칼로리와 영양의 균형을 갖춘 식단을 일관되게 유지할 가능성이 높습니다. 내가 뭘 먹고 뭘 마시는지, 뭘 먹어야 하고 뭘 먹지 말아야 하는지 제대로 파악하고 있기 때문입니다.

이렇게 텍스트를 선택하는 과정에 대한 이해를 텍스트의 '구성 모형 model of text construction'이라고 합니다. 여기서 텍스트의 구성이란 없는 텍스트를 새롭게 저작한다는 의미가 아니라, 자신이 읽고 싶은 것들로 이루어진 '텍스트 환경을 구축'한다는 뜻입니다. 저의 모형이자 '균형 식단의 모형'입니다. 결과적으로 이해의 과정은 이가 잘 맞는 크고 작은 톱니바퀴들의 운동 같은 것입니다. 하나가 움직이면 다른 것들도 그에 걸맞은 속도와 궤적으로 운동합니다. 하나가 말썽이면 다른 것들도 틀어집니다. 다양한 디지털 자료들을 통합적으로 이해하기 위해서는 이 세 가지 정신 모형이 꼭 맞는 한 세트의 톱니바퀴들처럼 제 역할을 해야 합니다.[2]

그렇다면 글을 읽고 난 후 우리의 정신 모형이 제대로 만들어졌는지는 어떻게 판단합니까? 그 기준의 하나가 응집성coherence인데, 여러 정보들이 하나의 틀에 얼마나 짜임새 있게 뭉쳐져 있는지의 정도입니다. 사람들은 누구나 자신만의 '응집성 기준standards for coherence'을 가지고 있습니다. 이

좋은 디지털 독자가 지향하는 정신 모형의 응집성

기준이 높은 사람은 어려운 글이라도 끝까지 파고듭니다. 지금보다 더 정교한 정신 모형을 만들기 위해서입니다. 반대로 응집성 기준이 낮은 사람은 부실한 정신 모형만으로도 만족하기 때문에 쉬운 글도 대강 읽고 "이 정도면 충분하지 뭐!"라며 쉬이 멈춥니다.

　그런데 인터넷 공간에서는 우리의 응집성 기준이 느슨해지기 십상입니다. 나와 크게 관련 없는 정보들을 관성적으로 처리하는 읽기 행동들이 우리의 인지 공간을 잠식하기 때문입니다. 교통량이 증가하고 교통 흐름이 복잡해지는 지옥의 러시아워 시간에 평상시처럼 아무 생각 없이 운전을 하면 예기치 않게 접촉 사고를 낼 수 있습니다. 좋은 독자는 파편적 정보들이 빗발치는 혼돈의 인터넷 정보 공간에서 태만하지 않기에 산만해지지도 않습니다. 이것이 이들이 읽기에 성공하는 이유입니다. 상황에 따라 응집성 기준이 분명하면 더 읽어야 할 때와 적당히 멈추어야 할 때를 비교적 잘 판단할 수 있습니다. 그렇다면 여러분의 응집성 기준은 얼마나 엄격하고 얼마나 느슨합니까?

디지털 읽기 전략 3.

평가: 무엇이, 언제, 왜 필요한가?

디지털 읽기는 비판적 읽기의 연속입니다. 그런데 저는 비판적 읽기에 대한 사람들의 날선 반응에 가끔 당황합니다. "무엇을 비판한다는 것인가?" "비판이 좋단 말인가?" "세상살이도 팍팍하고 거친데 굳이 남을 비판하면서 읽어야 하는가?" 등의 반응입니다.

비판이라는 물질이 사람들의 마음에 알레르기 반응을 일으키는 까닭은 아마도 '비판적'이라는 단어에서 연상되는 우리의 경험 때문일 것입니다. 비판적이라는 말을 들으면 마음속에서 이유 없이 거친 감정이 일어납니다. 국어사전에도 비판적이라는 말은 '현상이나 사물의 옳고 그름을 판단하여 잘못된 점을 지적하는 것'이라고 가장 앞줄에 소개되어 있습니다. 남이 지적하는데 기분 좋을 사람은 없습니다. 지적하는 일을 좋아하는 사람도 많지 않을 것입니다. 비판적 태도, 비판적 언사, 비판적 견해와 같은 말들을 듣는 일이 불편한 이유입니다.

그런데 '비판적'이라는 뜻의 영어 단어인 'critical'은 사뭇 다른 느낌을 줍니다. 이 단어는 크게 '중대하다' '위중하다' '판단하다'의 의미로 쓰입니다. 어떤 도움이 정말 중요할 때 'critical help'라고 말합니다. 병세가 위중한 사람에게 'critical condition'에 있다고 표현합니다. 평범한 맨눈에 직접 보이지 않는 어떤 사안의 이면을 관찰하여 판단을 도출할 때는 'critical judgment'라고 표현합니다. 그러니까 비판적이라는 말은 현상에 대한 세밀한 관찰, 드러나지 않은 것들에 대한 정교한 추론, 일의 맥락을 고려한 합리적 판단을 수반합니다. 사안에 따라 비판적 읽기는 중요하지만 그 일 자체가 위태한 것이기도 합니다. 그래서 차가운 머리를 요구하는 사유 방식입니다.

비판적 읽기는 상대를 무고하게 '비난'하는 것이 아니라 나와 우리의 주장 이면에 가려진 목소리들에 주의를 기울이는 따뜻한 사유의 방식이기도 합니다. 비판적 읽기를 거부하는 읽기로 오해하면 곤란합니다. 비판적으로 읽기 위해서는 외려 상대를 깊이 이해할 줄 알아야 합니다. 상대를 이해하기 위한 근거를 다양한 출처에서 확인해야 합니다. 개인의 경험, 전문가의 지식, 대중의 여론 그리고 텍스트 등에서 말입니다. 나의 판단을 지지할 만한 제대로 된 근거를 찾기 위해서는 우선 정확하게 읽어야 합니다. 정확하게 읽기 위해서는 저자의 주장과 논리 그리고 저간의 심정을 이해해야 합니다. 말하지 않아도 알기 위해서는 꼼꼼하게 읽는 '정성'이 필요합니다. 저

【비판적 읽기의 과정】

꼼꼼하게 읽기	정확하게 읽기	분석적으로 읽기	논증적으로 읽기	맥락화하여 읽기
저자는 무슨 말을 하고 싶은 것인가?	그 말을 정확하게 어떻게 표현하고 있는가?	어떤 표현 도구와 장치를 동원하고 있는가?	주장과 근거, 그것이 연결되는 논리는 무엇인가?	언제, 어디서, 어떤 목적으로 제작되었는가?

자의 언어를 놓치지 않고 차근차근 의미를 살려 이해하려는 노력이 선행되어야 합니다.

인터넷에서는 링크를 클릭하기 전에도, 웹페이지를 읽는 중에도, 필요한 것들을 다 읽고 난 후에도 비판적이어야 합니다. 속도와 정도가 다르지만 자료 하나를 읽어도 여러 번에 걸쳐서 이런 일들을 해야 합니다. 특히, 디지털 환경에서는 정보의 출처source와 기원provenance에 어느 때보다 민감해야 합니다. 즉, 정보가 어디에서 왔는가의 문제인데, 두 가지 차원에서 접근해야 합니다. 정보를 직접 생산한 사람(저자)과 정보의 생산 및 유통에 관여한 미디어입니다. 최저임금에 관한 칼럼을 읽을 때는 누가 썼는지도 알아야 하지만 어느 신문사에 실렸는지도 확인해야 합니다.

저자가 누구인지 확인하는 일은 생각보다 단순하지 않습니다. 나와 말을 섞기 싫어하는 저자와 대화를 시도해야 하기 때문입니다. 그래도 필요한 것을 알아내기 위해서는 친절하게 대화를 이끌어야 합니다. 다소 껄끄럽지만 좋은 질문을 던져야 하고, 상대의 대답도 잘 들어야 합니다. 텍스트를 읽는 동안 다음과 같은 질문을 던지면 저자와 대화하는 데 도움이 됩니다.

- **당신은 어떤 사람입니까?** 정직하고 공정한가, 전문적인 내용과 논리를 취급하는가, 특정 가치관이나 신념에 경도되어 있지 않은가, 명성과 신뢰를 갖추고 있는가?
- **누구를 위한 텍스트입니까?** 일반 독자, 전문 독자, 정치적 관점을 공유하는 독자, 관점과 주장이 상이한 독자, 기호와 선호가 다른 독자 등 주요 독자는 누구인가?
- **당신은 어떻게 사람들을 대합니까?** 특정 개인 및 단체의 입장을 옹호하는가, 의견이 다른 사람들에게 귀 기울이는가, 이해 당사자들의 시선과 목소리를 의도적으로 왜곡 또는 배척하는가?
- **왜 이 텍스트를 만들었습니까?** 개인의 영리 목적인가, 공공의 이익을 추구하는가, 사람들의 각성을 요구하는가, 타인의 행동을 변화시키려 하는가?

책을 읽을 때, 정보를 확인할 때, 텍스트를 이해할 때 이런 질문들을 던져 보십시오. 읽는 동안에는 사실 저자를 대면할 일도 없기 때문에, 조금 과감하게 질문해 보십시오. 조금 꼼꼼하게 질문하고 그 질문에 답할 수 있는 근거들을 지금 읽고 있는 자료에서 찾아 보십시오. 이렇게 연습하면 여러분도 비판적 독자가 되는 첫걸음을 뗄 수 있습니다. 물론 저자에게 이런 질문을 할 때, 독자인 여러분 스스로가 겸손해야 합니다. 섣불리 단번에 후려치며 일반화하는 판단은 금물입니다. 확신이 서지 않을 때는 잠깐 판단을 멈추십시오. 그리고 생각의 속도를 늦추고 더 읽을지 말지를 결정하면 됩니다.

비판적 디지털 독자인 여러분은 미디어에 관해서도 질문할 수 있어야 합니다. 동일한 텍스트라도 그것이 생산, 유통되는 미디어의 본질에 따라 그 가치와 의미가 달라질 수 있습니다. 모든 조건이 동일한 경우 개인 블로그와 전문 기관의 홈페이지 중 어떤 것이 믿을 만하다고 생각합니까? 첨예하고 논쟁적인 정치적 사건이나 주제에 대한 논평은 그 논조와 방향 자체가 대개 그것이 게재될 호스트 미디어에 의해서 결정되기도 합니다. 각종 미디어는 각종 이해관계에서 각종 목표를 추구합니다. 대개 신문이나 방송과 같은 거대 미디어는 개인 독자보다 훨씬 더 큰 권력을 가지고 있습니다. 사익이든 공익이든 이익을 추구하기 위한 다양한 장치, 기술, 인력, 자원, 자본, 통로를 지배하고 있습니다. 그러니 미디어에 관해서는 생각보다 더 까칠해져도 됩니다. 다음의 질문들은 막강한 권력을 가진 미디어와 대화를 시작하는 독자들만의 비장한 무기입니다.

• 해당 자료의 생산과 유통, 재생산 과정에 어떤 미디어들이 관련되어 있는가?

- 미디어들의 공정성, 신뢰성, 전문성, 공공성을 어떻게 판단할 수 있는가?

- 사람들의 시선과 주의를 잡아끌기 위한 미디어적 도구와 장치는 무엇인가?

- 미디어가 옹호하는 생활 방식, 사회계층, 가치관, 세계관 등은 무엇인가?

- 미디어가 특정한 생활 방식, 사회계층, 가치관, 세계관 등을 왜곡하거나 배척하는가?

- 왜 미디어는 특정 자료를 생산, 유통, 재생산하는 일을 주도하고 있는가?

비판적 읽기는 대화의 과정입니다. 대화의 과정은 공감하고 나누는 과정입니다. 어떤 정보나 자료를 읽고 나서 나의 견해와 판단을 정리하고 나면, 그것의 생산자나 저자가 나의 결정을 어떻게 받아들일지 사려 깊게 돌아봐야 합니다. 내 눈앞에 저자가 서 있지 않다고 해서 그의 관점과 심정을 무시하는 것은 좋은 대화가 아닙니다. 가장 좋은 대화는 잘 듣는 일에서 시작하며 한 번 더 듣는 일로 마무리됩니다. 저자와 생산물에 대한 나의 의견과 판단을 공유함으로써 더욱 현명하고 합리적인 의사 결정을 내릴 수 있습니다.

디지털 읽기 전략 4.

점검: 나는 제대로 읽고 있는가?

비판적 읽기가 저자와의 대화라면 메타인지적 읽기는 나 자신과의 대화입니다. '나는 제대로 읽고 있는가?'라는 질문은 좋은 디지털 읽기의 마중물입니다. 이런 질문을 적재적소에서 잊지 않고 던질 수 있는 사람은 독자적 독자, 인디펜던트 리더가 되는 일종의 중요한 자격증 하나를 딸 수 있습니다.

여러분을 위해서 체크리스트를 하나 준비했습니다.[3] 이 체크리스트의 가장 왼쪽을 보면 디지털 읽기 과정에서 자기 자신에게 질문을 던져야 하는 네 가지 상황을 제시합니다. 그다음 각각의 상황에서 사용할 수 있는 간단한 자기 점검 질문들을 네 개씩 제안합니다. 그 오른쪽에는 각각의 질문으로 얻을 수 있는 이점이 기술되어 있습니다. 그리고 중간에 실제 여러분의 질문 행동을 체크할 수 있는 칸이 마련되어 있습니다. 실제로 이 체크리스트를 여러분 읽기에 적용해 보면 좋겠습니다. 물론, 사용하기 전에 체크리스트가 어떤 요소로 구성되어 있고, 이 체크리스트를 어떻게 사용해야 하는지 꼼꼼하게 살펴보아야 합니다.

그리고 나선 연습 삼아 한번 시도해 봅시다. 디지털 공간에서 '자료를 탐색하고 선택할 때' 스스로에게 '지금 읽고자 하는 주제와 목적에 대해서 나는 얼마나 알고 있는가?'라고 물어봅시다. 그리고 '나의 응답'에 '그렇다'

혹은 '아니다'라고 표시하십시오. 이어지는 질문들도 필요할 때 스스로에게 묻고 답을 체크하면 됩니다. 마지막으로 어느 정도 디지털 읽기가 진행되면, 앞의 질문을 통해서 '주제와 목적에 관한 나의 배경지식을 적극 활용할 수 있다'라는 진술에 그렇다고 답할 수 있는지 되돌아봅니다. 그리고 그 결과를 오른쪽 '나의 응답'에 표시합니다. 나머지 항목들에 대해서도 같은 방식으로 진행합니다.

몇 가지 당부가 있습니다. 사실, 순서는 크게 상관이 없습니다. 인터넷에서 글을 읽는 동안 편의에 따라 해당되는 항목을 골라서 무작위로 진행해도 됩니다. 다만, 이 표에 있는 모든 질문을 소화해야 하고 최대한 솔직하게 응답해야 합니다. 시험을 보듯 스트레스 받으면서 할 필요는 없지만, 대충하지는 말라고 강조하고 싶습니다. 자, 이제 한번 해 봅시다. 업무를 위해서, 공부를 위해서, 여가를 위해서, 그냥 심심해서 디지털 읽기를 할 때 이 체크리스트를 사용해 봅시다. 두세 번 정도 시도해 보면 좋습니다.

이 점검표는 저와 동료들이 지난 15년간 청소년들의 인터넷 읽기에 관한 여러 가지 연구 프로젝트를 수행하면서 얻은 결과들을 가장 쉽게 표현한 것입니다. 좋은 디지털 독자들이 사용하는 인지적, 메타인지적 전략들을 범주화하여 누구나 사용할 수 있는 자기 점검표를 만든 것입니다. 실제로 이 체크리스트를 가지고서 미국 고등학생들을 대상으로 디지털 읽기 수업을 설계하고 그 효과를 검증하는 연구도 수행했는데, 결과가 고무적이었습니다. 학생들이 아주 좋아하는 수업 활동 중 하나였고, 디지털 읽기를 할

【나는 인터넷에서 어떻게 읽는가】

(나의 인터넷 읽기 전략 점검표)

디지털 공간에서	스스로에게 물어봅시다	나의 응답	그렇게 하면 이렇게 읽을 수 있습니다	나의 응답
자료를 탐색하고 선택할 때	지금 읽고자 하는 주제와 목적에 대해서 나는 얼마나 알고 있는가?		주제와 목적에 관한 나의 배경지식을 적극 활용할 수 있다.	
	나의 읽기 주제와 관련된 검색어를 다양하고 정교하게 사용할 수 있는가?		어떻게 효과적으로 자료를 검색할지를 계획하고 변용할 수 있다.	
	나의 읽기 목적에 부합하는 자료들을 찾으려고 노력하는가?		읽기 목적에 관련성이 높은 자료와 링크를 효과적으로 선택할 수 있다.	
	나의 읽기 목적에 맞지 않는 자료들을 잘 걸러 내는가?		읽기 목적과 무관한 자료 또는 링크를 효과적으로 회피할 수 있다.	
여러 자료를 연결하여 이해할 때	지금 읽고 있는 자료가 앞서 읽었던 자료들과 관련되는가?		자료들이 어떻게 연결될 수 있을지 검토할 수 있다.	
	지금까지 읽은 자료들이 서로 보완적이거나 충돌하는가?		수집한 자료들의 관계를 다면적으로 파악할 수 있다.	
	지금까지 읽은 자료들을 통해서 읽기 주제에 관해 큰 그림으로 이해할 수 있는가?		지금까지 읽으면서 구축한 거시적 이해가 무엇이고 어떠한지 평가할 수 있다.	
	지금까지 읽은 것 이외에 새로운 근거, 상이한 주장, 또는 반대 관점에 대해서 더 알아볼 필요가 있는가?		어떻게 후속 자료를 검색해야 할지 계획할 수 있다.	
자료를 검토하고 평가할 때	지금 읽고 있는 자료에 누가 만들었는지, 언제, 어디서 출판, 게재, 생산된 것인지에 대한 정보가 포함되어 있는가?		자료의 신뢰성을 판단하기 위하여 저자 및 출처 정보를 확인할 수 있다.	
	지금 읽고 있는 자료가 내가 생각하는 정확성과 신빙성의 기준에 부합하는가?		다양한 정보들 중에서 양질의 자료를 선별할 수 있다.	
	지금 읽고 있는 자료가 주제에 관한 나의 이해를 증진하는 데 도움이 되는가?		나의 읽기에 궁극적으로 도움이 되는 효용 가치가 높은 자료를 선별하여 집중할 수 있다.	
	지금 읽고 있는 자료가 지금까지 읽었던 자료들에 더하여 추가적으로 새롭거나 다양한 관점과 지식을 제공하는가?		자료의 중요성과 기여도를 나의 이해 증진 정도에 준하여 판단할 수 있다.	
나의 읽기 과정을 점검하고 조정할 때	나의 읽기에 기여하는 하이퍼링크를 선택하고 있는가?		일관성 및 통일성 있게 하이퍼링크의 선택 행위를 운영할 수 있다.	
	나의 읽기 주제에 분명하게 관련되는 자료들을 찾고 있는가?		내가 수행하고 있는 자료 탐색 과정들을 조절할 수 있다.	
	내가 정한 읽기의 폭과 깊이에 비추어 볼 때 취급할 만한 수의 자료들을 선택하고 있는가?		언제 읽기를 멈추어야 할지, 언제 더 찾아 읽어야 할지 정보 탐험의 충족성과 범위, 진척도를 결정할 수 있다.	
	내가 가진 글 읽기 목적을 점진적으로 성취하고 있는가?		지금껏 얼마나 능동적이고 효과적으로 읽었는지 의미 구성 과정을 나의 향상된 이해 수준에 비추어 평가할 수 있다.	

때 스스로에게 질문하는 좋은 독자의 모습을 만들어가는 데 효과적인 지도 방법이었습니다.

세상을 읽는
특별한 독자 되기

저는 여러분에게 디지털 시대에 '특별한 독자'가 되라고 말해주고 싶습니다. 그렇다면 디지털 시대에 특별한 독자는 어떤 사람입니까? 여러분에게 고백하자면, 가장 특별한 디지털 독자는 '가장 상식적인 독자'입니다. 제가 특별한 독자가 되길 주문한 이유는 요즘 사람들이 우리가 생각하는 것만큼 그다지 상식적으로 읽지 못하기 때문입니다. 상식적인 것들만 잘해도 특별한 독자가 될 수 있지만, 많은 이들이 상식적으로 찾아 읽고 생각하고 판단하는 일 자체를 어려워합니다. 그 상식에 대해 몇 가지 정리하고자 합니다.

먼저 디지털 시대에 '나를 아는 독자'가 되길 바랍니다. 나를 안다는 것은 무엇입니까? 앞에서도 누차 언급한 것처럼 자신에 대해서 잘 알고 있어서 스스로 생각을 점검하고 조정할 수 있는 메타인지적 독자입니다. 인지란 생각하는 것입니다. 메타란 '무엇 위에 있다'라는 뜻입니다. 그러니까 메타인지라는 것은 '나의 생각을 생각한다'는 뜻입니다. 내가 무엇을 알고 무엇을 알지 못하는가를 정확히 알려고 하는 노력입니다. 내가 무엇을 할 수 있고 무엇을 하기 어려워하는지를 알기 위해 특별한 주의를 기울이는 일입니다. 나에게 지금 필요한 것이 무엇이고 필요 없는 것이 무엇인지, 내가 지금 당장 해야 하는 것이 무엇인지를 정확하게 판단하여 행동하는 것입니다.

우주와 같은 인터넷에서, 바다와 같은 디지털 공간에서 여러분 스스로 무엇을 알고 있고 무엇을 할 수 있는지를 되돌아보아야 합니다. 그것에 대해 겸손하게 질문하고 성실하게 답할 수 있는 독자가 되어야 합니다. 문어의 서식지가 나무 위가 아닌 물속이라는 걸 정확히 알아야 하고, 그 사실을 내가 확실하게 알고 있는지 겸손하게 판단해야 합니다. 내가 알고 있는 지식이 괜찮은 것이라면 그것을 활용해서 디지털 자료들이 믿을 만한 것인지 결정할 수 있어야 합니다. 더욱 합리적이고 근거를 갖춘 판단이 필요하다면 나무문어가 세상에 존재하는가를 더 찾아봐야 합니다. 그렇게 찾은 텍스트들을 연결하고 활용하여 '나무문어는 가짜일 것이다'라는 잠정적 결론에 도달할 수 있어야 합니다.

다음으로, 불확정성의 디지털 시대에는 '세상을 읽는 독자'가 필요합니다. 그래서 비판 정신, 즉 '크리티캘러티criticality'를 갖춘 독자가 되어 보길 권합니다. 비판적으로 읽기 위해서는 정확하게 읽어야 합니다. 뭐든 꼼꼼하고 정확하게 읽는 것이 가장 중요합니다. 특히 디지털 공간에서는 정확한 정보, 가치가 있는 정보를 찾아서 선택적으로 읽어야 합니다. 두 시간 내내 인터넷 글들을 읽었는데 두 시간 후에 뿌듯함이 없으면 안 됩니다. 여기저기 흘러 다니는 자극적 정보들을 따라 이리저리 떠다녀서는 안 됩니다. 그러면 방향을 잃게 됩니다. 방향을 잃으면 내가 보이지 않고, 그렇게 되면 분석적이고 비판적으로 생각을 움직일 수 있는 여유가 사라집니다.

방향을 잃지 않으려면 '선택적 읽기selective reading'를 해야 합니다. 모든 것에 주의를 기울여야 하지만, 동시에 그 주의를 중요한 것과 중요하지 않은 것에 고루 분배할 수 있어야 합니다. 가치가 있다고 생각하는 것들을 명민하게 판단하고 나의 목적에 도움이 되는 것들에 더 많은 노력과 시간을 투자해서 읽어야 합니다. 이 과정에서 여러 가지 텍스트와 정보를 창의적으로 연결하여 읽는 힘이 필요합니다. 아무런 관계없이 제각각 떨어져 있는 정보들을 읽는 것은 "아, 그래도 읽었으면 됐지!"라는 자기 위안 이상의 지적 충족감을 보장해 주지 않습니다. 다양한 디지털 자료들을 비판적으로 분석하여 나의 의미, 나의 지식, 나의 이해, 나의 관점이라는 '앎'의 형식으로 통합하여 전환시킬 수 있을 때, 우리는 복잡한 세상을 일관된 안목으로 읽을 수 있는 독자가 될 수 있습니다.

마지막으로, 디지털 시대에는 '나의 목소리로 읽는 독자'가 절대적으로 필요합니다. 디지털 공간 안에는 참으로 다양한 목소리들이 존재합니다. 정치적으로 견해를 달리하는 목소리들, 입장이 다른 사람들의 이야기들, 처지가 서로 다른 사람들의 시선과 심정 같은 것들이 뒤섞여 있습니다. 그중에 반드시 포함되어야 하는 것이 바로 여러분 자신의 목소리입니다. 다양한 자료를 접하고 처리할 때, 다른 사람의 목소리에 휘둘리지 말아야 합니다. 그들의 목소리가 아무리 크고 하는 말들이 아무리 그럴듯해도, 그것을 판단하는 건 나 자신입니다. 판단할 때는 나의 목소리와 그들의 목소리가 동등하게 다루어져야 합니다. 스스로 겸손함을 지키는 가장 좋은 방법은 해야 할 때 할 말을 하는 것입니다.

나의 목소리를 읽는 사람은 들리지 않는 목소리에도 귀 기울입니다. 디지털 공간에는 다양한 목소리와 아이디어, 관점과 견해가 존재합니다. 그러나 그것들이 발현되는 방식과 정도는 아주 제각각입니다. 어떤 목소리들은 너무 우렁차서 잘 들리지만, 어떤 목소리들은 가늘고 힘이 없어 특별히 관심을 두지 않으면 잘 감지되지 않습니다. 디지털 공간에는 명징하게 들리는 것과 보이는 것 말고도 훨씬 많은 시선과 목소리가 자의 반 타의 반 가려져 있습니다. 이렇게 가려진 목소리는 그들이 소리 내어 말할 여건에 있지 못하기 때문입니다. 이때 나는 무엇을 읽는가, 나는 무엇을 읽을 수 있는가, 나는 무엇을 읽어야 하는가에 대해서 깊이 생각해야 합니다. 좋은 독자는 들리지 않는 목소리에 귀를 기울이고 더 나아가서는 작은 목소리를 증폭할 수 있는 건강한 스피커가 됩니다.

디지털 시대의 좋은 독자는 '지구인답게' 읽는 독자입니다. 공동체와 공공성을 생각하면서 읽는다는 뜻입니다. 읽는 일은 오로지 나만을 위한 행동이 아닙니다. 내가 잘 읽으면 내가 속한 공동체에도 도움이 됩니다. 내가 잘 읽어서 합리적인 판단을 하면 우리 사회가 어떤 중대한 사안에 대해 합리적인 의사 결정을 할 수 있습니다. 지구인들이 지구 생태계의 구성원으로서 어울리는 현명한 결정을 할 수 있는 것입니다.

좋은 디지털 읽기란, 정보를 다루는 순간순간의 명민한 선택과 합리적 결정을 통해서 자신의 읽기 목적에 충실한 의미 구성의 공간을 구체화해 나가는 일입니다. 디지털 공간은 세이건의 우주와 같이 광대하고 보르헤스의 도서관처럼 끝없이 확장됩니다. 좋은 디지털 읽기는 정보와 텍스트를 능동적으로 선택하고, 논리적으로 연결하여, 비판적인 관점에서 앎을 새로 고치는 일에 최적화된 '나만의 서재'를 만드는 경험입니다.

동시에 읽기는 정체성을 형성하는 과정이자 정체성을 실천하는 과정입니다. 정체성을 실천하는 독자는 자신의 목소리가 흔들리지 않는 상태에서 다른 사람의 목소리에 귀 기울입니다. 타인의 목소리가 자신의 목소리와 어떻게 같고 다른지 분석하고 절충합니다. 때로는 나의 목소리를 조금 낮춰야 하지만, 필요하면 자신 있게 볼륨을 높일 수도 있습니다. 이것이 유연하고 다양한 공동체적 정체성을 실천하는 읽기입니다. 앞에서 언급한 칼 세이건의 《코스모스》에 이런 구절이 있습니다.

우주는 아마도 수없이 많은 지능적 생명체들로 가득 차 있을 것이다. 그러나 다윈의 진화론이 주는 교훈은 분명하다. 우리가 살고 있는 이 우주 어디에도 우리와 같은 인류는 없다는 점이다. 인류는 단지 여기 이 작은 행성에만 존재한다. 그래서 인류는 멸종 위험에 처해 있는 희귀종이다. 우주적 관점에서 보자면 우리 모두가 하나하나 소중하다. 만일 어느 누군가가 당신에게 동의하지 않는다면 그를 그냥 놔두라. 수백 수천억 개의 갤럭시에서 그와 똑같은 사람을 절대 찾을 수 없기 때문이다. (원서 361쪽)

우주는 넓습니다. 그래서 우리보다 똑똑한 존재들이 있을 가능성이 농후합니다. 우리는 걷고 뛸 수만 있지만, 다른 별에는 새처럼, 비행기처럼 날아다니는 존재들이 있을 수 있습니다. 물속에서 두세 시간 숨도 안 쉬고 헤엄칠 수 있는 존재들이, 우리보다 훨씬 똑똑한 기계를 만들고 로봇을 제작하고 AI를 창조하는 존재들이 있을지 모릅니다.

그러나 우리와 같이 생긴 인간은 바로 이곳, 이 별에만 존재합니다. 디지털 공간에서 글을 읽고 생각할 때 여러분은 자신의 것과 충돌하는 견해와 판단을 발견하게 될 것입니다. 그럴 때 흥분하지 말고 그들이 왜 그런 이야기를 하는지, 왜 그런 글을 쓰는지 짐작할 수 있는 단서들을 찾아보십시오. 그들을 어떻게 이해하고 바라봐야 하는지에 대한 근거를 읽기를 통해 찾는 것입니다. 그러면 여러분은 디지털 시대에 가장 잘 살아남을 수 있는, 가장 평범하면서도 가장 특별한 독자가 될 수 있을 것입니다. 이것이 《코스모스》의 교훈입니다.

4부

새롭게 리터러시를 경험하다

변화된 사회, 새로운 학교

학교는 어떤
곳이어야 하는가

우리는 다양한 생활세계의 맥락에서 제대로 살아가야 합니다. 그러려면 제대로 생각해야 하고, 제대로 생각하려면 제대로 읽고, 쓰고, 대화할 수 있어야 합니다. 즉, 리터러시를 갖추고 실천해야 합니다. 그렇다면 제대로 살아가는 좋은 인간을 길러 낼 수 있는 새로운 학교를 상상하는 이들에게 리터러시라는 도구가 어떤 영감을 줄 수 있을까요?

현대인은 학교에서 성장합니다. 태어난 지 얼마 지나지 않아 나이에 맞춰 유치원에 들어가고, 초등학교에 입학하고, 중학교와 고등학교를 거치면서 자랍니다. 대학교에도 가고 길게는 대학원에도 진학합니다. 좋은 사람이 되기 위해 꼭 배워야 할 지식과 능력을 여러 해에 걸쳐서 학교에서 익히고 연습합니다. 해를 거듭하여 접하는 국어 교실 안에서 언어를 배우고, 과학 수업에서 현상을 배우며, 수학 시간에 공리를 배웁니다. 학교 교육의 내용과 과정은 학생들이 위 학년으로 올라가면서, 상급 학교로 진학하면서 차근차근 세부적으로 중요한 지식과 능력을 갈고 닦을 수 있게 설계됩니다.

학교에서의 성장은 주로 시간 축에 따라 '수직적'으로 진행됩니다. 학교는 개별 교과목에서 요구하는 핵심 지식의 위계와 순서를 가정하고 이를 일직선상에 배열합니다. 특정 교과 학습의 수직적 과정을 거치면서 학생들의 지식이 누적되고 정밀해지기를 바랍니다. 이러한 시스템 안에서 학생들은 각각의 시점에서 배워야 할 것들을 분명하게 완수해야 합니다. 순서대로 지식을 쌓고 기능을 훈련하며, 문제를 해결하고 과제를 수행합니다. 학교에서 배웠던 교과서를 떠올려 보십시오. 모두 과목별, 학년별로 내용이 꾸며져 있습니다. 초등학교 1학년 국어 교과서에서 배우는 것과 고등학교 문학 교과서에서 배우는 것이 사안의 복잡성을 달리하면서 심화 반복됩니다. 이렇게 수직적으로 배열된 교과서를 따라가면서 아이들은 성장합니다. 이것은 세부 영역의 지식을 심화할 수 있는 효율적인 방법입니다.

그런데 아이들은 수직적으로도 성장하지만, 생활세계의 이곳저곳을 두루 돌아다니면서 '수평적'으로 성장하기도 합니다. 수평적 성장은 '공간적' 개념입니다. 가령 아이들의 언어 능력은 국어 시간에도 성장하지만, 과학 시간에도 성장하고, 심지어 수학 시간에도 성장합니다. 비슷한 시간 축 내 다양한 공간에서 언어 사용에 관한 중요한 지식과 능력을 익히고 훈련합니다. 언어를 통해서 사회를 바라보는 아이들의 지식과 능력은 학교 안에서도 성장하지만, 학교 밖에서도 성장합니다. 가정에서도 성장하고, 비슷한 관심사를 가진 친구들과 어울리면서도 성장합니다. 아이들의 언어는 심지어 길거리에서도 성장합니다. 버스를 타고 갈 때도, 지하철을 이용할 때도 성장합니다. 길을 걸을 때도, 다리를 건널 때도, 도서관에 갈 때도 수많은 언어에 노출되고 그것들을 취급하면서 언어 사용자로서의 정서와 사상을 성장시켜 나갑니다.

리터러시도 이렇게 발달합니다. 제대로 읽고 쓰는 데 필요한 지식과 능력은 수직적으로 성장합니다. 어릴 때는 단어와 문장을 유창하게 읽어서 이야기의 맥락을 이해하는 기초 인지 기능을 집중적으로 배워야 하지만, 학년이 올라갈수록 점점 더 복잡한 내용과 구조의 텍스트를 파악하고 이면에 숨겨진 저자의 의도도 판단할 수 있어야 합니다. 다른 한편으로, 읽고 쓰는 역량은 공간적으로도 성장합니다. 실제로 읽고 쓰는 법에 대한 이해, 즉 리터러시가 실천되는 '방식과 맥락'에 대한 이해는 단지 국어 교실뿐만 아니라 학교 밖 생활 공간에서도 성장합니다.

여러분은 읽고 쓰고 소통하는 방법을 국어 과목에서만 배운다고 생각합니까? 읽고 쓰고 소통하는 일들이 거의 모든 학문 영역, 전문 영역, 생활 영역에서 벌어진다는 점을 생각하면, 이 질문이 이상하게 받아들여져야 합니다. 국어 수업에서 문학 텍스트로 심미적 언어를 이해하는 법을 배우고 배워야 합니다! 과학 수업에서는 과학 텍스트를 가지고서 자연현상의 인과

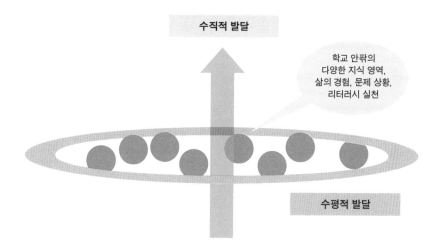

수직적 발달

학교 안팎의
다양한 지식 영역,
삶의 경험, 문제 상황,
리터러시 실천

수평적 발달

아이들의 시간적, 공간적 성장 경험

관계에 관한 주장과 근거를 논증적으로 분석하고 구조화하는 법을 배웁니다. 이렇게 배워야 합니다! 역사 수업에서는 역사 텍스트를 취급하면서 과거의 사건을 사실에 근거하여 해석하고 재구성하는 방법을 배웁니다. 정말 이렇게 배워야 합니다!

문학, 과학, 역사라는 서로 다른 영역에서 공통으로 적용되는 리터러시의 방법들이 있고, 지식에 기반한 전문적 사고 능력처럼 각각의 영역에서 특별하게 쓰이는 리터러시의 방법들도 있습니다. 따라서 리터러시를 확장적, 복합적으로 이해하려면 문학 수업, 과학 수업, 역사 수업이라는 공간들을 넘나들면서 서로 다른 학습 경험들을 통합할 수 있어야 합니다. 과학이나 역사 수업에서도 국어 수업 못지않게 읽고, 쓰고, 소통해야 합니다.

수평적 성장은 수직적 성장을 보완합니다. 시간적으로 학습한 리터러시는 반드시 공간적으로 실천되고 또 성찰되어야 합니다. 학교에 다니면서 열심히 연습한 읽기, 쓰기, 생각하기, 대화하기의 방법들을 학교 안팎의 다양한 공간적 맥락에 넣고 실천해 보면 깊고 넓게 배울 수 있습니다. 가령, 학교에서는 해당 교과의 전문가인 선생님을 통해 읽고 쓰는 법을 배우고, 집에서는 생활 문제를 해결하면서 가족 구성원들이 읽고 쓰고 대화하는 활동에 직접 참여할 수 있습니다. 학교에서는 어떻게 글을 읽을까에 집중하여 공부하고, 도서관에서는 어떻게 책을 고를까에 집중해 볼 수 있습니다. 학교에서는 정해진 틀에 따라 공익광고와 상업광고의 구별법을 배우고, 등하굣길에서는 각양각색의 간판과 전단지를 보면서 조잡한 상업적 언어들을 직접 관찰하고 그 속에 담긴 영리 욕구를 분석해 볼 수 있습니다.

그렇다면 학교는 어떤 곳이어야 합니까? 아이들이 공간적으로 성장하는 경험들, 삶에 쓸모 있는 것들을 몸소 관찰하고 이해하는 실제적 배움의 경험들을 담아내는 곳이어야 합니다. 차디찬 벽으로 칸칸이 둘러싸인 지식의 창고가 아니라, 학습자의 다양한 생활세계 경험들을 연계하는 말랑말랑하게 열린 실천의 장이어야 합니다. 학생들이 제도적 수업에서 획득한 정제된 지식을 실생활의 거친 맥락에 적용해 지식의 쓰임과 가치를 분석하고 판단할 수 있는, '맥락화된 학습'의 공간이어야 하지 않겠습니까?

모든 아이들이
인정받는 제3 공간

새로운 학교를 상상하기 위해 '제3 공간'이라는 아이디어를 가지고 왔습니다.[1] 제3 공간은 이전에는 결코 없던 공간이지만, 모두의 삶에 걸쳐 있는 공간들을 통합하는 친근하고 익숙한 공간입니다. 어느 누구도 배척하지 않는 열린 공간, 내 삶의 경험이 학교의 요구와 함께 어우러지는 융합의 공간, 교실 구성원이 규칙을 지키며 대화 공동체를 유지하고 발전시켜 나가는 배움의 공간. 이런 공간이 학생들에게 주어진다면 우리 아이들이 학교 가는 일이 지금보다는 훨씬 기대되지 않겠습니까?

; 습득의 제1 공간, 학습의 제2 공간

제3 공간을 상상하려면 우선 제1 공간과 제2 공간이 무엇인지 확인해야 합니다. 이 두 개의 '전제 공간'이 어떻게 같고 다른지, 어떤 가능성과 한계를 갖는지 분명하게 판단해야만 그들이 물리적, 개념적, 문화적으로 중첩되는 교집합 어딘가에 제3의 공간을 설계할 수 있습니다.

제1 공간이란 간단하게 말하면 '삶의 공간'입니다. 사람이 태어나면서부터 접하는 가장 친밀하고 자연스러운 공간이자 가장 오랫동안 한 개인의 생활이 지속되는 공간입니다. 가족, 친척, 이웃, 친구들과 함께 살아가는 집, 동네, 놀이터, 길거리 등과 같은 공동체 공간입니다. 아이들은 이 공간에서 가장 원초적인 생활의 지혜와 기술들을 배웁니다. 제1 공간은 가장 익숙하면서도 가장 안전해야 할 공간입니다.

제1 공간에서 우리는 자연스럽게 읽고 쓰고 말하고 소통하는 법을 배웁니다. 양육자와 형제들에게 배우며, 친구나 이웃과 함께 배우기도 합니다. 말하는 법을 배우고 말을 듣는 법도 배우며, 말을 해야 할 때와 하지 말아야 할 때를 구별하여 자신을 조절하는 법도 배웁니다. 책장에 낙서를 하는 법도 배우고, 책으로 대화하는 법과 정리하는 법도 배웁니다. 이런 배움은 엄밀하게 말하면 주워서 얻는 '습득acquisition'에 가깝습니다. 그렇다고 쉽고 얄팍하게 얻는 배움은 아닙니다. 제1 공간에서의 배움은 누군가로부터 무엇을 직접 배우지 않아도 한 개인이 공동체 구성원들과 어울리면서 중요한 삶의 지식과 기술을 스스로 익히고 연습하는, 억지스럽지 않은 노력의 경험입니다. 그래서 제1 공간에서 습득한 제 나름의 읽고 쓰고 생각하고 대화하고 협력하는 방법들은 이 공간에 가장 잘 어울리는 리터러시입니다. 제1 공간의 배움은 그 공간에 걸쳐 사는 개인과 공동체의 핵심 지적 자산을 창출합니다.

그렇다면 제2 공간은 어디입니까? 제1 공간 다음으로 많은 시간을 보내는 공간입니다. 1차적 생활세계를 뺀 나머지 영역으로, 대개 인위적으로 만들어진 제도화된 공간입니다. 직장, 회사, 군대, 기관, 단체 등 외부자들에 의해 조직, 운영되는 공간입니다. 학교는 가장 대표적인 제2 공간입니다. 사람들에게 학교가 뭐 하는 곳이냐고 물으면 누구나 '배우는 곳'이라고 말할 것입니다. 하루 예닐곱 시간 이상, 적어도 12년, 또는 몇 년을 더 보태어 학교라는 곳에서 공부를 합니다. 학교와 같은 제2 공간에는 예외 없이 '선생님'이라 부르는 경륜 있는 전문가(때로는 선배, 코치, 지도자, 가이드 등)들이 있습니다. 이들은 특별한 교육 내용을 선정하여 조직하고, 일정한 '규약 protocols'에 따라서 학생들을 가르칩니다.

학교에서는 명시적인 방식으로 배웁니다. 선생님이 중요한 지식과 기술 등을 구체적이고 체계적인 일정에 따라 눈에 보이는 방식으로 직접 가르쳐 줍니다. 사실, 보이지 않는 것들을 눈에 보이게 직접 가르치는 기술은 좋은 선생님들만 가지고 있는 특별한 능력입니다! 따라서 제1 공간의 자연스러운 습득과 달리, 제2 공간에서의 배움은 인위적인 '학습 learning'에 가깝습니다. 학습은 일반적으로 배움과 같은 의미로 사용되지만, 조금 더 정밀하게 개념을 좁혀 말하자면 '체계적인 배움'이라고 할 수 있습니다. '배움=습득+학습' 정도의 관계로 설명할 수 있습니다.

공간이 다르면 맥락이 달라지기 때문에 배움의 본질도 달라집니다. 그러므로 교육자라면 학생들이 제1 공간에서 습득한 것과 제2 공간에서 학습한 것이 서로 다를 수 있음을 늘 염두에 두어야 합니다.

어린 시절 미국으로 이주한 1.5세대 한국계 학생들이 있다고 가정해 봅시다. 한국 가정에서 태어난 이들은 엄마, 아빠, 형제자매와 소통하면서 제1 공간에서 처음 읽고 쓰는 법을 배웁니다. 이것은 언어를 배우는 경험이지만, 한국적인 문화와 가치, 한국적으로 생각하는 방식을 습득하는 과정입니다. 미국으로 이민을 온 아이들은 새로운 제2 공간, 즉 학교에서 새로운 사람들과 함께 새로운 말하기, 새로운 읽기, 새로운 대화하기의 방법을 배웁니다. 이때의 배움은 미국적인 언어로 이루어지며, 실제로 그들이 암묵적으로 습득하는 것은 미국적인 문화와 가치, 생각의 방식입니다.

한국적인 가정에서 습득한 리터러시와 미국적인 학교에서 학습한 리터러시는 종종 충돌하기도 합니다. 실제로 적지 않은 수의 미국 이민 가정의 자녀들은 미국적인 것과 한국적인 것 사이에서 늘 혼란스러워합니다. 언제, 어디서, 어떻게, 왜 한국적이어야 하는지 또는 미국적이어야 하는지 판단하는 일은 답을 알 수 없는 어렵고 고된 숙제입니다. 정체성이 한창 형성되고 있는 청소년들뿐만 아니라 '코리안 아메리칸'으로 성장한 어른들에게도 이런 문제 상황은 여전히 현재 진행형입니다.

이들이 두 개의 리터러시 사이에서 갈팡질팡하는 이유는 단지 말을 바꾸는 문제 때문이 아니라 그것이 정체성 및 가치관을 전환시켜야 하는 매우 정서적인 일이기 때문입니다. 미국 이민 가정 자녀들은 나이가 들면서 자의 반 타의 반으로 하나의 리터러시를 선택하게 됩니다. 대부분은 미국적인 것, 즉 미국 학교의 리터러시를 선택합니다. '너무' 한국적인 부모들과는 멀어지겠지만, 대신 또래 집단에 편입되어 존재를 인정받으며 자신의 기호와 정체성도 그들과 유사하게 만들 수 있다는 점에서 새롭고 중요한 기회이기 때문입니다. 번거롭게 '코드 스위칭code switching(대화에서 하나 이상의 언어 혹은 방언을 맥락과 기능에 따라 교체하여 사용하는 행위)'을 하느니, 차라리 어느 한쪽에 집중하는 편이 낫다고 믿습니다. 아이들도 그렇게 느끼지만, 부모들이 종용하는 경우도 많습니다. 그것이 미국 학교에서 성공하고 미국 사회에서 살아남기 위한 유일한 방법이라고 믿기 때문입니다. 사실, 정체성의 배타적 선택만이 유일무이한 성공의 원칙은 아닙니다!

학교 리터러시의 효용을 반복 체험하면서 자연스럽게 제1 공간의 리터러시는 제2 공간의 리터러시에 비해 열등한 것이 됩니다. 영화 〈미나리〉에서 손자 데이빗은 한국에서 온 할머니에게 "할머니는 할머니 같지 않아요!"라고 말합니다. 썩 친절하지 않고, 말도 툭툭 뱉으며, '뽀글이 파마'를 한 머리에, 자신과 같은 방에서 잠을 자고, 하는 일마다 간섭하는 한국 할머니는 데이빗이 책에서 본 미국 할머니와 너무 다릅니다. 우아한 홈드레스를 입고 향긋한 쿠키를 구워 주고, 언제나 부드러운 미소로 상냥하게 말을 걸다가도 적당히 모른 척해 주는, 단정하게 정리된 근사한 흰머리를 가진 그림책 속 할머니가 아닙니다. 데이빗에게 할머니는 그 가치와 효용에 대하여 확신이 잘 서지 않는 제1 공간의 사람이어서, 자신이 읽고 듣고 배운 제2 공간의 할머니 이미지와 충돌합니다. 이것은 데이빗의 인지적 충돌이자 데이빗을 둘러싼 문화적 충돌입니다.

제1 공간의 할머니를 제2 공간의 할머니 같지 않다고 심술부리는 심술이 아니라 정말 그렇게 느낀 것입니다! 데이빗에게 앞으로 매일매일 십여 년을 다녀야 할 학교의 리터러시는 버거울 것입니다. 학교에서 배우는 제2 공간의 것들은 데이빗이 습득한 제1 공간의 한국적인 것들과 많이 다를 것입니다. 학교에서는 미국의 것들, 주로 백인의 리터러시를 배웁니다. 데이빗이 이사한 남부 깊숙한 아칸소주의 환경은 더욱 그럴 것 같습니다. 이른바 주류 계층의 문화와 가치관, 정서에 맞춰진 교과서들을 가지고 말입니다.

하지만 어색하고 불편해도 이것이 데이빗이 배워야 하는 학교의 리터러시입니다. 언어적, 문화적 배경지식이 부족하여 학교에서 통용되는 모든 말이 낯설어도 열심히 따라가야 합니다. 그래야 뒤처지지 않습니다.

흔히 학교를 '사회화 수단'이라고 부르는 이유는 학교가 사회가 원하는 사람을 성공적으로 길러내는 정형화된 공간이기 때문입니다. 그러나 학교가 가장 핵심적인 사회화 수단인 진짜 이유는 누군가 학교라는 제2 공간의 리터러시를 효율적으로 학습하지 못할 때 사회라는 더 큰 제2 공간에 진입할 수 없게 만드는 '실패의 파이프라인'이 가동되기 때문입니다.

; 내가 나로 재평가되는 배움의 제3 공간

제2 공간에서 제대로 읽고, 쓰고, 생각하는 법을 배우는 것은 유익하고도 필요한 일입니다. 이렇게 하면 학교 공부뿐 아니라 학교 밖에서도 좋은 성취를 이룰 가능성이 커집니다. 그런데 문제가 있습니다. 모든 아이들이 언제나 예외 없이 학교와 같은 제2 공간에서 똑같이 성공적일 수는 없다는 사실입니다. 어떤 아이들은 새로운 생각의 규칙, 대화의 관습, 지식의 유형, 가치판단의 절차를 배우고 익히는 일을 힘들어합니다.

부모들은 자녀가 학교에 가면 당연히 시험에서 100점을 받고 일등 하기를 바랍니다. 일등이 아니더라도 학교 생활에 잘 적응해 성공하는 학습자가 되기를 바랄 것입니다. 어떤 부모들은 자녀들의 성공적인 학교 생활에 대한 바람을 넘어, 그들이 당연히 그렇게 성공하는 학습자가 되어야 한다고 아무런 의심 없이 생각할 것입니다. 심지어 이런 생각을 신념으로 둔갑시킨 학부모들은 학교에서 실패하는 자녀들을 절대 그냥 두고 보지 못합니다. 자신들의 세상관과 아이들의 현실이 충돌하기 때문입니다.

'로마에 가서는 로마법을 따르라'는 말이 생긴 이유 저변에는 로마를 방문한 수많은 외지인들이 생각보다 로마법을 잘 따르지 못하는 현상에 대한 문제의식이 자리하고 있을지 모릅니다. 그런데 이런 말을 식은 죽 먹듯이 외는 어른들은 학교의 생존법을 이해하지 못하는 아이들을 당당하게 꾸짖곤 합니다. 실패했다고 야단치고 남들 다 하는 '당연한' 것들을 못 한다고 나무랍니다. 아이들에게 한번도 학교 생활을 잘하는 법에 대해서 제대로 가르쳐 준 적도 없으면서 말입니다.

아이들은 이렇게 항변하고 싶을 것입니다.

"나는 서울 사람이라 서울법에 익숙한데, 그런 나에게 관심 갖는 로마 선생님들이 하나도 없었어요. 로마 선생님들은 세상 모든 아이들이 모두 타고난 로마 사람이라고 생각하나 봐요. 혹시 엄마 아빠도 로마 사람인가요?"

모든 배움은 자신이 원래 알고 있는 것, 할 수 있는 것을 활용하는 데서부터 출발합니다. 즉, 제2 공간의 낯선 것들을 배울 때는 익숙한 제1 공간의 지식과 능력이 먼저 활성화되어야 합니다. 서울 사람이 낯선 로마법을 잘 배우려면 자기에게 익숙한 서울법을 떠올릴 수 있어야 하고, 서울법과 로마법을 연결하여 비교하면서 두 법이 어떻게 같고 다른지 알아내야 합니다. 그렇게 이해한 로마법은 로마인들의 로마법이 아니라, 서울 사람이 이해한 로마법입니다. 또 로마법을 이해한 서울 사람은 나아가 서울법도 더 잘 이해하게 됩니다. 서울법을 새롭게 분석하고 검토할 수 있는 비교 대상과 도구가 생겼기 때문입니다. 이렇게 이해한 서울법은 서울 사람들의 서울법이 아니라 로마법을 이해한 사람의 서울법입니다.

누군가를 잘 가르치기 위해서는 반드시 상대방이 어떻게 배우는지를 알아야 합니다. 그들이 어디에서부터 어디로, 어떻게, 왜 그렇게 배워 나가는지 이해해야 합니다. 따라서 로마법을 정말로 잘 가르치는 로마 선생님은 서울 사람들의 법이 로마와 다르며 서울에서 온 학생들이 그들의 법에 더 익숙할 것이라는 사실을 잘 인지하고 있을 것입니다. 그것이 배움의 출발임을 알기에, 서울 출신의 학생들이 로마 교실에서 서울법을 당당하게 꺼내 놓고 이야기할 수 있게 북돋아 줍니다. 이런 선생님과 함께하는 서울 학생들은 더 이상 로마법도 모르는 '가난한 학습자'가 아닙니다. 이제 그들은 서울법뿐만 아니라 로마법도 잘 알고 지킬 수 있는 '부자 학습자'입니다. 이런 일들이 벌어지는 로마의 교실은 로마법만 배우는 교실이 아니라 서울법으로 로마법을, 로마법으로 서울법을 배우는 제3 공간의 교실이 됩니다.

배움을 촉진하는 교실은 제1 공간과 제2 공간을 연결합니다. 생활세계의 공간들을 학교의 공간들과 연결합니다. 이렇게 하려면 아이들이 제1 공간,

즉 삶에서 배운 것들을 제2 공간인 학교 안으로 가지고 들어와야 합니다. 이것들을 학교에서 배우는 것들과 서로 연결하고 통합해야 합니다. 그러면 익숙한 제1 공간의 지식과 능력이 활성화되어 학교에서 낯선 것들을 공부할 때 이를 마음 놓고 꺼내 적재적소에 사용할 수 있게 됩니다.

제3 공간에서는 학습자가 생활 속에서 습득한 것들이 감추어야 하는 '부채'가 아니라 교실 구성원들과 함께 배우는 과정에서 특별한 쓸모와 기능을 발휘하는 '자산'으로 전환됩니다. 즉, 제3 공간에서의 교실은 학생들이 원래 가지고 있던 것들을 박탈하는 교실이 아니라, 그들이 제1 공간에서 습득한 다양한 지적 자산들을 유의미한 학습 '자원resources'으로 재평가하는 교실입니다. 무슨 일을 하든 그 일의 토대가 되는 지적 자산이 없는 것과 있는 것, 하나 있는 것과 15가지를 가지고 있는 것 사이에는 그 일의 과정과 결과 모두에서 큰 차이를 가져옵니다. 따라서 더 많은 자산과 자원을 사용할 수 있을 때, 아이들은 공부를 더 잘할 수 있습니다. 그러니 학교는 학생들이 써먹을 수 있는 것들을 손수 채워 주지는 못하더라도 굳이 못 쓰게 해서는 안 됩니다.

제3 공간의 교실은 아이들의 배움을 촉진하는 새로운 리소스를 창출하는 공간입니다. 제1 공간과 제2 공간이 통섭되는 교실, 제1 공간의 리터러시와 제2 공간의 리터러시가 조화롭게 연결되고 섞이는 융합의 교실입니다. 제3 공간은 학생들이 스스로를 새롭게 인식하게 도와줍니다. 즉, 나는 누구이고 무엇을 알고 있으며, 어떻게 할 수 있는가를 분석하고 진단할 수

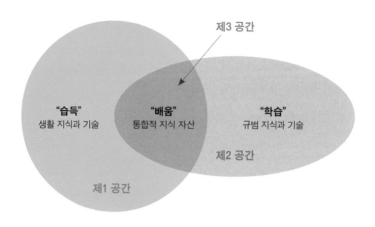

제1 공간과 제2 공간, 제3 공간의 구조

있게 권장하는 교실입니다. 또한 제3 공간에서 아이들은 제1 공간과 제2 공간을 오가며 다양한 배움의 문화를 체험합니다. 그리고 자신의 경험들을 서로 교환하고 연결하면서, 서로 다른 공간들이 어떻게 다른지 알고 그 차이를 받아들일 수 있게 됩니다. 학생들이 살아온 시간과 경험이 가치 있게 여겨지고 배움의 재료로 쓰이는 공간이 바로 제3 공간입니다.

변화의 시대,

바뀌지 않는 학교의 역설

우리의 학교는 삶에 기여하는 리터러시를 가르치고 있습니까? 그렇지 않은 것 같습니다. 학교 안에 배움을 촉진하는 제3의 문화적 학습 공간이 없기 때문입니다. 시간이 지나면 세상의 모든 공간들은 나름의 방식으로 진화합니다. 우리의 학교도 발전해 왔습니다. 좋은 건물이 지어졌고, 괜찮은 학습 기자재들도 준비되었으며, 학급당 학생 수도 줄어들었고, 선생님들의 역량도 좋아졌습니다. 학생들의 가정 형편도 대개는 예전만큼 힘들지 않습니다. 초중등학교가 의무교육이 되었고, 너나 할 것 없이 가계 지출의 1번 항목은 자녀들의 선행학습을 위한 아낌없는 투자입니다.

그러나 안타깝게도 21세기 한국 학교는 역설의 공간이 되었습니다. 다른 모든 것들은 진화했지만, 학교의 공간적 개념은 점점 퇴행하고 있습니다. 뒤로 가서 퇴행이 아니라, 앞으로 가는 모든 것들과 달리 제자리에 멈추어 있다는 의미입니다. 그래서 괴리가 생깁니다. 학교와 학교 바깥의 것들 사이의 틈이 점점 벌어집니다. 이격된 공간에서는 제3 공간이 생겨날 틈이 없습니다.

모든 것이 진화하고 풍족해진 21세기에도 우리의 학교는 여전히 공간 부족에 허덕입니다. 우리에게 부족한 공간은 물리적 공간이 아니라 학교와 생활세계를 연결하는 제3의 개념 공간이자 문화 공간입니다. 습득과 학습이 통합되는 실제적인 배움의 공간입니다. 학생 수가 줄고 학교 건물이 늘어남에도 점점 줄어드는 제3 공간의 실정은 현재 우리의 학교가 직면한 공간적 역설입니다. 세 가지 측면에서 이러한 공간적 역설의 학교 상황을 설명해 보고자 합니다.[2]

; 사회의 요구와 멀어진 학교

먼저 '가치 공간의 역설'입니다. 20세기 후반까지 한국 학교에서 실행되는 교육과정, 수업, 학습, 평가와 같은 교육 행위들 사이에는 상당한 정도의 일관성과 긴밀성이 있었습니다. 학교의 교육과정은 학교 밖의 산업화 사회가 요구하는 '효율성과 생산성'의 가치를 중요한 덕목으로 삼아 설계되었습니다. 이런 교육과정에 부합하기 위해서 기초 기능의 훈련과 단편 지식의 암기에 몰입하는 '직접 교수법direct instruction'이 성행했습니다. 역량을 세부적으로 잘게 쪼개어 집중 반복 훈련하는 수업 말입니다. 그리고 이렇게 훈련된 기능들을 선발 경쟁의 맥락에서 '결과 중심적'으로 평가했습니다.

20세기의 배움이란 그것이 원래 무엇이었는지에 대한 근본적 앎에 관한 탐구가 생략된 채 잘게 썰린 기능의 절편들을 잘 썹어 삼키는 것에 국한되었습니다. 삶의 가치라는 앞과 학교의 실행이라는 뒤의 가치가 어울리는, 앞뒤가 딱 맞는 교육의 시대였습니다. 그래서 20세기 후반까지 우리나라의 학교는 행복한 공간이었습니다. 모두가 학교에 가고 싶어 했고, 좋은 학교를 나오길 원했고, 더 좋은 학교에 가고 싶어 했습니다. 학교는 생활의 가치를 반영하고 강화하는 값어치 있는 공간이었습니다. 학교가 삶의 가치, 정확하게 말하자면 산업의 가치를 실현하기 위한 준비 기관으로서의 역할을 제대로 수행했습니다.

그런데 21세기로 들어오면서 사회가 주목하는 가치가 바뀌었습니다. 사

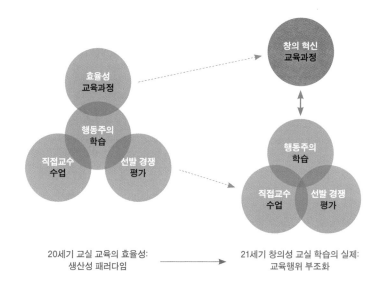

20세기 교실 교육의 효율성:　　　　21세기 창의성 교실 학습의 실제:
　　생산성 패러다임　　　　　　　　　교육행위 부조화

20세기 교실 학습의 패러다임과 이로 인한 21세기 교육의 실제

람들은 학교에서 '무엇을 가르쳐야 하는가'에 대해서 사뭇 진지하게 질문하기 시작했습니다. 동시에 그 대답이 이전의 것들과는 사뭇 달라야만 한다는 점도 깨닫기 시작했습니다. 새로운 세기가 원하는 인간상이 바뀌었고, 사회가 원하는 인간의 역량이 재정의되었으며, 인간의 배움에 대한 사회의 관점들이 조금씩 진화하였습니다. 산업의 구조도 바뀌고, 산업 환경이 요구하는 노동자의 능력과 조건도 바뀌었습니다. 산업구조와 사회의 질적 변화를 추동하기 위해 효율성과 생산성보다는 창의적이고 혁신적인 역량과 태도가 중요해졌고, 그런 것들을 보유하고 발휘할 수 있는 인적 자원들이 필요해졌습니다.

사회의 요구는 늘 학교의 실행으로 이어지기 마련입니다. 그런데 불행하게도 우리의 학교는 지금도 20세기에 머물러 있습니다. 창의와 혁신이라는 교육과정의 가치에 도달하기 위해서는 그만큼의 혁신적이고 흥미로운 교육 행위들이 실험, 검증, 실천되어야 합니다. 그런데 여전히 학교의 일과는 단순 기능의 반복 훈련과 파편적 지식의 암기 위주의 수업으로 진행되고 있습니다. 점수와 순위로 학습자를 재단하는 결과 중심의 시험에 찌들어 있습니다. 지금도 학교에서 권장하는 배움의 경험은 누군가의 지도에 의해서 누군가에 의해 주어진 자료를 가지고 누군가가 만든 문제의 정답을 찾는 방식으로 급조되고 있습니다. 때문에 진화하고자 하는 욕망의 사회가 원하는 가치와 학교에서 벌어지는 교육 행위 사이에 심각한 괴리가 생기게 되었습니다. 21세기 학교의 공간적 역설은 이렇게 시작됩니다.

; 표준화의 늪에 빠진 학교

20세기 후반까지 한국 학교는 '표준화된 능력'을 가르쳤습니다. 표준화된 능력이란 특별한 맥락이나 환경에서 오는 차이에 결부되지 않는 능력입니다. 이는 최고의 수준에서는 전문성이라 말할 수 있으나, 대개의 경우 시간만 적당히 투자하면 누구나 배울 수 있는 기능적 수준에 묶여 있는 유사 전문성입니다. 가령, 읽기와 쓰기는 대량생산적으로 의미를 만들어 내고 소통하는 기능적 리터러시functional literacy를 중심으로 배우도록 기획되었습니다. 표준화된 글쓰기 능력과 읽기 능력, 그러한 읽기와 쓰기가 고양하는 딱 그 정도의 표준화된 인지 기능만이 강화되었습니다. 그래서 기술은 배우지만 반대로 관점과 문화는 포기하게 되었습니다.

학교에서 목표로 삼은 표준화된 인지적 기능들은 20세기 후반까지의 생활세계와 산업 체계에 꽤 잘 어울리는 것들이었습니다. 학교는 삶의 수단이니까, 학교가 삶에 어울리는 그런 기능들을 주로 가르친 것입니다. 학교는 마치 기능 공장과 같은 역할을 했습니다. 실제로 우리나라의 학교들은 규격에 맞는 기능적 인간을 길러 내는 세계에서 가장 효율적인 학습 공간이었습니다. 몰개성의 대량 제조 시스템이 원하는 표준적 인간을 키워 내는 20세기 학교는 그만큼 몰인간적인 사회적 요구 측면에서도 없어서는 안 될 바람직한 곳이었던 것입니다.

그러나 21세기에 들어서면서 생활세계의 다양성이 엄청나게 증대됩니다. 사회 변화의 한 축, 아니 중심축을 디지털, 사이버, 테크놀로지와 같은 것들이 담당하기 시작했습니다. 다양성의 사회에서는 다양한 연령과 재능, 목적, 관심사, 정체성을 지닌 사람들이 다양한 테크놀로지를 활용하여 소통합니다. 다양한 소통 채널을 가지고 다양한 방식으로 상호작용하기 때문에 이곳에서는 누구나 의미 소통의 주체가 될 수 있으며, 세상의 이목을 끌 수도 있습니다. 표준화된 능력도 필요하지만 개성 넘치고 개별화된 방식의 읽고 쓰고 생각하고 소통하는 능력도 요구됩니다.

하지만 여전히 21세기 우리의 학교는 표준된 능력에 집착합니다. 다양한 텍스트를 다루는 역량이 아니라 몇 가지 정해진 텍스트에만 국한된 표

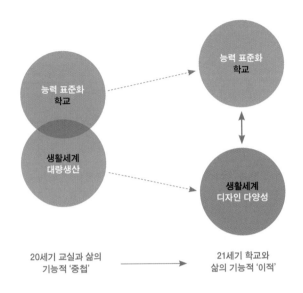

20세기, 21세기 학교와 삶의 모형

준화된 기술을 집요하게 가르칩니다. 이런 읽기와 쓰기는 표준화된 시험에 가장 최적화된 리터러시입니다. 표준화된 기술을 가르치는 일은 학생들을 가장 값싸게 취급하는 것입니다. 저렴한 한 가지 솔루션으로 모든 문제를 한 방에 해결하려는 구두쇠 교육입니다. 적게 투자하고 많이 얻으려는 교육이자 좁게 생각하는 교육자들이 크게 생각하라고 학생들에게 외치는 모순의 교육입니다. 꺼내 놓은 말들이 예외 없이 거짓으로 판명되는 양치기의 교육입니다.

"One size fits all(하나의 사이즈가 모든 이에게 맞는다)"이라는 말이 있습니다. 고객의 체형을 무시하고 하나의 사이즈로 옷을 팔려는 가게가 손님을 끌어모을 리 없습니다. 다양한 사이즈와 디자인, 다양한 색감과 질감의 옷들을 즐비하게 걸어도 될까 말까 한 생존 환경입니다. 한 가지 사이즈로 읽는 법, 쓰는 법, 생각하는 법에 집착하는 교육은 다양한 생각과 관점, 경험과 배경, 기호와 선호를 가진 학생들 어느 누구에게도 어울리지 않습니다. 단 하나의 사이즈는 다 버리는 사이즈가 됩니다. 이것이 급변하는 다양성 세계와 여전히 획일적인 학교의 거리가 점점 더 멀어지는 이유입니다.

; 다양한 정체성에 둔감한 학교

20세기에는 학교와 생활 정체성의 공간이 대동소이했습니다. 그때는 오프라인 공간도 아니고 온라인 공간도 아닌, 그냥 어떤 공간의 정체성이라는 것만 있었습니다. 사실 오프라인이라는 말도 없었습니다. 온라인이라는 말이 없었기 때문입니다. 디지털로 구축되는 가상의 공간이 없으니, 사람들의 모습은 현실 세계에서만 관찰 가능한 것이라고 믿었습니다. 그러니 학교 역시도 '하나의unitary' 학습자 정체성만 신경 쓰면 되었습니다.

그런데 한 가지 종류의 정체성에만 신경 쓴다는 것은 그것에 특별히 신경 쓰지 않는다는 것과 같은 말입니다. 왜냐하면 함께 고려해야 할 것들이 없기 때문에 서로 충돌할 일이 없고, 그로 인해 해결해야 할 골치 아픈 문제도 발생하지 않기 때문입니다. 20세기 학교 교육자들은 학생들의 삶을 속속들이 다 알고 있다고 생각했습니다. 이는 학교 당국이나 교사들이 학생들과 다르지 않은 현실 공간에 살고 있었기 때문이기도 합니다. 따라서

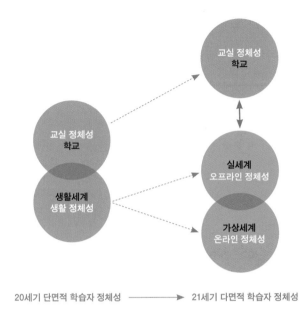

20세기 단면적 학습자 정체성 ——————→ 21세기 다면적 학습자 정체성

20세기와 21세기의 학습자 정체성 변화

학교에서 경험하는 배움의 방법과 내용이 천편일률적이었고, 교육적 의사
결정 과정이 복잡할 이유도 없었습니다.

　그러나 21세기에 들어서면서 디지털 환경이 급격하게 변화하고 테크놀로
지가 발전함에 따라 자연스럽게 디지털 맥락에서 살아가는 사람들의 정체
성도 분화되었습니다. 인터넷이 갖추어진 지금, 많은 현대인들은 현실 세계
정체성뿐만 아니라 가상 세계 정체성도 가지고 있습니다. 한 정체성이 다
른 정체성에 영향을 미치기도 하고, 이 둘이 충돌하고 경합하면서 새로운
정체성으로 조정되기도 합니다. 중간에 포기하는 사람들도 많은데, 이것은 디

지털 원주민과 이주민을 가르는 중요한 잣대입니다! 이제 우리는 다양한 정체성의 현존을 받아들이고, 그것들이 새로운 맥락에서 조화를 이루도록 협상하며 살아갑니다.

하지만 안타깝게도 현재의 우리 학교는 여전히 현실 세계 정체성밖에 살피지 못합니다. 학교라는 철근 콘크리트 구조물에서 관찰되는 아이들의 정체성은 대부분 현실 정체성입니다. 그들이 온라인 공간, 사이버 공간, 디지털 공간에서 어떤 사람이 되어 무엇을 하는지는 고려하지 않습니다. 다양한 정체성을 가진 학생들에게 학교가 재미없는 공간이 되어 버린 것은 당연한 일입니다. 학교에서 하는 말들이 남의 이야기처럼 들리는 이유는 학교에서 다루는 교과의 내용과 방법이 그들의 정체성을 자극하지 못하기 때문입니다. 오프라인적 가치와 의미가 사람의 생각과 일에 영향을 미치는 '전부'인 것처럼 기술함으로써 오히려 온·오프라인의 연결된 삶을 왜곡하고 있는 것입니다.

리터러시를 배우는
새로운 학교

21세기 학교는 가치, 역량, 정체성의 측면에서 퇴화된 공간으로 느껴질 수밖에 없습니다. 학교의 많은 것들이 좋아지고 발전했지만, '학교와 삶의 공간을 어떻게 연결할 것인가'라는 질문에 교육 당국이 충분히 노력했다는 증거를 찾기 쉽지 않습니다. 지금까지 학교는 우리 아이가 8살부터 19살까지 자라나는 동안 특정한 지식이나 기능, 즉 서로 다른 지식이나 기능 간의 연계성과 융합의 여지가 고려되지 않은 수직적 발달 과정에 관심을 두었습니다. 하지만 앞에서 말했듯이 아이들은 수평적으로도 성장합니다. 다양한 생활세계에서 접근할 수 있는 수많은 경험의 공간들을 돌아다니면서 배움의 과정에 몰입하고 확장적으로 성장합니다. 이 과정에서 각각의 공간들을 서로 비교하고, 그들의 관계를 파악하고 정의하면서 '이 공간은 왜 다른 공간과 다를까?' '어떻게 하면 각 공간에서 얻은 경험들이 연결될 수 있을까?' '나는 다양한 공간 안에서 어떻게 나의 배움을 계획하고, 점검하고, 조정해야 할까?' 등의 문제들을 풀어 나갑니다.

지금의 학교는 공간적, 수평적 성장을 포용하지 못할 뿐만 아니라 오히려 삶의 리터러시를 불필요하거나 열등한 것, 또는 학교 학습의 방해물로 취급하기도 합니다. 그러나 연결된 공간, 제3의 방식으로 융화된 공간에서 학생들은 다양한 리터러시의 방법을 배울 수 있습니다. 스스로 읽고 쓰고 생각하고 대화하고 소통하면서, 다양한 맥락에 어울리는 효율적인 방식으로 이 공간을 운용할 수 있습니다. 이것은 다양한 리터러시와 배움의 맥락에 대한 메타인지를 성장시키는 일이며, 한 차원 높은 수준의 앎을 가능하게 합니다. 학교에 제3 공간이 필요한 이유입니다.

경쟁의 사회에서 학교는 종종 삶의 목적으로 둔갑합니다. 목적이 된 학교에서는 누가, 무엇을, 어떻게 가르치건 간에 좋은 학교에 진학하는 일이 지상 과제입니다. 하지만 학교는 좋은 삶을 준비시키는 수단일 뿐, 좋은 학교로 진학하는 일 자체가 삶의 목적이 될 수는 없습니다. 학교는 한 개인이 제대로 살아가기 위해서 갖추어야 할 기술과 역량, 지식과 세계관의 학습을 돕는 좋은 도구와 기회를 제공하는 곳입니다. 학교에서 성공하는 것보다 중요한 것은 학교에서 배운 것을 가지고 사회에서 성공하는 것입니다. 좋은 학교에 진학하는 것도 좋지만, 좋은 사회인, 직업인, 시민 그리고 좋은 사람이 되는 일이 더욱 중요합니다. 아이들이 그렇게 성장하려면, 제3의 배움 공간이 필요합니다.

⏻ 11장

학교를 바꾼 리터러시 교육

학교 교육은
삶과 연계되어야 한다

　　여러분이 호기심 많은 독자라면 머릿속에 이런 질문이 맴돌았을 듯합니다. '이렇게 멋진 제3 공간을 과연 공교육 안에서 설계할 수 있을까?' 쉬운 일은 아니지만, 그렇다고 불가능하지도 않습니다. 현장의 맥락에서 진행되는 최근의 실용주의적, 문제 해결적 교육 연구의 관점에서 보자면, 새로운 학습 문화의 가능성을 기존의 학교에서 확인할 수 있는 사례가 적지 않습니다. 저도 이런 생각으로 학교에서 제3 공간 프로젝트를 해 보았습니다. 한국 학교는 아니었지만, 한국 학교보다 환경이 열악한 미국 도심의 학교에서 진행한 현장 기반 교육 연구였습니다.[1]

제3 공간 리터러시 연구는 저의 개인적 경험과 무관하지 않습니다. 제가 삶의 공간을 피츠버그라는 도시로 옮기면서, 우연이라면 우연이고 필연이라면 필연적인 계기로 시작된 연구입니다. 조금 생뚱맞겠지만 다음에 이어질 구구절절한 이야기들은 피츠버그라는 미국 도시에서 수행된 이 연구의 맥락을 이해하는 가장 좋은 방법입니다. 앞 장의 어딘가에서 언급한 것처럼, 글 내용에 관련된 기초적인 배경지식을 가지고 있으면 그 글을 이해하는 데 큰 도움이 됩니다. 이어질 피츠버그 이야기가 이 글을 읽는 여러분의 이해를 돕는 배경지식이 될 터이니 쉽게 건너뛰지 않으면 좋겠습니다.

피츠버그는 미국 동부 펜실베니아주의 가장 서쪽에 위치한 도시입니다. 지금은 필라델피아의 뒷마당 정도로 무시당하고 있지만, 미국이라는 나라가 1900년대에 제조업으로 먹고살던 시절에는 미국의 3대 도시 중 하나였습니다. 뉴욕, 시카고 그리고 피츠버그였습니다. '철강왕 앤드루 카네기'를 아십니까? 온갖 철을 가공해서 세계에 납품하던 제철 공장의 주인입니다. 그의 비즈니스가 이곳 피츠버그에서 흥했습니다. 세 개의 강줄기 사이에 위치한 피츠버그는 제철 공정에 가져다 쓸 물이 풍부하고 운하와 철도를 통해서 대량으로 물자를 수송하기 좋은 곳이었습니다.

1970년대 후반부터 미국 산업 전반의 구조 변화가 일어나면서 피츠버그도 큰 위기를 겪게 됩니다. 미국 전역에서 제조업이 침체되고 철강이나 석탄 등의 원자재 생산 공장들이 문을 닫으면서 실업자가 폭증하기 시작했습니다. 공장 폐수와 대기오염에 찌든, 세계에서 가장 더러운 도시가 된 피츠버그에서는 사람들의 먹고사는 일들이 팍팍해지면서 계층 및 인종 간 갈등이 기승을 부렸습니다. 이런 현상은 단지 철강 산업의 메카였던 피츠버그만의 문제는 아니었습니다. 자동차 산업의 허브였던 미시간주의 디트로이트를 비롯해서 위스콘신, 일리노이, 인디애나, 미주리, 오하이오, 웨스트버지니아, 펜실베니아, 업스테이트 뉴욕으로 이어지는 블루컬러의 대도시들이 벌겋게 녹슨 공장들의 컨베이어 벨트처럼 삐걱대고 멈춰 섰습니다. 미국에서는 이런 지역들을 묶어서 '러스트 벨트Rust Belt'라고 부릅니다. 러스트 벨트의 정치적 지형도 볼 만하여, 백인 산업 노동자들의 향수와 흑인 도시 노동자들의 빈곤이 뒤섞여 주요 선거 때마다 괴팍한 이념 계산서를 내밉니다. 어지간한 부자는 망해도 삼 년을 간다는데, 이 도시들은 망해서 삼십여 년 넘게 고생하고 있습니다.

그래도 피츠버그는 최근 진행되어 온 새로운 산업 구조 전환에 비교적 잘 대응하면서 형편이 점점 나아지고 있습니다. 특히, 제조업 중심의 시대에 남부럽지 않은 도시를 건설하려고 호기롭게 투자한 대학들의 연구 역량이 발휘되어 지금은 괜찮은 과학기술 중심 도시로 변모하고 있습니다. 사실, 요즘 4차 산업의 주축인 인지과학, 인공지능, 자율지능 로봇 등의 신세기 과학기술 혁명의 학문적 토대가 마련된 곳이 피츠버그의 세계적 연구 중심 대학인 카네기멜론 대학교Carnegie Mellon University, CMU입니다. CMU와 캠퍼스가 붙어 있는 피츠버그 대학교University of Pittsburgh는 공공성이 중요한 의학, 인문학, 그리고 기초과학 분야에서 최신 기술을 접목한 연구들을 주도하고 있습니다. 제가 몸담았던 융복합 학습 연구 센터인 피츠버그 대학의 LRDC는 이미 1970년대부터 교육학자들뿐만 아니라 심리학, 컴퓨터 과학, 역사학, 수학, 사회학, 철학, 경제학, 심지어 법학 분야의 교수들까지 9층짜리 사다리꼴 모양의 건물에 모여서 지능 기반 교육, 데이터 기반 맞춤형 학습, 뇌 기반 언어 분석, 디지털 리터러시 등의 학습과학 분야에서 주목할 만한 연구 성과들을 내 왔습니다.

저는 2015년 가을부터 피츠버그 대학에서 일했습니다. 미국 학교들의 1학기는 9월에 시작하기에 학교를 옮기는 사람들은 대체로 7월 중에 새 보금자리를 찾습니다. 저도 그해 7월 초에 피츠버그 시내의 오클랜드라는 칼리지 타운으로 이사를 했습니다. 그런데 이때부터 가장 시급한 일은 생활 적응입니다. 새로운 생활에 적응하려면 새로운 공간에 적응하는 일이 우선입니다. 그래서 도시를 돌아다녔습니다. 자기가 사는 곳을 알아야 관공서도 이용하고 식당도 애용하며 아이 학교도 보내고 드라이브라도 갈 테니 말입니다. 그래도 버스를 타고 돌아다녔습니다. 새 학교에서 발급한 공짜 버스 카드 때문이 아니라, 두 시간 정도의 여정으로 펼쳐지는 버스 노선의 정류장들을 따라서 갖가지 도시의 풍경들을 한 번에 여러 가지로 구경할 수 있었기 때문입니다.

여행지에서 버스 투어를 하는 사람들은 아기자기한 도시의 풍경들을 기대합니다. 하지만 주거지의 시내버스 차창에 스며든 풍경들은 자세히는 알 수 없으나 피츠버그라는 도시가 겪어 왔던 어려움과 상처들을 추측하게

인적이 드문 힐 디스트릭트 거리에 남겨진 옛 건물들

했습니다. 관광객으로 미국의 도시들을 여행할 때 경험할 수 있는 익숙한 장면들이지만, 내가 살 동네에서 지역민으로 만나는 것들은 새롭게 보이기 마련입니다. 가령, 피츠버그에는 큰 강도 여러 개고, 다리도 많고 피츠버그는 세계에서 가장 많은 다리를 가진 도시입니다 언덕도 있어서 도시가 그냥 언덕입니다! 여러모로 예쁜 구석들이 많지만, 그것들 틈에서 생경하게 드러나는 슬럼가들은 정말 아무것도 없이 텅 비어 있다는 느낌을 들게 합니다.

특별히 다운타운에 인접한 '힐 디스트릭트Hill District'라는 동네의 언덕에서 담을 것들은 꽤 많은 빈 집들, 버려진 건물들, 녹슨 차량들, 통행 없는 거리들뿐이었습니다. 가뭄에 콩 나듯 발견한 행인들도 그다지 행색이 좋아

보이지 않았습니다. '도대체 무슨 일이 이 도시에 벌어진 거야?'라는 질문에서 벗어날 수 없었습니다. 피츠버그에서 평생을 공부하며 살겠다고 무모하게 다짐한 이민자의 입장에서 불안하기도 하고 궁금하기도 했습니다. 새 학교에서 새 학기를 준비하는 사람들에게 추천하고 싶지는 않지만, 시간을 들여서라도 거주지의 석연치 않은 역사에 대하여 공부해야겠다는 충분한 이유가 되었습니다.

　공부를 하려면 책이 필요합니다. 도서관과 아마존을 뒤졌습니다. 그리고 수많은 온라인 책장들 뒤편에 숨겨져 있던 책 한 권을 찾아냈습니다. 《Race and Renaissance》(Joe W. Trotter, Jared N. Day, University of Pittsburgh Press, 2010)라는 책이었습니다.[2] CMU의 역사학과 교수들이 쓴 역사책이었습니다. 책 제목에서 'Race'는 우리가 잘 알고 있는 '인종'이라는 뜻의 단어입니다. 그런데 'Renaissance'는 우리가 세계사 시간에 배운 유럽의 르네상스가 아닙니다. 이것은 20세기 중반에 걸쳐서 미국 전역에서 대대적으로 시행된 '도시 재생urban renewals' 사업을 비유적으로 표현한 말입니다. 우리로 치면 1970년에서 2000년대 초엽까지 서울과 같은 대도시에서 횡행한 도시 재개발 사업 같은 것입니다. 이 또한 제3 공간 리터러시 연구를 이해하는 데 꼭 필요한 배경지식이니 기억해 두십시오! 이 책에는 '2차 세계대전 이후 피츠버그의 아프리카계 미국인들African Americans in Pittsburgh Since World War II'이라는 부제가 붙어 있습니다. 이 책이 심층 조사하는 역사적 맥락과 '그때 그 사람들'을 드러내는 문장입니다. 제목만 봐도 이 역사서가 저의 책이 될 것임을 예감했습니다. 당장에 주문했습니다.

저처럼 미국을 잘 모르는 이민자들이 피하고 싶은 대화 주제 중 하나는 미국의 역사 이야기입니다. 나라와 도시, 사람, 풋볼의 역사 등입니다. 아는 게 없으면 대화에 끼기 어렵습니다. 대화에 잘 끼지 못하면 사람들의 관심에서 소외되고, 급기야 "나는 왜 여기에 있지?"라는 현실 자각을 하게 됩니다. 그러면 이민 생활이 힘들어집니다. 이 역사책을 찾아 읽겠다고 한 데는 이와 비슷한 종류의 이민자 설움이 기여했을지 모릅니다. 피츠버그의 역사를 알면 피츠버그 공동체의 한 시민으로서 살 수 있을 것 같았습니다. 명색이 지역의 퍼블릭 스쿨 교수인데 동네의 역사를 모른다는 게 부끄럽고 불쾌한 일이었습니다. 그래서 역사 읽기를 시작했습니다. 피츠버그 사람들도 잘 모르는 피츠버그의 역사를 읽었습니다. 책 이야기를 하면 이웃들이 외려 "그런 일이 있었니?"라고 되물었습니다! 읽으면서 많은 것들을 알게 되었습니다. 피츠버그의 역사를 이해하니까 미국의 역사도 조금 이해할 수 있을 것 같았습니다. 미국의 역사를 이해하니까 대화를 주도할 수도 있었습니다. 내가 왜 남의 나라 러스트 벨트의 시티에서 꼬부랑 글씨의 역사책을 읽어야 하는지도 합리화할 수 있었습니다.

피츠버그에 사는 동안 제 아이가 초등학교를 다녔습니다. 초등학교에서는 당연히 역사를 배웁니다. 아이들은 자기들이 살고 있는 지역의 역사를 미국 전체의 역사에 견주어 배웁니다. 피츠버그 생활 일 년이 지나서 아이에게 물은 적이 있습니다. "혹시 사회 시간에 피츠버그에 대해서 공부했

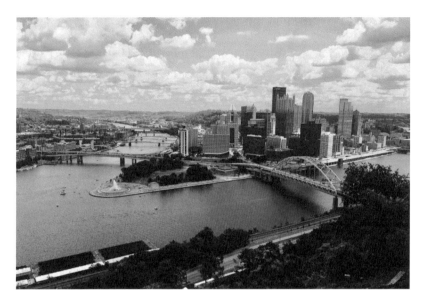

피츠버그 남서쪽 마운트워싱턴의 전망대에서 바라본 다운타운 '골든 트라이앵글'의 모습

니?" 그랬더니 공부했답니다. 그래서 피츠버그의 역사 중 어떤 걸 공부했는지 물었더니, 유명한 사람들의 이름을 외면서 "금융의 큰손, 땅 부자, 정치 마당발, 철강왕" 등의 별칭들을 사용했습니다. 이 사람들의 이름을 따서 우리 동네 주요 도로의 명칭을 제정했다는 비하인드 스토리도 설명해 주었습니다. 한술 더 떠, 강의 이름들과 프로페셔널 리그의 스포츠 팀들을 비롯하여 "446 bridges in Pittsburgh!(피츠버그에는 446개의 다리가 있지!)"를 주창하며 교각명들을 모조리 낭송할 기세였습니다. "그래? 흥미롭다. 그런데 내가 어떤 역사책을 읽어 보니까 그런 것들 말고 더 흥미로운 이야기들도 있던데? 혹시 피츠버그 안에서 옛날에 어떤 일들이 있었는지는 안 배웠니?

가령 어떤 사람들이 어디에서 어떻게 어울려 살았는지 말이야." 뭔가를 배우지 않았을 때 아이의 대답은 단호합니다. "아니!" 안 가르쳐줬으니 안 배웠을 것입니다. 그런데 '왜 안 배웠을까?'라는 생각이 듭니다.

자신이 숨 쉬며 살고 있는 도시의 역사에 대해 좀 더 정확하게 배울 기회를 아이는 갖지 못한 것 같습니다. 매일 지나다니는 길에서 조금만 옆으로 비껴가면 관찰되는 버려진 구역들에 대해서 질문할 기회가 없었습니다. 그곳에 누가 살았는지, 그때 사람들이 어떻게 살았는지, 지금과는 사뭇 다른 풍경의 마을에 살던 사람들은 모두 어디로 갔는지 질문할 기회가 없었습니다. 그것들에 대해 읽고 대화하고 토론하고 탐구할 기회가 없었습니다. "학교는 왜 아이들의 삶과 동떨어진, 우리의 삶과 동떨어진, 피츠버그 시민들의 삶과 동떨어진 것들을 가르칠까? 왜 우리의 삶이, 우리 동네의 이야기가, 우리 도시의 잊힌 역사가 학교 수업의 내용이 되지 않을까?" 이 대화가 싱겁게 끝나 버린 데는 아이에게 따질 수 없는 이런 질문들이 제 머릿속에 가득했기 때문입니다.

역사 속으로 들어간
학교 수업

문제의 '힐 디스트릭트'에 대해서 이야기해 보겠습니다. 피츠버그의 도시 역사, 미국의 현대사를 압축적으로 담고 있는 역사적 공간이기 때문입니다. 오늘날 왜 힐 지역이 텅 빈 공터가 되었는지 알아보고자 합니다. 버스 투어의 관찰, 아이와의 대화, 《Race and Renaissance》의 읽기로 연결되는 역사적 이해를 간략하게 정리하고자 합니다.

피츠버그에는 두 개의 강줄기가 하나로 합쳐지는 물길 사이에 위치한 삼각형 지형의 꼭짓점, 그러니까 도시의 서쪽 끝에 '황금 삼각지대' 즉, '골든 트라이앵글Golden Triangle'이라 불리는 다운타운이 있습니다. 대부분의 외지인 관광객들은 다운타운의 서남쪽에 위치한 공항에서 이곳 골든 트라이앵글로 이동해 열광적으로 스포츠 경기를 관람하거나 주변 강줄기를 따라 유람선 투어를 하면서 여유롭게 시간을 보냅니다. 하지만 다운타운 동쪽에 사는 대부분의 피츠버그 주민들은 도시의 내륙 중앙을 통과하여 뒤편에서 서쪽 끝의 다운타운으로 진입합니다. 그런데 버스로 다운타운에 가기 위해서는 반드시 거쳐야 하는 낯선 공간이 있습니다. 앞에서 언급한 '힐 디스트릭트', 또는 줄여서 '힐'이라고 부르는 지역입니다. 이 지역의 끝자락에서 버스 승객들은 거대한 공터를 발견합니다. 거대한 지상 주차장입니다. 값비싼 도시의 다운타운 바로 뒤에 위치한 광대한 지상 주차장은 사실 잘 이해되지 않는 광경입니다. '이렇게 비싼 땅을 왜 저렇게 놀리고 있는가?'라는 의구심이 들지 않을 수 없습니다.

지금의 주차장 터는 1950년대 말까지만 해도 수많은 집들이 조밀하게 모여 있던 다문화 주거 지역이었습니다. 그때까지만 해도 이 지역은 힐 지역의 동네 사람들뿐만 아니라 인근의 다운타운 사람들, 피츠버그 전역의 사람들이 즐겨 찾던 곳이었습니다. 각종 클럽과 레스토랑이 즐비했고, 생활용품을 취급하는 소규모 상점들도 잔뜩 모여 있었습니다. 도시의 철강 노동자들과 광산 노동자들이 지역의 소상공인들과 함께 어울려 살았습니다. 힐의 주민들은 다양한 인종의 이민자들이었습니다. 공장 노동자들은 주로 백인이었습니다. 유럽계 백인 이민자들뿐만 아니라 유태인들도 살았고 차이나타운도 있었습니다. 찬란한 다운타운을 유지하기 위해 필요한 허드렛일들은 주로 힐의 흑인들이 감당했습니다. 이들은 노예해방을 계기로 남부에서 탈출하여 북부의 도시에 정착한 사람들이었습니다. 1900년대 초중반에 접어들면서 점차 흑인들의 비중이 높아졌습니다. 어떤 동네에 흑인이 늘어나면 백인들은 떠나기 시작합니다. 1950~60년대 도시 재생 사업의 무렵에는 '아프리카계 미국인들'이 힐 공동체의 주요 구성원이었습니다.

힐 디스트릭트는 역사적으로 소외된 사람들, 그래서 가난한 사람들의 동네였지만 나름의 독특하고 풍부한 문화를 형성했던 아주 역동적인 커뮤니티였습니다. 가령, 힐은 재즈의 고장으로 전국적으로 유명한 곳이었습니다. 미국 전역의 재즈 연주자들에게 다섯 손가락 안에 꼽히던 유명한 무대였습니다. 리나 혼이나 루이 암스트롱처럼 우리가 잘 아는 유명한 재즈 뮤지션들이 심심찮게 힐 디스트릭트에 들러서 공연을 했습니다. 힐 디스트릭트는 그 문화적 역동성이 재즈의 본고장인 뉴욕의 할렘에 버금간다고 해서 '꼬마 할렘Little Harlem'이라는 애칭으로도 불렸습니다. 또 피츠버그에는 야

리터러시 수업에서 사용한 역사 자료.
럭키 톰슨, 디지 길레스피, 찰리 파커, 빌리 이클스틴 등이 재즈 공연을 하고 있다(1944년).

구팀도 두 개나 있었습니다. 이 팀들은 리그의 강자였고 우승도 여러 번 했습니다. 선수들은 모두 흑인이었습니다. 이 당시만 해도 흑인들이 백인들과 같이 야구를 할 수 없어서 흑인 리그가 따로 있었기 때문입니다. 당시의 공식 명칭은 '내셔널 니그로 리그National Negro League'였습니다. 특히 힐 지역에 연고를 둔 피츠버그 크로포즈Pittsburgh Crowfords는 당대 최고의 야구단이었습니다.

힐의 사람들은 자신들만의 문화와 경제를 일구면서 살았지만, 도시의 위정자들은 힐에 대해 사뭇 다른 판단을 하고 있었습니다. 시 당국이 실시한 피츠버그 지역의 주거 실태 조사에 의하면, 개별 주거 환경이 심하게 낙후되어 사람이 정상적으로 생활하기 어렵다고 판단되는 지역들이 도시 안에 여러 곳이었습니다. 가령, 주거 낙후 지역의 대다수 가정집들에는 개별 화장실이 마련되어 있지 않았습니다. 여러 집이 공동 화장실을 나누어 써야 하는 상황에서는 위생, 건강, 사생활 문제가 제기되지 않을 수 없습니다. 또한, 주택의 유지 및 보수 관리가 형편없어서 구조적 안전 문제가 제기되었습니다. 크고 작은 범죄들도 적지 않았습니다. 범죄가 많아서 범죄율이 높았겠지만, 흑인이라는 이유로 범죄가 아닌 것들도 범죄가 되는 차별이 만연한 과거에는 현상적으로는 더욱 심각한 우범지대가 되었습니다. 주거가 낙후되고, 저소득의 유색인 노동자 계층이 살며, 폭력적 성향의 범죄가 들끓는 지역의 대표적인 곳이 힐 디스트릭트였습니다.

시에서 가장 돈이 많이 몰려 있던 골든 트라이앵글의 다운타운에 붙어 있는 힐 지역의 낙후 문제는 그 대비 효과로 시 당국자들에게 더욱 심각하게 받아들여졌습니다. 때마침, 1950~1960년대 미국 전역의 대도시에서 도시 재생 사업이 벌어집니다. 앞에서 중요하다고 했습니다! 연방 정부의 주거 개선 정책이 실행되면서 대규모의 재정 지원을 받은 프로젝트들이 도시 재생의 이름으로 곳곳에서 진행됩니다. 이 사업의 실행은 대개는 모든 걸 갈아엎고 새로 만드는 전면 도시 재개발이었습니다. 갈아엎어야 할 것들은 분명했습니다. 도심에 위치한 낙후된 주거지역이었습니다. 낙후된 지역에서는 사람들이 건강하게 살 수 없고, 범죄율이 증가하여 안전을 확보할 수 없으며, 찬란하게 거듭나야 할 도시 전체의 이미지에 누를 끼치는 요소들이 너무 많다고 판단되었습니다. 거기에 누가 사는지는 크게 중요하지 않습니다. 그들이 원래 어떻게 살았는지도 위정자의 판단에 영향을 미치지 못합니다. 사회적 약자, 소외된 인종, 궁핍한 계층의 사람들이 모여 사는 지역이라면 더욱 그렇습니다. 피츠버그의 힐 디스트릭트처럼 말입니다.

피츠버그시의 당국자들은 이러한 논리를 바탕으로 하여 연방 정부의 지원을 받아 대대적인 도시 재개발 프로젝트를 진행합니다. 우선은 골든 트라이앵글과 힐 디스트릭트 사이에 넓은 고속도로를 계획합니다. 수많은 차들이 쉬지 않고 달리는 고속도로는 사람들이 건너다닐 수 없게 만든 구조물입니다. 사람이 건너다니지 못하는 곳에서는 교류가 끊기기 마련입니다. 다운타운이라는 백인 상류층의 파이낸스 공간과 힐 디스트릭트라는 흑인 하류층의 삶의 공간이 인종주의라는 날카로운 면도날로 인위적으로 단절되었습니다. 고속도로로 갈라놓은 도시에는 없어져야 할 공간의 테두리가 분명하게 보입니다. 예의 시청의 도시 개발 당국은 힐 지역의 주택과 상업 건물들은 모두 갈아엎고 새것들을 지어 넣기로 계획합니다. 제1의 삶의 공간을 파괴하고 제2의 제도적 공간으로 흡수하는 절차입니다. 제1 공간은 열등한 곳이며, 제2 공간은 우월한 곳입니다. 각종 데이터에 근거한 의사 결정이었지만, 진지한 협의와 설득 없이 강행된 백인 우월주의와 반흑인주의라는 인종주의가 극단으로 작동한 결과였습니다.

피츠버그시 개발 당국은 제1 공간의 공동체가 사라진 힐 디스트릭트 지역에 거대한 구조물을 건설합니다. 사람들이 살던 주거 공동체를 밀어 버리고 둥근 우주선 모양의 대형 경기장을 지었습니다. '피츠버그 시민들

리터러시 수업에서 사용한 역사 자료.
1961년, 힐 디스트릭트의 주거 및 상업 지역이 사라진 뒤에 건축된 시빅아레나 ©Historical Pittsburgh

의 원형경기장(또는 피츠버그 시립극장)'이라는 뜻의 이름을 가진 'Pittsburgh Civic Arena'라는 돔 형태의 건축물이었습니다. 이 건물은 1961년 완공될 당시에는 세계에서 두 번째로 큰 돔 건축물이었다고 합니다. 이 건물은 원래 피츠버그 지역의 '모든' 시민들이 음악회도 구경하고 스포츠 경기도 관람할 수 있는 일종의 복합 문화 공간으로 계획되었습니다. 나중에는 피츠버그 펭귄즈Pittsburgh Penguins라는 아이스하키 팀의 주 경기장으로 수십 년간 사용되었습니다. 하키 퍽을 이리저리 날리며 보디책을 일삼는 펭귄들이 거칠게 뛰어다니던 시빅아레나라는 본명보다는 '이글루'라는 별칭으로 널리 불렸습니다.

어떤 장소가 새로운 것으로 대체되면 원래 있던 것들은 어디로 갔을까 질문해 보아야 합니다. '시빅아레나가 사뿐하게 내려앉기 전부터 그곳에 살고 있던 사람들은 모두 어디로 갔을까?' 철거민들의 일부는 시 당국이 마련한 공공임대주택으로 흡수되었습니다. 대부분의 공공주택들은 그들이 살던 마을이 아니라 도시 외곽의 외진 곳에 마련되었습니다. 마치 전염병에 걸린 이재민이라도 된 듯 도시의 주요 거점들, 주로 백인 중산층이 살던 주거지역들과 분리된 지역으로 이주당했습니다. 현재도 도시 곳곳에 이런 공공주택들이 상당수 남아 있는데 대부분 지상에서는 잘 보이지 않는 협소한 언덕배기 지역에 위치해 있습니다. 아파트 건물의 상태는 형편없으며, 임대주택에 들어간 1세대 원주민들의 자녀들이 지금도 여전히 살고 있는 경우가 많습니다. 사람들은 거기에 그렇게 묶여 버렸습니다. 나머지 사람들은 도시를 떠나거나 홈리스가 되었을지 모릅니다. 살 집을 잃은 사람들은 그들의 영혼을 누일 정신의 공동체마저도 상실했습니다.

피츠버그시 당국은 상심한 지역민들의 마음을 달래기 위해 한두 가지 당근책을 마련했습니다. 공공임대주택 이외에 시빅아레나가 완공되면 힐 디스트릭트의 원주민들이 먹고살 수 있도록 일자리를 마련해 주겠다고 했습니다. 경기장이 개장하면 다양한 행사가 있을 때 음식이나 기념품을 파는 사람도 필요하고, 경기장을 청소하고 관리해야 하는 인력도 필요할 것입니다. 원주민들을 우선적으로 고려하여 이런 일자리들을 제공하겠다고 약속했습니다. 하지만 위정자들의 약속은 대체로 깨지라고 있는 것 같습니다.

경기장이 완성되어도 흑인 주민들에게 돌아가는 일자리는 극히 드물었습니다. 일자리는 주거 및 교육과 함께 가장 중요한 삶의 요소입니다. 주거의 권리를 상실한 사람들은 일자리의 기회마저 박탈당했습니다. 복수의 삶의 요소들이 순식간에 삭제된 현실에 힐 공동체는 좌절하고 분노했습니다.

비슷한 시기에 벌어지는 역사적 사건들은 우연을 가장한 필연처럼 보입니다. 1968년 4월 4일, 흑인 민권운동의 지도자인 마틴 루터 킹 주니어 Martin Luther King Jr.(1929~1968) 목사가 멤피스의 한 모텔에서 저격당하는 비극이 벌어집니다. 그의 죽음은 흑인 공동체의 전국적 저항을 격발했습니다. 피츠버그도 예외는 아니었습니다. 특히, 힐 공동체는 킹 목사에 대한 인종 범죄에 분노했지만, 그것은 지금껏 그들이 겪어 왔던 부조리하고 체계적인 차별과 불평등 그리고 주거와 학교, 일자리에 관한 기본 생존권 박탈에 대한 대리 표현이었습니다. 피폐해진 공동체 안에서 폭발 요인이 축적되던 시점에 외부에서 강력한 자극이 주어진 것입니다. 피츠버그의 한쪽에서는 인권 운동 지도자들의 질서정연한 평화 시위가 진행되었습니다. 그러나 다른 한쪽에서는 생존의 기로에 선 성난 대중의 폭력 시위가 이어졌습니다. 특히, 힐 지역 안에서는 방화와 약탈이 극에 달했습니다. 8일 동안 지속된 시위는 당시 조셉 바 시장이 4천여 명 규모의 연방정부군을 끌어들이면서 '진압'되었습니다. 이 과정에서 2천여 명의 부상자가 속출했습니다. 심지어 평화 시위를 주도한 흑인 여성 지도자와 연방정부군으로 차출된 흑인 아들이 도시의 거리에서 시위대와 진압군으로 맞닥뜨리는 안타까운 일도 벌

리터러시 수업 시간에 사용한 역사 자료.
지역 일간지인《피츠버그 포스트가젯(Pittsburgh Post-Gazette)》의 1968년 4월 8일 기사.
힐 디스트릭트 지역의 시위를 진압하기 위하여 군대가 동원되었다는 헤드라인이 눈에 들어온다.

어졌습니다.

1968년의 격렬했던 분노의 시위와 강경 진압의 충돌로 인해서 힐 디스트릭트는 완전히 분해됩니다. 그 시간 이후 힐은 피츠버그에서 가장 위험한 지역이 되었습니다. 차를 주차해 놓으면 총탄이 날아와 박히는 죽음의 공간이 되었습니다. 마약 거래와 폭력 범죄가 판치는 갱들의 공간으로 바뀌었습니다. 피츠버그의 아이들이 가지 말아야 할 곳으로 배우는 1순위 지역이 되었습니다. 예비 교사들이 가장 가기 싫어하는 교육구가 되었습니다. 힐 공동체는 분노의 폭력 시위로 최종적으로 망가졌지만, 도시에 만연했던 인종차별과 부조리한 지배 권력의 남용으로 이미 정신적, 문화적으로 폐허가 되었습니다. 시빅아레나, 모두를 위한 시립극장이 지어지기 전 힐의 원주민들이 이루었던 역동적인 재즈 문화, 스포츠 문화, 삶의 가치와 정서 같은 것들은 모두 해체되었습니다. 아무도 살지 않는 곳이 되었습니다.

역사는 아이러니합니다. 트라우마를 간직한 힐 디스트릭트에서 영원할 것 같았던 펭귄즈의 이글루, 시빅아레나 역시 2012년에 수명을 다하고 해체됩니다. 펭귄즈의 규모가 커지면서 더 많은 사람들이 그들의 경기를 보고 싶어 했습니다. 잘 나가는 하키 팀의 사업주와 팬들을 동시에 만족시키기 위해서는 더 크고 세련된 경기장이 필요했습니다. 그래서 시빅아레나를 부수고 새 경기장을 짓기로 결정합니다. 그런데 새로운 경기장 건설에 들어가는 막대한 재정과 사업 이권에 관하여 시와 구단 사이의 협상이 제대로 진행되지 못했습니다. 결국 우주선 건물은 날아갔지만, 새 경기장은 밑그림도 그리지 못한 상태로 남겨지게 되었습니다. 펭귄즈는 옆에 있던 석탄 회사의 대형 본사 건물을 개조하여 홈경기장을 이전합니다.

시빅아레나가 사라진 자리는 아직도 빈터로 남아 있습니다. 그 빈터는 펭귄즈의 경기가 열릴 때마다 주차장으로 쓰이고 있습니다. 이렇게 보면 역사란 아무것도 아닙니다. 기억에서 지워지면 아무런 쓸모가 없는 주차장 같은 것일지 모릅니다. 세상에 이렇게 역사적인 주차장이 있을지 의문입니다. 이런 이유로 피츠버그의 다운타운 옆에, 골든 트라이앵글의 이웃에 텅 빈 주차장이 생기게 되었습니다.

역사 시간에 주차장에 대해서 가르칠 이유는 없습니다. 그러나 주차장

역사 수업에서 사용한 자료. 시빅아레나가 있던 자리, 현재 모습

이 어느 도시의 역사를 간직한 채 거대한 불모의 공간이 되었다면 그것은 역사적으로 탐구할 만합니다. 특히나, 힐의 원주민들과 이웃들이 청년과 어린이의 이름으로 이어지는 곳의 역사라면 말입니다. 그래서 피츠버그 대학의 동료들과 함께 수업을 하나 만들어 보기로 했습니다. 힐의 역사가 제게 흥미로웠던 만큼, 아이들에게도 흥미로울 것이라 생각했습니다. 힐의 역사를 알아 가는 읽기 과정이 피츠버그에 전입한 주민으로서 저의 정체성에 기여했듯이, 피츠버그에서 뿌리내리고 살아온 가정의 아이들에게도 도움이 될 것이라고 생각했습니다. 그래서 이름하여 '역사 속으로 들어가기 Entering History: To Know the Present and Influence the Future'라는 근사한 제목의 수업을 만들었습니다. '역사 속으로 들어가서 현재를 이해하고 미래를 바꾸자'라는 취지를 담고자 했습니다.

힐의 주차장은 시빅아레나를 찾아가는 거대한 관문이고, 시빅아레나는 힐의 공동체를 찾아가는 우주선입니다. 이렇게 '역사 속으로 들어가기'는 힐 지역에서 일어난 역사적인 사건들의 연결 고리와 인과관계를 해석하고 재구성하는 수업입니다. 이러한 역사적 과정들이 정의로운 것이었는지, 당시의 사람들은 어떤 생활을 했으며 자신들의 눈앞에 벌어지는 부조리한 일들에 대해서 어떤 대응을 했는지, 시민들의 저항이 남긴 공과는 무엇인지 탐구하는 수업입니다. 버스를 타고 돌아다니면서 본 텅 빈 공간들, 어색하기 짝이 없는 거대한 주차장, 폐허가 된 공동체의 이야기로 구성된 수업입니다. 학생들이 살아가는 제1 공간의 공동체 역사를 제2 공간의 규범적 학교의 역사 과목에 통합한 수업입니다. 역사를 배우면서 읽고 쓰고 대화하는 내용 교과 수업이자, 읽고 쓰고 대화하면서 역사를 공부하는 리터러시 수업입니다.[3]

; 도심의 흑인 학교에서 상상한 제3 공간

역사 속으로 들어가기 연구를 위해서는 무엇보다 이 수업을 직접 실행해 줄 현장 교사들을 만나야 했습니다. 지역 학교에 대한 자료 조사와 수소문 끝에 연구팀원들(린다 큐컨, 에밀리 레이니 교수와 피츠버그 대학의 리터러시 전공 대학원생들)과 함께 던바중학교(가칭)를 방문했습니다. 던바중학교는 피츠버그 도심에 위치한 준공립학교입니다. 던바중학교의 학생들은 주로 피츠버그시에 거주하는 다양한 사회경제적 배경을 가진 흑인 가정의 자녀들입니다. 그래서 전형적인 미국 도심의 흑인 학교로 불릴 만합니다. 새롭게 개발한 역사 리터러시 수업이 '힐 디스트릭트'라는 그들의 부모와 조부모 세대들과 연결된 흑인 공동체의 역사에 관한 것이었기 때문에, 우리는 주저 없이 던바중학교로 향했습니다. 과거와 현재를 관통하는 시간 속에서 언제나 경제적 약자였고 인종적 소수자였으며, 주류 역사가 주인공으로 캐스팅하지 않았던 흑인 커뮤니티의 이야기였기 때문입니다.

다행히 여기에 운이 따랐습니다. 최고의 파트너를 만났기 때문입니다. 바로 이 학교의 리더인 '미스터 핸더슨(가명)' 교장입니다. 그가 첫 미팅에서 우리 연구 팀에 이런 제안을 했습니다. "닥터 초, 접니다! 아이들이 사회정의social justice를 고민하고 실천하는 학교를 만들고 싶소. 사회정의가 무엇인지, 그것이 왜 필요한지, 어떻게 정의로운 사회를 만들 수 있을지 지적이고 실천적인 과정에 아이들이 참여할 수 있는 학교 말이오." 우리들의 귀에 핸더슨 선생님의 제안은 꽤 뜻밖이었습니다. 대체로 미국의 공립학교는 대학의 연구자들이 학교에 방문하여 이것저것 따져 묻고 요청하는 일을 그리 반가워하지 않습니다. 장기간의 연구 과정에 정성껏 협력해도 새로운 교육 방법의 제안, 재정적 지원, 교사의 전문성 신장 방안 개선 같은 실질적으로 학교에 돌아오는 이득이 많지 않다고 생각하기 때문입니다. 그러나 부모 세대부터 흑인 시민운동에 참여해 왔던 핸더슨 교장의 개인사를 듣고 보니 이런 가정이 편협한 것임을 깨달았습니다. 핸더슨 교장은 교육자로서 스스로 추구하는 교육의 가치를 실현하기 위해서 다양한 창구로 대외 협력을 구하고 장기적 계획을 도모하는 분이었습니다.

핸더슨 교장의 제안에 우리 연구팀은 존중의 마음으로 다음과 같이 응했습니다.

"피츠버그의 공동체 역사를 공부하는 수업을 해 보면 어떻겠습니까? 커뮤니티의 역사를 돌아보면 아픈 이야기들이 많이 있습니다. 과거에 묻힌 이야기들이 오늘 우리의 삶 속에 살아서 돌아다닙니다. 자랑스러운 도시 역사도 많지만 쉽게 꺼내 놓기 어려운 아픈 이야기들도 많습니다. 그것들은 남의 이야기가 아닙니다. 우리의 가족, 어머니 세대, 할아버지 세대의 이야기들이자, 오늘날의 던바중학교 학생들에 관한 이야기들입니다. 그 역사를 공부하면서 던바의 아이들이 자신의 삶의 공간을 좀 더 정확하게 바라볼 수 있으면 좋겠습니다. 과거에 이 도시에서 어떻게 사회정의가 거부되어 왔으며 또 어떻게 극복되어 왔는지 탐구해 보면 좋겠습니다. 오늘의 사회정의를 역사의 눈으로 재조명하고 정의로운 사회를 꿈꿀 수 있는 지적, 정서적 토대를 아이들과 함께 만들고 싶습니다. 교과서로만 가르치는 일은 하지 않으려고 합니다. 대신, 아이들이 제대로 역사를 탐구할 수 있게 여러 가지 좋은 텍스트들을 재료로 삼아서 다양한 눈으로

읽고 생각하고 토론하는 수업을 디자인하고 싶습니다. 우리는 리터
러시를 연구하는 사람들이니까요."

핸더슨 교장의 반응은 간단하지만 격했습니다. 그러고는 당장에 함께 일
할 선생님들을 소개해 주었습니다. 우리로 치자면 국어 교사인 '미스터 캐
리(가명)'와 사회 교사인 '미스터 두바(가명)'였습니다. 국어 선생님은 꼼꼼하
게 텍스트를 읽어서 문제에 알맞게 사용하는 법을 가르쳐 줄 수 있고, 사
회 선생님은 텍스트를 통해서 역사적으로 사유하는 법을 가르쳐 줄 수 있
을 것 같았습니다. 핸더슨 교장은 이 두 명의 선생님들과 피츠버그 대학 연
구팀이 함께 작업할 수 있는 계기를 마련해 주었습니다.

사실 교장 선생님 못지않게 더욱 우리를 놀라게 한 것은 두바 선생님과
캐리 선생님의 적극적인 태도였습니다. 그들도 우리 팀의 연구 계획을 듣고
무척 흥분했습니다. 많은 선생님들이 좋은 수업이나 혁신적인 수업에 대해
인색하게 보이는 이유는, 그들이 그것을 못해서 안 한다기보다는 그렇게 해
야 하거나 할 수 있는 계기를 찾지 못했기 때문일 가능성이 큽니다. 선생님
들에게 기회가 없었기 때문입니다. 그 기회를 살릴 수 있는 물리적, 재정적,
문화적, 심리적인 지원이 부재하기 때문입니다. 교사가 바뀔 기회가 없으면,
교실이 바뀔 기회를 놓치게 됩니다. 교실이 바뀌지 않으면 학생들이 바뀌
기 어렵습니다.

함께 성장한 제3 공간의
리터러시 수업

우리의 작업은 '디자인 기반 연구Design-Based Research'였습니다. 흔히 DBR이라고 부르는, 비교적 새로운 접근법의 교육 연구입니다. 그런데 여기서 말하는 디자인은 결과이기도 하지만 과정이기도 합니다. 좋은 수업에서 디자인된 생산물product이기도 하지만, 그것을 디자인하는 과정process을 의미하기도 한다는 말입니다. 가르치고 배우는 과정을 통해서 새로운 교육의 방식들을 설계하고, 그것을 다시 현장에 투입하여 더 나은 교수—학습의 디자인을 도출하는 과정입니다.

연구실에서 특정 교수법을 설계하여 실험실에서 일회적으로 검증하는 방식의 연구는 교육 현장의 실질적 변화를 이끌어 내기 어렵습니다. 교육 행위의 인과관계에 관한 심화된 연구는 반드시 맥락화된 현장 기반 탐구로 확장되어야 합니다. 교육 연구가 실제적 효용성을 가지려면 그 연구 문제가 현장의 맥락에서 생성되는 것이어야 합니다. 디자인 기반 연구는 실제 학교의 맥락에서 교육 설계의 효과성을 검증합니다. 이론적으로 뒷받침되는 정치한 교수와 학습의 모형을 현장에 투입하여 실행하고, 그 과정에서 다양한 데이터들(학습자 데이터, 교수자 데이터, 맥락 데이터, 상호작용 데이터, 과정 데이터, 결과 데이터 등)을 수집하고 분석하여 투입된 모형의 개선을 위해 사용합니다.

DBR은 연구와 교육, 이론과 실제, 대학과 학교라는 이분법을 극복해야 가능한 연구입니다. 학습의 디자인을 현장의 수업 과정에서 더 좋은 디자인으로 반복 개선하는 일이기 때문입니다. 사실, 이것은 매우 어려운 과정입니다. 비유컨대, 고급 브랜드의 자동차 디자인을 따라하기 힘든 이유는 생산된 차량의 디자인을 이해할 수 없기 때문이 아니라, 그렇게 차량을 디자인하는 일련의 과정과 경험을 재현할 수 없기 때문입니다. 후발 주자인 자동차 브랜드가 아무리 값비싼 디자이너를 영입해도 그 브랜드에 관습화된 문화적 과정이 바뀌지 않으면 단기간에 탁월한 디자인의 모델을 만들어 낼 수 없습니다.

그러니까 디자인은 '형성적' 과정입니다. 무엇을 만들어 나가는 과정이며, 이 과정들을 반복함으로써 현장의 맥락에 근거한 최신의 감각과 통찰을 이끌어 냅니다. 새로운 감각과 통찰은 더 좋은 디자인을 만들어 내는 재료가 됩니다. 결과적으로 DBR은 교육의 과정을 디자인하는 연구이며, 따라서 최상의 연구 성과는 그러한 디자인의 과정을 인내를 갖고 실천하는 현장의 변화입니다. 교사 전문성 개발, 학업 성취도 증진, 수업 몰입도 향상, 정서적 유대 관계의 증진, 상생적 리더십의 실천 등이 좋은 예시가 될 수 있습니다.

디자인 기반 연구에서 교사는 연구 대상자가 아니라 연구 협력 파트너입니다. 피츠버그 대학의 연구자들은 던바중학교에서 가르치는 미스터 두바, 미스터 캐리와 함께 하나의 연구팀이 되어 역사라는 주제와 리터러시라는 방법론을 통합한 DBR 연구를 수행했습니다. 그들은 약 일 년 동안 제3 공간의 리터러시 수업을 디자인했습니다. 우선은 피츠버그 대학 연구자들이 개발한 수업의 초안을 꼼꼼하게 검토했습니다. 학교와 공동체의 맥락, 학생의 지적 배경과 문화적 선호, 교사의 전문성과 준비도, 텍스트의 특성과 적합성, 테크놀로지의 효용과 통합 방안, 수업 시간의 효과적 사용, 학습 참여도 증진을 위한 과제 활동의 창안, 심지어 부모들의 예상 반응과 학교 대응 등 검토할 수 있는 모든 것들에 대하여 분석하였습니다. 분석의 뒤에는 언제나 토론이 뒤따랐습니다. 하루 종일 토론만 하다가 미팅이 끝나는 일도 많았습니다. 그리고 토론의 결과는 언제나 크고 작은 조정과 수정이었습니다. 이런 작업은 엄청난 지적, 정서적, 육체적 노동을 요구합니다.

'역사 속으로 들어가기' 수업은 매일 90분씩 한 달 분량으로 구성되었습니다. 이 수업의 디자이너들은 크게 네 가지 점에 주목했습니다. 첫째, 텍스트를 읽고 사용하여 역사를 이해하는 과정을 탐구의 과정으로 설계했습니다. 탐구란 지식의 탐구이자 역사적 인과관계의 탐구이지만, 그것을 가능하게 하는 것은 바로 말 그대로 다양한 출처의 자료들을 탐구하는 '텍스트 탐구text inquiry'입니다. 치밀한 형사들은 하나의 단서에 집착하지 않습니다. 그들은 가능한 많은 범죄의 증거들을 정황 속에 놓고 그 관계들을 살펴 과거의 일을 재구성합니다. 마찬가지로, 역사가는 단일 텍스트에 집착하지 않습니다. 관련된 다양한 자료들을 분석하고 통합하여 가장 진실에 가까운 방식으로 사건을 재구성합니다.

이러한 역사적 텍스트의 탐구 과정은 순환적입니다. '질문하기−조사하기−소통하기'로 이어지는 사이클입니다. 알아보고자 하는 것에 대한 질문을 만들고, 그 질문에 답하기 위하여 다양한 역사 자료들을 조사하고, 텍스트에 기반한 역사적 논증의 아이디어를 공유합니다. 서로 가진 것들을 나누어야 토론이 가능합니다. 그리고 토론의 과정에서 생산적인 피드백을 구할 수 있습니다. 텍스트 조사를 통해서 내가 얻은 결론과 그에 못지않은 노력으로 얻어진 타인의 관점이 배어 있는 피드백을 통합하여 새로운 질문을 만듭니다. 처음 만든 질문은 거칠고 일반적인 것이지만, 새로 만든 질문은 구체적이고 정밀합니다. 이렇게 새로운 탐구의 순환 과정이 시작됩니다. 정보의 나열과 암기에 집중하는 일반적인 역사 수업과 비교하면 특별하지 않습니까?

두 번째 디자인 요소는 '텍스트 선택choice of text'이었습니다. 선택은 학습 동기를 진작하는 가장 효과적인 교수 전략입니다. 학생들의 자율성을 북돋고 학습 과정에의 적극적인 참여를 안내합니다. 대부분의 학생들은 관심을 갖고 직접 고른 텍스트를 무책임하게 버려 두지 않습니다. 이 점에 착안하여 수업에 필요한 다양한 종류의 텍스트들을 모아 놓은 소박한 웹사이트를 하나 개발했습니다. 학생들이 역사 속으로 잘 걸어 들어가기 위해서 필요한 자료들을 수집하여 온라인 창고를 만들었습니다. '역사 속으로 들어가기 온라인 저장소Entering History Online Repository'로 이름 지었습니다! 이는 다양한 선택을 유도하되 효과적인 선택을 안내하기 위한 장치로, 우리는 이곳

'역사 속으로 들어가기 온라인 저장소' 홈페이지 대문

에 100개 이상의 역사적인 자료들을 올려놨습니다.

이 사이트에는 힐 커뮤니티의 모습을 담은 흑백사진도 있고, 1968년에 벌어진 8일 간의 시위를 담은 신문 기사들도 있습니다. 당시 시청 도시 개발과에서 제작한 주거 환경 지도도 있고, 사람들의 경제적 조건과 소득 상태를 조사한 통계 자료도 있습니다. 최근에 방영된 뉴스 기사의 동영상도 있고, 피츠버그의 역사에 관심 많은 전문가가 작성한 개인 블로그도 있습니다. 다양한 역사 자료를 모아 놓은 도서관 사이트도 연결되어 있고, 다양한 시각 자료를 모아 놓은 사이버 박물관도 링크되어 있습니다. 짧은 다큐멘터리 영상도 있고, 생존자들의 음성 인터뷰 자료도 있습니다. 어떻습니까, 너무 잘 정리된 역사 교과서보다는 이런 자료들을 보고 골라 탐구하는 일이 조금 더 흥미롭지 않겠습니까?

세 번째 디자인 요소는 '대화'였습니다. 교실에서 이루어지는 모든 대화 말입니다. 이 대화에는 잘 조직된 정교한 대화와 여기저기서 급작스럽게 터지는 즉흥 대화가 모두 포함됩니다. 우리는 이것을 '교실 담화classroom discourse'라고 부르기로 했습니다. 최신 학습 과학 이론은 '대화'를 가장 중요한 학습의 도구로 봅니다. 대화를 통해서 서로의 이해가 공유되고, 대화를 통해서 생각의 차이가 드러납니다. 대화를 통해서 서로 다른 관점들이 통합, 조정됩니다. 대화는 교실 문화를 구성하고 배움의 기회를 창출합니다. 대화를 통해서 서로의 생각을 모니터링하고 협력적으로 앎의 과정을 밟아 나갑니다.

대화하지 않는 교실에서는 뜻깊은 배움이 일어나기 어렵습니다. 아무리 잘 읽어도 말하고 소통하고 듣지 않으면 일개인의 지식일 뿐입니다. 열린 대화, 존중의 대화는 공유된 지식을 가능하게 합니다. 백지장도 맞들면 낫다고, 배움의 과정에서 한 사람의 머리는 두 사람의 머리를 이길 수 없으며 그 머리를 모으는 과정의 핵심에 대화가 있습니다. 혼자 읽기 어려운 글들도 함께 읽으면 쉬이 읽을 수 있습니다. 실세계의 역사적 자료는 절대로 아이들을 위해 특별하게 만들어진 텍스트가 아닙니다. 어른들에게도 어려운 것들입니다. 실패하기 쉬운 텍스트이지만, 교실 구성원이 함께 대화하면서 읽으면 성공의 가능성을 크게 높일 수 있습니다. 어떻습니까, 비정상적으로 조용한 교실에선 맛보기 어려운, 몸이 들썩이는 기분이 아니겠습니까?

　마지막으로, '문화적 관련성 cultural relevance'입니다. 문화적 관련성은 제3의 배움 공간을 설계하는 핵심 원리입니다. 배움의 내용, 방법, 자료, 도구, 목적은 학생의 삶에 관련되는 것이어야 합니다. 아이들의 또래 문화, 지역 공동체, 문화적 기호, 언어적 경험에 연결되는 것이어야 합니다. 아이들의 것이라면 무조건 좋다는 말이 아닙니다. 제1 공간에서 습득한 다양한 지적 자산들을 자신 있게 교실로 가져오게 만들어야 한다는 뜻입니다. 그들을 기분 좋게 자극하고, 그들 스스로 자신의 자산을 기꺼이 공유하는 일에 뿌듯함을 느끼게 해야 합니다.

　학생들의 생활세계에 문화적으로 밀접하게 관련된 수업은 제1 공간의 문화적 지속성을 확보하는 교육 culturally sustaining pedagogies 으로 향합니다. 특별히 이 원리는 다문화 가정의 아이들과 함께하는 교실에서 반드시 고려되어야 할 학습 원리입니다. 이 아이들을 잘못됐거나 감추고 싶은 문화의 일원이 아니라, 교실 공동체의 구성원들과 대등하게 공유할 수 있는 가치 있는 문화의 당당한 구성원으로 교실 대화에 참여할 수 있게 안내해야 합니다. 그렇게 할 수 있는 안전한 교실이 제3 공간에서 만들어질 수 있습니다. 제3 공간에서는 모두의 제1 공간이, 즉 모두의 사고방식이 존중받기 때문입니다. 다채로운 문화적 경험과 지식이 공유되는 교실. 생각만 해도 흥분되지 않습니까?

; 학생들이 몰입하다

힐 디스트릭트의 역사 속으로 들어가는 리터러시 수업에서 던바중학교의 학생들은 다양한 자료를 보고 읽고 분석하고 종합하면서 제3의 배움 공간을 즐겼습니다. 던바의 교실에서 배우는 역사는 활자로 박힌 정보가 아니었습니다. 힐의 역사는 학생들의 삶, 그에 더해 그들의 부모, 조부모 세대의 삶과 연결된 주제이자 그들이 도시를 오가며 관찰하고 경험했던 숨겨진 공간의 이야기였습니다. 맥락 없이 역사를 외우는 것이 아니라, 학교 건물을 나가면 어떤 일들이 벌어지는지 눈으로 확인할 수 있는 살아 움직이는 '역사하기doing history' 수업이었습니다.

역사 속으로 들어가기 수업에서 학생들은 텍스트를 '손수' 찾아 읽습니다. 단일 교과서에 자신을 가두지 않고 텍스트와 텍스트, 의미와 의미, 경험과 경험을 연결하면서 읽습니다. 나의 관점과 타인의 관점을 비교하며 읽습니다. 우리의 관점과 텍스트의 관점을 맞대어 놓고 분석하면서 읽습니다. 교과서에는 정제된 사진과 글이 함께 조직되어 있지만, 실제의 역사하기에서는 복잡한 문서 자료와 사진 자료를 선택해서 연결해야 합니다. 1950년대 도시 주거 실태를 보여주는 흑백 지도를 보면서 왜 어느 특정 지역들만 검게 표시되는지 확인하고(개별 화장실이 부재한 주택의 가구 수가 많을수록 검게 표시됨) 그것을 통계 문서 자료와 비교합니다. 연방군이 피츠버그에 투입되었다는 1968년의 신문 기사를 읽고, 피츠버그 대학에 진을 친 군인들의 사진을 보면서 그들이 가져온 살상 무기들을 관찰하고 그 의도를 추론합니다.

한 달 넘게 수업을 하는 동안, 아이들의 리터러시가 조금씩 변화하기 시작했습니다. 가장 먼저 눈에 띄는 것은 과거의 사람들을 지칭하는 '주어'의 변화였습니다. 수업 초기에 학생들은 대개 반세기 전 힐 디스트릭트 사람들의 상황을 읽고 설명할 때는 분명히 '그들'이라는 주어를 사용했습니다.

- 그들은 힐 지역에 모여 살았다.
- 그들은 재즈바에서 대중문화를 즐겼다.
- 그들은 킹 목사가 죽었을 때 거리로 나왔다.

수업이 무르익으면서 '그들'의 이야기는 '나'와 '우리'의 관점으로 재조정되었습니다.

- 나와 같은 흑인들이 집을 잃었구나.
- 우리와 같은 아이들이 좋은 학교에 다닐 수 없었구나.
- 우리 할아버지도 그때 재즈바에서 색소폰을 연주했다.

이러한 관점의 재조정은 역사와 역사 텍스트를 다시 따져 묻게 합니다.

- 시위 진압에 그렇게 많은 군인과 장갑차가 동원되어야 했는가?

- 연방정부군이 시위대로부터 수호하려 했던 것은 무엇인가?
- 힐 디스트릭트를 파괴한 폭력은 시위인가, 군대인가, 아니면 인종 주의인가?

과거를 새롭게 조명하는 질문들은 현재를 새롭게 조사하는 질문으로 이어집니다.

- 왜 여전히 힐 지역의 도로와 주택, 상점 들은 낙후되어 있는가?
- 시 당국자들은 부숴진 건물을 다시 지을 수는 있지만 무너진 공동체는 온전히 복원하기 어렵다는 점을 왜 깨닫지 못하는가?
- 다운타운과 힐을 연결하는, 모두를 존중하는 피츠버그 공동체는 가능한가?

던바 학생들의 역사적 탐구는 그들의 이야기에서 나의 이야기로, 과거의 질문에서 현재의 질문으로 확장됩니다. 역사라는 추상적인 이야기와 개념들이 나의 문화적 자원을 적극 활용할 수 있는 제3의 교실에서 재창안됩니다. 실제적 질문에 답하기 위한 다양한 텍스트 자료의 조사를 통해서 진지한 배움, 깊게 자리하는 배움, 오래가는 배움이 일어납니다.

역사 속으로 들어가기 수업에서 학생들은 역사적 리터러시의 과정에 '정서적'으로 몰입했습니다. 수업이 심화되면서 던바의 학생들은 흥분하면서 역사 자료를 읽었습니다. 근거 없는 흥분이 아니라, 2018년 지역 일간지의 특집 기사를 인용하면서 왜 그들이 인종차별적 역사에 흥분할 수밖에 없었는지를 밝히는 이유 있는 흥분이었습니다. 어떤 책이나 글을 읽을 때 감정적으로 몰입한다는 것은 그만큼 그 책과 글에 정서적으로 연결된다는 뜻입니다. 정서와 인지는 상호 보완적입니다. 텍스트와 나의 정서적 연결은 텍스트에 대한 나의 인지적 이해에 기초하지만, 동시에 그러한 인지적 이해를 촉진하고 확장합니다. 인간은 사랑을 할 때 상대를 이해하기 시작하면서 정서적으로 강하게 몰입하게 되며, 이러한 몰입은 상대를 더 잘 이해하려고 노력하게 만듭니다. 글을 읽을 때 흥분하는 것은 텍스트를 이해하고 분석하는 과정에 깊이 몰입한다는 신호입니다.

제3 공간에서 던바중학교 학생들은 범상치 않게 '공손'한 방식으로 대화했습니다. 공손함은 순화된 언어의 사용만을 의미하지 않습니다. 그것은 협력적으로 앎의 길을 찾아가는 '존중'의 대화 양식을 의미합니다. 자신들의 공동체 역사에 관한 다양한 자료들을 조사하면서 서로의 생각을 묻고 답하는 일에 점점 익숙해져 갔습니다. 이는 대화를 매개로 협력하여 함께 지식을 탐구하는 '공유된 앎shared knowing'의 과정입니다.

- 정중하게 상대의 의견 '요청하기': 1968년에 왜 그렇게 과격한 시위가 일어났을까? 혹시 너의 생각은 어떤지 말해 줄 수 있겠니?
- 적합하게 의견을 정리하여 '응대하기': 나는 그것이 흑인들에 대한 인

종주의racism 때문이라고 생각해. 우리가 살펴본 자료들이 그렇게 말하고 있지. 예를 들어······

- 합리적인 반론과 근거로 '도전하기': 좋은 의견이다. 그런데 한편으론 인종주의 이전에 사회에 만연한 차별discrimination이라는 힘이 더욱 큰 문제는 아니었을까? 왜냐하면, 그 당시에 힐 디스트릭트에는 흑인 말고도 다른 인종들, 가령, 백인 탄광 노동자들도 살고 있었거든. 자, 이 인구 조사표를 한번 봐 봐.

- 상이한 의견들의 논리 구조 '평가하기': 맞아, 큰 틀에서 차별의 개념으로 설명할 수 있을 것 같아. 하지만 차별적 행위들이 특정 인종 집단에 대해서 체계적이고 지속적인 방식으로 가해졌다는 점에서 보다 직접적 원인은 인종주의라고 규정할 수 있지 않을까? 특히 반흑인주의적 인종주의······(중략)······ 이 표에서 일자리를 잃은 흑인의 비율이 압도적이고, 역사적 맥락에서도······

이것은 '인식론적 대화epistemic talk'입니다. 이런 대화는 지식을 조사, 검토, 평가하는 능동적 앎의 과정을 촉진합니다. 상충하는 관점과 정보를 종합하여 합리적 대안을 형성해 나가는 비판적 문제 해결의 과정을 안내합니다. 인식론적 대화는 일반적인 중학교의 역사 교실에서 관찰하기 어려운 교실 담화입니다. 여러분의 기억을 떠올려 보십시오. 학교의 역사 교실에는 대화가 없습니다. 대화 없이 역사를 배우는 수업에서는 역사적 사건, 인물,

연대, 그래서 언제 어디서 무슨 일이 일어났는가의 내용을 하나의 목록으로 정리하고 외우는 일이 중요합니다. 대화를 하지 않아도 요약 정리하면 이런 정보들을 훨씬 효율적으로 머릿속에 집어넣을 수 있다고 믿기 때문입니다. 그러나 아이들이 기억한 탈맥락화된 정보들은 시험 등의 가까운 목적을 달성하면 급격하게 기억에서 사라집니다. 역사적으로 읽고 생각하는 리터러시와는 거리가 멉니다.

반면에 던바의 아이들은 대화로 역사를 배웠습니다. 대화는 지적 탐구를 유도합니다. 좋은 대화는 생산적인 질문과 성실한 대답으로 이루어집니다. 질문하고 대답하기 위해서는 텍스트를 조사해야 합니다. 텍스트를 조사하고 그것을 사용해서 대화의 재료를 만들어야 합니다. 대화를 하면서 텍스트에 빠져들고, 동시에 텍스트를 가지고 대화에 몰입합니다. 적극적으로 의미를 만들어 가는 구성적 대화는 암기한 정보보다 훨씬 내구성이 좋은 구조화된 이해를 만들어 줍니다. 정중하게 타인의 의견을 '요청'하고 이에 자신의 의견을 정리하여 적절하게 '응대'하는 대화를 통해서 말입니다. 이것은 주장만 난무하는 대화가 아니라, 분명한 '근거'를 들어서 서로의 주장들을 정당하게 합리화하는 대화입니다. 공동의 '인식론적 책무성epistemological responsibility'을 기꺼이 받아들이고 실천함으로써 협력적 앎의 과정에 기여하는 대화입니다.

어떻게 이런 일들이 가능합니까? 그것은 배움의 내용과 과정이 '나의 것'이기 때문입니다. 누군가 틀에 짜 맞춘, 제2 공간이 기획한 규범적인 남의 공부가 아니라, 내가 직접 나에 관해서 진지한 질문으로 탐구하는 제3 공간의 배움이기 때문입니다. 내가 알고 있는 것들을 맘껏 그리고 체계적으로 사용할 수 있는 공간입니다. 지난주에 만나 할머니에게서 들은 시시콜콜한 힐의 이야기들을 한껏 풀어놓을 수 있는 공간입니다. 내 삶의 경험, 내가 언젠가 누군가와 상호작용하면서 습득한 지식과 기술들이 나의 공부에 재료가 되는 공간입니다.

; 교사들이 참여하다

두바와 캐리라는 이름을 기억하십니까? 좋은 교사 없이 좋은 수업을 기대하기는 어렵습니다. 역사 속으로 들어가기 수업을 하며 미스터 두바와 미스터 캐리는 제3 공간에 어울리는 새로운 교사로 거듭났습니다. 수업을 하는 동안 두바와 캐리는 핸더슨 교장이 알던 동료 교사들, 피츠버그 연구팀이 던바의 교무실에서 첫 대면한 현장 교사들이 아니었습니다. 그들은 힐의 후속 세대인 던바의 청소년들과 함께 힐의 역사를 차근차근 열정적으로 탐구하는 지적 공동체의 구성원이었습니다.

미스터 두바는 중년의 백인 남성 역사 교사입니다. 그는 피츠버그에 정착한 블루컬러 노동자의 3세대 후손이자 친절하고 사려 깊으며 미국의 역사에 능통한 전문가입니다. 역사를 좋아하고 역사책 읽기를 게을리하지 않으며 앉은자리에서 누구하고도 역사를 주제로 몇 시간도 이야기할 수 있는 타고난 역사가였습니다. 두바의 고민은 "어떻게 하면 흑인 학생들과 정서적으로 서로 연결될 수 있는 역사를 가르칠 수 있을까?"였습니다.

역사 속으로 들어가기 수업을 하기 전에 우리가 관찰한 미스터 두바의 수업은 일방향적이고 권위적으로 보였습니다. 교과서에 주어진 권위, 교사에게 주어진 권위, 역사라는 교과목에 주어진 권위가 반영된 대화에서 아이들은 그러한 권위를 받아들여야 하는 '대상'이었습니다. 그러나 역사 속으로 들어가기 수업을 진행하면서 미스터 두바는 조금씩 양방향적인 대화를 즐기기 시작했습니다. 학생에게 역사가로서의 권위가 주어지는 교실, 교과서와 교사가 지식을 독점하지 않는 수평적인 교실, 협력적 대화와 소통을 통해서 공동의 앎이 만끽되는 제3 공간의 교실이었기 때문입니다. 그는 단지 흑인의 역사를 열정적으로 가르치는 백인 교사가 아니라 그들의 후손들과 함께 연대하여 피츠버그의 역사를 함께 찾아가는 역사하기의 능동적 참여자였습니다.

미스터 캐리는 30대의 흑인 남성 교사였습니다. 캐리는 쾌활하고 유머 감각이 넘쳤습니다. 던바중학교의 수업은 캐리와의 하이파이브로 시작됩니다. 검은 탱크탑에 금박 통바지를 입고 전설의 래퍼 엠씨 해머가 되어 진지하게 수업하는 캐리의 모습은 생각만 해도 웃음이 나옵니다. 교직 생활을 시작한 지 채 반 년이 되지 않은 캐리는 던바의 학생들이 세상을 살아가는 데 도움이 되는 수업을 하고 싶어 했습니다. 그 자신이 중학생을 둔 학부모이면서 동시에 피츠버그의 현재를 살아가는 흑인 남성이기 때문이었습니다.

역사 속으로 들어가기 수업 전에 우리가 관찰한 미스터 캐리의 수업은 다소 산만했습니다. 아이들의 생활을 잘 알고 있는 교사이기에 늘 즐거운 소통이 일어나는 수업이었지만, 깊이 있는 대화와 날카로운 질문이 생성되는 수업은 아니었습니다. 그러나 역사 속으로 들어가기 수업을 하면서 그는 질문의 중요성을 깨닫기 시작했습니다. 그는 학생을 테스트하는 질문이 아니라, 학생의 생각을 유도하고 안내하는 질문이 필요했습니다. 많은 경우 그것은 교사로부터 나온 질문이 아니라 학생들로부터 생성된 질문이었습니다. "예" 혹은 "아니오"로 답할 수 있는 간단한 질문이 아니라, 자료의 검토와 분석을 통해서만 제대로 응답할 수 있는 복합적 사고를 요구하는 역사가들의 질문이었습니다.

교사들이 바뀌지 않으면 학교가 바뀌지 않습니다. 이것은 학교를 새롭게 바꾸는 일에 헌신하는 사람들이 반드시 염두에 두어야 할 진술입니다. 아무리 시대에 앞서 나가는 교육과정을 개발해도, 아무리 알찬 교과서를 제작해도, 아무리 신묘한 테스트를 투입해도 그것들을 제대로 활용할 수 있는 교사들이 없다면 말짱 헛물입니다. 사실, 교과서나 시험 같은 것으로 학교를 바꾸어 보겠다는 것은 아주 값싸고 쉬운 발상입니다. 수십 명의 대학 교수들과 베테랑 현장 교사들이 한 달 두 달 밤낮 없이 고생하면서 교과서를 만들고 시험 문제를 출제하는 일은 단 몇 억, 몇십 억이면 해결됩니다. 그러나 한 명의 훌륭한 교사를 양성하기 위해서는 적어도 4년 이상의 교사 양성 훈련과 적어도 몇 년 이상의 현장 경험이 요구됩니다. 한 명의 훌륭한 교사를 위해서 대학 교육을 근본적으로 혁신해야 하고, 교원 전문성 개발 프로그램을 장기적인 안목에서 개발해야 합니다. 이런 일을 하려면 훨씬 많은 직간접 비용과 훨씬 많은 사람들의 노고와 훨씬 많은 액수의 재정이 필요합니다.

이런 점에서 제3 공간의 설계는 교사를 바꾸는 가장 효과적이고 자연스러운 학교 개혁의 시작일 수 있습니다. 제3 공간에서는 교사들이 바뀝니다. 바뀌지 않으면 안 되기 때문입니다. 새로운 하이브리드 공간인 제3 공간에서 교사들은 자신이 배웠던 대로 가르치려는 관성을 타파하고 지금까지와는 다른 지식, 방식, 기술, 관점, 태도로 아이들을 가르쳐야 합니다. 새로운 공간에서 맥락화되는 학습 내용, 학습 자료, 학습 과정, 그리고 학습자에 대한 관점을 다시 살피고 교수 내용, 교수 자료, 교수 과정 그리고 교수자에 대해서 성찰적으로 분석해야 합니다. 변화된 공간에서는 변화된 역할과 책임을 완수해야 하므로, 자연스럽게 교사 정체성 또한 변화합니다.

삶과 학교가 연결되는
소통의 학교

새로운 생각은 어떻게 창안됩니까? 다작으로 유명한 공상과학소설 작가이자 과학자인 아이작 아시모프 Isaac Asimov (1920~1992)는 〈창의

성에 관하여〉라는 에세이에서 창의적 아이디어가 생성되는 원리를 간단히 설명했습니다.

"일단 어떤 것이 서로 연결되면 그다음엔 모든 것이 자명해진다."[4]

너무 쉬운 말입니다. 그러나 사람들이 쉽게 잊은 말이기도 합니다. 창의적 생각은 서로 관련 없어 보이는 두 개의 아이디어를 연결하는 것에서부터 시작합니다. 일단 연결되면 새로운 것들이 만들어집니다. 새로운 것이 늘 실제적 효용과 가치를 갖지는 않을 것입니다. 그러나 서로 연결되지 않으면 그 어떤 새로운 생각도 창안되지 않습니다.

그렇다면 새로운 공간은 어떻게 창안됩니까? 새로운 공간은 서로 다른 두 개의 공간이 연결될 때 만들어집니다. 삶과 학교가 연결될 때 창안됩니다. 그것이 제3 공간입니다. 새로운 공간은 결핍된 공간이 아니라, 구성원들의 경험, 생각, 지식, 관점이 배움의 재료로 활용되는 자산의 공간입니다. 제3 공간의 설계는 학교를 바꾸는 하나의 좋은 방법입니다. 학교를 바꾸는 일은 위에서 거대하고 멋진 정책을 만들어서 아래로 내리꽂는 단순한 행정이 아닙니다. 학교를 바꾸는 것은 매일매일 아이들과 함께 만나는 교실, 그 교실에서 아이들을 대하는 방법, 아이들과 눈을 맞추는 방법, 아이들과 함께 읽고 쓰고 생각하는 방법을 바꾸는 것입니다. 던바의 역사 속으로 들어가기 수업처럼 말입니다.

12장

세상을 바꾸는 리터러시 실천

세상을 다루는
효과적인 방법, 리터러시

리터러시는 글에 관한 말이지만 세상에 관한 개념이기도 합니다. 그것은 텍스트를 매개로 하여 세상을 읽고(보고 이해하고) 쓰는(표현하고 구성하는) 사회문화적 실천입니다. 기호와 의미를 정교하게 다루는 고도의 심리적 과정을 통해서 복잡하고도 복합적인 세상사에 관하여 사람들과 소통하는 일체의 사회문화적 소통 방법입니다. 우리가 소통을 하는 중요한 이유는 지금보다 괜찮은 나, 발전된 우리, 진화된 세상을 원하기 때문입니다. 높이 고무된 의식으로 리터러시를 실천하는 각성된 시민은 세상이 작동해 온 기존의 방식을 무작정 받아들이거나 고의로 외면하지 않습니다. 그들은 과거로부터 현재까지를 통과하는 이 세상이 앞으로 어떻게 움직이면 좋을지 부단히 읽고 쓰고 대화하고 토론합니다. 학교에서, 직장에서, 가정에서, 온라인에서, 바닷가에서, 지하철에서, 앉아 있을 때도 걸을 때도, 때로는 혼자서 가끔은 여럿이서 그렇게 합니다. 이를 미루어 볼 때, 리터러시는 세상을 바꾸는 가장 일상적이면서도 가장 강력한 도구입니다.

우리는 지금, 지금까지 우리가 살아온 세상이 아주 크게 바뀌어야 하는 당위적 대전환의 시대에 살고 있습니다. 상이한 가치와 이념이 충돌하는 가운데 시대의 기운이 하나의 큰 줄기를 형성하면서 새로운 방향으로 움직이고 있습니다. 여전히 우리 세상은 인간이 생명을 소유하고 있다는 낭비와 오만의 경제, 일등과 표준이라는 몰개성의 가치에 얽매인 문화와 습성, 디지털과 아날로그의 이분법적 협량함에 찌들어 있습니다. 하지만 미증유의 코로나 감염병 사태를 겪으면서 인류의 세상은 인간 중심의 경제에서 생태 중심의 경제로, 획일 사회에서 다양성의 사회로, 단절된 실물 시대에서 디지털 융복합 시대로 급격하게 옮겨 가고 있습니다. 따라서 우리가 문명사적 전환기라는 새로운 맥락의 흐름 위에 살고 있다는 현실은, 그간 우리에게 익숙했던 관성적 리터러시의 개념과 방식을 미래 세대를 위하여 새롭게 상상하고 정의해야 한다는 주장을 뒷받침합니다. 전환적 문명 시대의 주체는 세상의 변화를 위하여 새롭게 기호를 다루고, 새롭게 의미를 구성하며, 새롭게 세상을 만들어 나갑니다.

세상을 바꾼

마틴 루터 킹의 꿈

MLK, 마틴 루터 킹 주니어 목사를 부르는 약어입니다. 아프리카계 미국인인 마틴 루터 킹 목사는 1950년대 중반부터 미국의 흑인 민권 운동을 이끌어 온 열정의 지도자이자 세계 시민운동사에서 중요한 챕터로 기록되는 인물입니다. 동시에 그는 탁월한 연설가였습니다. 좋은 말을 하고 좋은 글을 썼습니다. 편지와 연설을 통해서 사람의 마음과 행동을 바꾸려고 했습니다. 사람의 마음과 행동을 바꿔서 세상을 바꾸고 싶어 했습니다. 킹 목사는 1950~1960년대 국내외의 정치사회적 갈등과 혼란이 들끓는 변혁의 시대를 살아가던 수많은 미국 젊은이들에게 인종 차별과 혐오에 분노할 줄 아는 각성된 시민성을 시범 보였습니다. 생각하는 시민, 참여하는 시민, 정의롭지 못한 것을 바로잡기 위해 행동하는 시민의 길을 살피고 그들과 함께 행진하였습니다.

킹 목사에게는 꿈이 있었습니다. 그 꿈은 그의 말과 글에 잘 드러나 있습니다. 흔히 'I Have A Dream'으로 불리는 유명한 연설이 대표적입니다. 킹 목사는 1963년 8월 28일에 워싱턴 D.C.의 내셔널 몰 서쪽 끝에 위치한 링컨 기념관 앞에 운집한 25만여 명의 시민들 앞에서 그의 꿈을 이야기했습니다. 이 집회는 존 F. 케네디 대통령(1963년 11월에 암살됨)이 주도한 민권법(1964년에 제정됨)을 지지하기 위한 것이었습니다. 인종, 피부색, 종교, 성,

마틴 루터 킹 ©wikipedia

출생, 국적 등에 근거한 어떠한 차별도 금지하자는 이 법의 근간에 흑인 인권이 있었습니다. 킹 목사는 백 년 전 에이브러햄 링컨 대통령의 노예해방 선언(1863년) 이후에도 여전히 실질적 노예로 고통 받고 있는 미국의 흑인들에 대한 차별을 종식하자고 선언했습니다. 킹 목사의 희망에 관한 이 연설은 링컨 대통령의 게티스버그 연설과 함께 미국의 역사를 이해하려면 반드시 읽어야 할 가장 중요한 텍스트가 되었습니다.

그런데 킹 목사에게는 더 큰 '드림'이 있었습니다. 그의 선언은 아프리카계 미국인이라는 제한된 인종적 범위를 뛰어넘는 것이었습니다. 킹 목사는 사회 전반에 만연해 있던 반흑인주의를 가장 중요한 시민 불복종civil disobedience의 기제로 보았으며 미국민들을 옥죄어 왔던 퇴행적 신념 체계를 타파하는 변혁의 지렛대로 사용하고자 했습니다. 말콤 엑스(1965년에 암살됨)와 같은 강경한 흑인 해방주의자들은 킹 목사의 저항 방식이 지나치게 소극적, 낭만적, 패배적이라면서 강하게 비판했습니다. 그러나 킹 목사는 '비폭력적이지만 직접적인 행동 방식nonviolent direct action'으로 모두가 사랑하는 공동체, 서로에게 사랑받는 공동체를 만들자고 역설하였습니다. 인간의 존엄과는 상관없는 인종적, 생물학적, 사회적, 문화적 조건들에 의탁한 반인권적 차별의 굴레와 편견의 사슬을 걷어 내자고 주장했습니다. 시민이라면 누구나 동등하게 교육, 주거, 직업이라는 삶의 기본 수단을 누릴 수 있는 공동체를 만들자고 제안했습니다. 자유의 부가 넘치는 공동체, 정의의 가치가 수호되는 공동체를 만들자고 청했습니다. 이렇게 해방된 공동체는 권리를 누리되 책임지는 공동체이며, 모두에 대한 존중으로써 공동체의 책무성이 강력하게 지지된다고 설명했습니다.

21세기의 5분의 1을 살아 낸 지금, 아직도 미국 사회에는 뿌리 깊은 인종주의의 고질병이 만연해 있습니다. 반흑인주의, 반이민주의, 백인 우월주의 같은 위험한 마음들이 미국인들의 의식 속에 잠재되어 있습니다. 역사의 시간에서 인종적 편견은 평소에는 시나브로 사람들의 마음을 좀먹다가 외부의 간단한 자극만으로 순식간에 부어올라 걷잡을 수 없는 증오로 터져 버립니다. 킹 목사는 혐오와 폭력으로 악화되는 이러한 사회적 병폐를 날카롭게 해부했습니다. 그것의 증상을 관찰하고 원인을 추론하여 장기적이고 효과적인 방법으로 치유하고 싶어 했습니다. 정치와 입법을 넘어서, 사람들이 살아가는 문화, 한 사람 한 사람의 마음에 기생하는 혐오와 편견, 그로 인한 물질적, 정신적 가난과 불평등을 극복하고 싶어 했습니다. 가장 강력하게 조직된 평화의 말과 글, 분명한 저항의 의지와 변화의 목표를 표출하는 비폭력 직접 행동인 '리터러시 실천'을 통해서 모두가 함께 존중하는 사랑의 공동체를 꿈꾸었습니다.

킹 목사는 1968년 4월 4일, 테네시주의 멤피스라는 도시에서 어느 백인 우월주의자가 쏜 총에 암살당합니다. 그는 전날 밤 도시 위생 노동자들의 파업을 지지하는 연설을 마지막으로 생을 마감했습니다. 그는 죽기 전까지 세상을 바꾸는 리터러시를 실천했습니다. 부당한 권력에 맞서서, 부조리한 사회 구조를 바꾸려고 읽고 쓰고 말하고 토론했습니다. 미국에서는 1월의 세 번째 월요일이 'MLK 공휴일'입니다. 법으로 통과되기 전까지 백인 보수 정치인들의 끈질긴 거부권 행사와 방해 작업들이 있었지만, 우여곡절 끝에 1986년부터 그의 출생일(1월 15일) 즈음에 킹 목사의 업적과 희생을 기리고 있습니다.

공권력을 향한
케이팝 팬의 댓글

킹 목사처럼 읽고 쓰고 말하고 생각하고 실천하는 사람들은

21세기에도 존재합니다. 평범하지만 그의 연설에 뒤지지 않을 유쾌한 상징 언어와 그의 철학에 뒤떨어지지 않는 재기발랄한 시선으로 세상을 바꾸려는 리터러시 실천가들입니다. 이들의 언어와 시선은 각성된 시민들에게서 발견되며 미래를 만들어가는 젊은이들에게서 확인됩니다. 이를 보여 주기 위해 한 소녀의 이야기를 해 보고 싶습니다.[1]

; 2020년 봄, 혼돈의 미국

2020년 봄에 벌어진 미국의 코로나19 팬데믹은 무서웠습니다. 대부분의 미국 사람들은 그해 3월 중순 전까지만 해도 코로나 바이러스 같은 건 비위생적인 아시아 국가들에서나 퍼지는 지독한 독감 정도쯤으로 무시했습니다. 겨울 독감이 괴팍하기로 유명한 미국에서는 매년 독감에 걸려 죽는 사람이 상당하기에 신종 바이러스라 해서 특별히 심각해하는 사람들도 많지 않았습니다. 그런데 3월 봄방학 전후로 확진자와 사망자 수가 무섭게 늘어나면서 사람들이 하나둘 마스크를 쓰고 다니기 시작했습니다. 미국과 같은 서구 사회에서 마스크는 자신의 정체성을 가리는 물건이라서 CCTV에 찍힌 강도나 테러리스트의 근거지에 잠입하는 정예부대 요원들이 아니라면 평소에 일반인이 마스크를 쓰고 다니는 것은 낯설고 찝찝한 일입니다. 짐작컨대, 이웃이 죽어 나가는 상황을 연일 뉴스로 지켜보는 일에 힘들어하는 사람들도 많았지만, 목적과 소용을 받아들이기 어려운 마스크를 쓰고 돌아다녀야 하는 상황에 정체성 혼돈을 겪으면서 힘들어한 미국인들도 적지 않았을 것입니다.

관공서가 문을 닫고, 대중교통이 정지되고, 사재기로 상점 물건이 동나는 상황에서 사람들의 신경은 곤두설 수밖에 없습니다. 화장지를 구하는 일이 가장 중요한 일상의 목표가 된 사람들은 세상 모든 일에 쉽게 화를 냅니다. 자동차의 경적이 무용한 한가한 서버브 교외 지역에서도 성질이 불같은 백인 운전자는 신호를 놓친 앞 차 흑인 운전자의 면전에서 막무가내로 욕설에 비말을 섞어 퍼붓습니다. 그야말로 저주입니다. 다운타운의 학교에서 하교하는 아시아계 학생들을 보면 백인과 흑인이 뒤섞인 못난 청소년들이 등 뒤에서 "헤이, 코로나!"라고 쏘아 댑니다. 그야말로 혐오 그 자체입니다.

법 없이 살아도 될 평범한 사람들이 저주와 혐오의 일상을 살아가는 시간에도 도널드 트럼프라는 마스크를 끼지 않은 대통령은 연일 마스크 쓴 사람들을 겁쟁이라고 조롱합니다. 코로나 같은 것은 한여름 소나기처럼 실컷 내리다 언제 그랬냐는 듯이 사라질 것이라 떠벌립니다. 하루에 수십만 명이 확진되고 수천 명이 사망해도, 자신의 안위에만 몰두한 가짜 정치가의 눈에는 어쩌다가 그렇게 된 일이니 책임도 의무도 없습니다. 도시 약자들의 시체가 냉동 트럭에 줄지어 누워 있을 것을 생각하면 그의 처신은 엽기에 가까웠습니다.

엎친 데 덮친 격, 설상가상 같은 말들은 이렇게 점점 꼬여 가는 세상을 보면 진리에 가까운 표현입니다. 팬데믹이 악화되고 있던 그해 5월 25일,

조지 플로이드라는 흑인 남성이 미니애폴리스의 길거리에서 백인 경찰에 의해서 살해당하는 참혹한 사건이 발생합니다. 현장에 연루된 네 명의 경찰 중 데렉 쇼빈이라는 자가 땅바닥에 엎드린 채 고개가 돌아간 희생자의 목을 무릎으로 8분 46초 동안 짓눌렀습니다. 나머지 경찰관들은 그런 일이 벌어지는 상황을 아무런 문제의식이나 죄책감 없이 방조했습니다.

조지 플로이드는 현장에서 사망했습니다. 공권력은 시민의 안전을 위해 사용될 때 정당성을 부여받습니다. 하지만 시민의 안전을 위해하고 생명까지 앗아간 이 경찰관들의 행동은 어떠한 경우에도 정당화될 수 없는 범죄입니다. 특히 이 사건은 경찰관 개개인의 문제를 넘어서서, 이러한 문제적 개인들을 방치하다 못해 아예 경찰권이라는 공공의 이름으로 조장해 온 '제도적, 체계적 인종주의institutional and systemic racism'가 더 문제였습니다. 세계 초강대국이라는 미국의 감염병 대처 상황도 허구적이지만, 코로나 바이러스에 감염되어 사경을 헤매다 검붉어진 얼굴로 돌아와 백악관 계단을 오르면서 장하게 마스크를 벗어 던지던 트럼프가 정말 실존 캐릭터였는지 저는 아직도 모르겠습니다! 모두가 사회적으로 격리된 이 난국에 어른 아이 할 것 없이 바지 주머니에 양손을 찔러 넣은 채 의기양양해하던 살인자 경찰관의 표정을 고통과 공포로 뒤범벅된 흑인 남성의 죽어 가는 얼굴과 함께 교차로 반복 시청해야 하는 사회는 정말 잔혹하지 않습니까?

이 사건을 계기로 미국 전역에서 불같은 저항이 일어납니다. 제가 살던 피츠버그에서도 평일과 주말을 가리지 않고 사람들이 모여 평화 행진을 했습니다. 많은 시위가 평화적이었지만, 어떤 사람들은 그것을 또 다른 폭력으로 변질시키기도 했습니다. 한국 언론은 주로 흑인들이 등장하는 무단 침입, 기물 파손, 약탈과 방화 장면에 집중했을 듯합니다. 그러나 같은 시간을 미국에서 보낸 저의 직간접적 관찰에 의하면 폭력적인 모습보다는 평화적인 모습이 더 많았으며, 폭력 시위의 이면에는 시민 행동의 원래 목적과 결과와는 상관없이 폭력 그 자체만을 일삼는 교활한 사람들의 역할이 한 몫했습니다.

; 나의 정체성을 발현하는 리터러시 활동

경찰 당국은 폭력 시위의 격화를 우려했습니다. 대화와 중재로 상황을 누그러뜨려 보려는 시도보다는 어떻게 해서든 폭력 시위를 제압하고자 했습니다. 회유와 무력 진압과 함께, 당연히 디지털 미디어를 활용하기도 했습니다. 가령, 미국의 남부 텍사스주에 있는 댈러스시의 경찰청은 트위터에 이런 공고를 합니다. "여러분, 길을 가다가 불법적인 폭력 시위 행위들을 보게 되면 동영상을 찍어서 우리 경찰청에 제보해 주십시오."

그런데 한 케이팝 소녀 팬이 경찰청 트위터에 이런 댓글을 답니다.

"i got a video for you."

"자, 영상 여기 있어요."라는 단 한 문장입니다. 그리고 동영상 하나를 함께 링크합니다. 그런데 그것은 폭력 시위의 현장을 담은 촬영물이 아니라, 멋진 외모와 출중한 실력을 뽐내는 유명 케이팝 스타의 영상이었습니다.

어른들이 보기엔 별것 아닌 일인데, 트위터에서 난리가 납니다. 다른 트위터리안들이 소녀가 쓴 트윗과 케이팝 영상을 보고 리트윗하기 시작한 것입니다. 너나할 것 없이 "나도 여기 있어! 나도 여기 있어!"라며 소녀의 트윗을 재생산해 이 트윗은 삽시간에 수많은 케이팝 팬 트위터 계정들에 의해서 퍼져 나갔습니다. 유사한 트윗들도 수없이 올라왔습니다. 여러분의 짐작대로, 댈러스 경찰청은 결국 자신들의 트윗을 삭제했습니다. 자신들의 목적을 달성하기는커녕, 오히려 사람들의 반감만 샀습니다. 그들도 일이 이렇게까지 될 줄은 몰랐을 것입니다.

여러분은 이 상황을 어떻게 이해합니까? 먼저 '경찰청 사람들'의 리터러시를 봅시다. 그들은 동영상이라는 하나의 소통 양식을 범죄의 증거 또는 그것을 수집하는 도구로 간주했습니다. 불행하게도 그들의 말을 잘 따라 줄 사람들, 범죄 증거 수집에 기꺼이 종사해 줄 동업자들을 쉽게 찾을 수 있는 공간으로 트위터를 골랐습니다. 트위터에는 세상사에 지나칠 정도로 예민한 사람들이 많기 때문입니다. 카메라를 특히 잘 다루고 어떤 경우에는 몇 줄의 글로 효과적인 폭로를 일삼는 사람들이 많기 때문입니다. 아마 경찰청 사람들의 주변에 그런 트위터 이용자가 많았을 것입니다. 때문에 자신들의 관점에서 자신들의 방식대로 특정한 미디어와 리터러시를 판단했고, 그런 판단에 의거하여 소기의 목적을 달성할 수 있는 최적의 도구로 활용하고 싶었을 것입니다. 경찰청 사람들은 트위터리안들에게 그들의 원하는 동영상을 제출해 달라고 거리낌 없이 요청합니다. "우리는 여러분의

Dallas Police Dept @DallasPD · May 31
If you have video of illegal activity from the protests and are trying to
share it with @DallasPD, you can download it to our iWatch Dallas app.
You can remain anonymous. @ChiefHallDPD @CityOfDallas
💬 2.1K   🔁 403   ♡ 1K

댈러스시 경찰청의 트윗과 이에 대한 한 케이팝 소녀 팬의 트윗2

소중한 비디오를 폭력 시위 처벌을 위한 증거 자료로 쓸 겁니다!"라고 말입니다.

그러나 일의 경과를 살펴보면 댈러스 경찰청은 트위터라는 소통 공간, 트윗이라는 사회적 글쓰기, 그런 글쓰기에 매진하는 트위터리안이라는 디지털 시민들의 생리와 암묵적 규칙을 제대로 이해하지 못한 것 같습니다. 경찰청 사람들은 디지털 공간을 감시의 공간으로 사용했습니다. 특정한 플랫폼의 사회관계망을 하나의 기술로서 피상적으로 이해했을 뿐, 그 기술이 가능하게 만드는 문화적 기능과 실천적 본질에 대해서는 알아차리지 못했습니다. 디지털 사회관계망을 소통과 토론, 논쟁과 협상의 플랫폼이 아니라 명령과 감시의 플랫폼으로 사용했습니다. 디지털적인 것들에 직관적인 트위터리안들은 경찰청의 트윗을 아마도 이렇게 읽었을 것 같습니다. "이봐요, 우리가 어떤 사람들을 유심히 살펴봐야 할 일이 생겼습니다. '그들'이 시위에 참여해 기물을 파손하거나 불법적 폭력을 일삼는 등 나쁜 일들을 한다면, 여러분 스스로 경찰관이 되어 우리 대신 그 장면을 채증해 주시오. 좋은 증거에는 포상이 따를 수도 있습니다." 이것은 명령과 회유의 언어입니다.

이에 비하면 케이팝 소녀 팬의 트윗은 진국입니다. 그는 디지털 공간에서 읽고 쓰는 일이 어떻게 실천되는지 그 속성과 형식을 잘 알고 있습니다. 이러한 디지털 리터러시는 교과서에서 발췌한 정보의 기억이 아니라 눈으로 보고 듣고 경험해 얻은 앎입니다. 그래서 이 소녀는 단순하지만 복합적인 트윗의 언어로 자신의 주장을 함축적으로 표현합니다. "경찰관 아저씨, 트위터에서는 영상을 그렇게 쓰지 않아요. 누구를 감시하는 용도가 아니라, 서로 보고 즐기려고 올리는 것이죠. 사람의 문화를 즐기기 위한 수단이지 사람들을 감시하는 도구가 아니란 말입니다!"라는 완곡한 비판의 언어를 사용합니다. "트위터는 아저씨가 생각하는 그런 공간이 아니에요. 여러 의견이 공유되는, 시민들이 소통하는 곳이죠. 모두가 수평적으로 소통하는 공간이란 말입니다!"라는 존중과 이해의 언어입니다. 그래서 그와 함께한 트위터리안들은 "너의 주장을 지지해!"라고 이야기하는 대신 서로의 글을 리트윗하면서 연대를 실천했습니다. 트위터에서 새로운 읽기와 쓰기를 시연한 것입니다.

이것을 단지 십대 청소년의 충동적인 댓글이라고 이야기할 수 있습니까? 남용되고 오용되는 것들에 맞서는 시민적 저항의 한 표현이라고 보는 편이 낫지 않겠습니까? 시민적 저항이라니 거창하게 들리지만, 그렇다고 해서 케이팝 소녀 팬이 이런 종류의 글쓰기를 사전에 계획하거나 치밀하게 준비하지는 않았을 것입니다. 댈러스 경찰청과 같이 공권력이 행하는 이해할 수 없는 행위들에 대한 일평생의 문제의식에서 발로한 전략적 대응도 아닙니다. 그래서 그의 디지털 리터러시는 공교롭게 보이기도 하지만, 실은 그가 살아가는 시대가 요구하는 정확한 타이밍과 상황에서 발현된 특별한 사회적 행위입니다.

이렇게 읽고 쓰는 실천 행위는 케이팝을 중심으로 형성된 그의 정체성이라는 에너지로 작동합니다. 그는 케이팝을 들으면서 케이팝 문화를 향유하고, 케이팝의 즐거움들을 다른 이들과 공유할 줄 압니다. 트위터라는 사회관계망과 미디어를 활용해서 케이팝을 퍼뜨리고 케이팝으로 소통하고 케이팝을 위해 생각합니다. 이렇게 자신만의 정체성을 발현하는 리터러시 활동들을 통해서 유연하면서 꼼꼼하게 읽고 쓰는 의미 구성의 주체로 성장했을 것입니다. 삶의 경험이 꿋꿋하게 떠받치는 탁월한 리터러시 능력을 가지고 있는 시민입니다.

좋은 사회를 디자인하는
리터러시 실천

　　　　케이팝 소녀 팬의 리터러시는 직관적이면서도 정교한 '디자인' 과정을 함축하고 있습니다. 리터러시는 다른 사람의 생각을 이해하는 것이고 나의 생각을 다른 사람에게 표현하는 것입니다. 전통적으로는 문자 언어를 다루어 읽고 쓰는 것이지만, 현대 디지털 사회에서는 다양한 기술들을 활용하여 문자 이외의 영상, 소리, 그래픽 등의 다양한 표상 도구들을 활용해서 '의미'를 디자인합니다. 아주 짧은 순간에 직관적인 방식으로, 그러나 자신의 삶이 지지하는 방식으로 메시지를 디자인합니다.

　어쩌면 여러분은 이렇게 생각할 수도 있을 것 같습니다. "어린 친구가 트위터에 글 하나 올린 것 가지고 호들갑이 지나치군!" 또는 "인터넷에서 소란스러워지니까 경찰청이 자기네 글을 자발적으로 내린 것뿐인데!"라고 평가할 수 있습니다. "트위터 안에서만 벌어진 일, 찻잔 속의 태풍일 뿐이지. 그것이 여태 아무도 하지 못한 변화를 일으킨다고?"라며 늘상 마주치는 에피소드 정도로 해석할지 모릅니다. 그런데 여러분이 살벌한 2020년 봄의 미국의 시간을 살고 있었다면, 과연 여러분 중 누가 경찰 당국에 쫓아가 감히 이렇게 이야기할 수 있겠습니까? 경찰청이 시민에게 바람직하지 않은 방식으로 공권력을 오용하거나 남용했을 때 여러분은 경찰청에 달려가서 그것에 대하여 뭐라고 이야기할 수 있겠습니까? "이 영상을 보세요. 그러면 진실을 알 수 있어요!"라고 이야기할 수 있겠습니까? 신랄함과 풍자의 언어 이면에 놓인 절실함 같은 것들을 케이팝 소녀 팬처럼 표현해 낼 수 있겠습니까?

리터러시라는 의미 디자인의 과정이 변화를 지향하는 것이라면, 이 사례는 케이팝 트위터라는 한 명의 디지털 개인이 경찰이라는 공권력이 잘못된 행동과 판단을 했음을 경고한 의미 있는 '리터러시 사태literacy event'를 잘 보여줍니다. 경찰 당국이 제대로 된 어른, 제대로 된 공무원, 제대로 된 독자들의 공동체라면 적어도 이 사건 이후로는 트위터나 그 어떤 사회관계망에서도 이런 일을 하지 않을 것입니다. 소녀의 트위터로 인해서 어른들이, 시민의 종복들이, 당국의 권력자들이 배움을 갖게 된 것입니다. 그들의 이해가 증진되었고, 정말 그렇게 되었기를 바랍니다! 그래서 앞으로의 일에서도 현명한 판단은 아닐지언정 무모하고 무지한 글쓰기는 하지 않을 것입니다. 정말 그렇게 될 것을 기대합니다!

미국의 가장 권위 있는 문화 매체인 《뉴요커New Yorker》도 이를 놓치지 않았습니다. 케이팝 소녀·팬의 글쓰기와 그것을 계기로 실천된 젊은 시민 연대에 대해서 기사를 썼습니다. 소녀의 리터러시가 세상을 바꾼 것입니다. 경찰청의 트윗에 대한 소녀의 직관적인 판단과 대응으로 실천된 리터러시의 행위, 글쓰기의 행위, 표현의 행위, 소통의 행위, 삶의 경험을 근거로 해서 디자인한 의미 구성적 행위가 사회를 바꾼 것입니다. 경찰청 사람들의 생각을, 그들의 판단을 바꾸었습니다. 그런 일들이 인터넷에서 벌어지는 수

많은 일 중 '고작 하나'가 아니라, 그것들이 연결되고 지속되어 힘 있는 사람들의 관점을 보완하고 그들의 행동을 교정하는 가장 중요한 사회 변혁의 지렛대가 될 수 있음을 보여주었습니다.

의미 디자인은 '변화'를 담습니다. 변화의 실현이라는 목적이 결여된 채 현재의 상태를 유지하거나 강화하는 것은 '제작'이나 '조작'은 될지언정, 새로운 것을 통해서 새로운 행동과 사고, 새로운 삶을 안내하고 권장하는 디자인이 될 수는 없습니다. 디자인의 목적은 변화입니다. 생각의 변화, 관점의 변화, 행동의 변화 그리고 우리의 생각과 관점과 행동의 변화를 수용할 수 있는 구조의 변화입니다. 그래서 사회를 바꾸는 리터러시가 가능합니다. 글을 읽고 쓰는 일이 단지 시험을 잘 보기 위해서, 성적을 올리기 위해서, 남들보다 잘하기 위해서, 일등을 하기 위해서, 좋은 학교에 가기 위해서, 좋은 직장을 얻기 위해서, 잘 먹고 잘살기 위해서만 효용을 갖지는 않습니다. 여러분이 오늘 제대로 읽고 쓰고 생각하고 토론하는 일은 따지고 보면 사회를 요모조모 크고 작게 바꾸는 일입니다. 의미를 디자인하는 리터러시는 결국, 좋은 사회를 새롭게 디자인하는 전환적 실천의 시작이자 절정입니다.

; 리터러시는 디자인이다

변화는 새로운 의미의 디자인을 요구합니다. 융복합적 문식 환경, 통섭적 리터러시, 전환적 문식 경험의 맥락에서 실천되는 리터러시를 저는 '전환적 의미 디자인'transformative design for meaning'이라고 부릅니다. 이것은 리터러시를 바라보는 새로운 '개념적 틀'입니다. 전환적 의미 디자인이란 구체적인 사회문화적 맥락과 다양한 층위의 문식 환경에 잠재되어 있거나 그러한 맥락과 환경이 요구하는 어떤 변화를 상상, 발견, 분석, 예측, 기획, 실현, 소통하는 리터러시의 경험을 뜻합니다. 그것은 다양한 생각, 상징 도구와 기제의 연결 고리와 공유 공간을 찾고 이를 통섭의 사유로 통합하여 직면한 문제 상황에 적용함으로써 새로운 의미를 창안하는 융복합적 활동입니다.

전환적 의미 디자인을 위해서는 읽고 쓰고 소통하는 목적과 맥락, 방법과 자원, 대상과 관련 참여자들에 대하여 지속적이고 면밀하게 탐구할 수 있어야 합니다. 이러한 탐구의 결과를 합리적인 방식으로 사회적 의사소통의 맥락에 맞게 해석하고 적용할 수도 있어야 합니다. 전환적 의미 디자인의 주체는 다음과 같은 근본적 질문들을 던지고 개인 내적으로 또는 공동체 구성원들과 함께 상호 협력적으로 대화하고 토론할 수 있어야 합니다.

무엇을 디자인하는가?

- 어떤 변화를 상상하고 의도하는가?
- 개인과 공동체로서 우리가 설명하려는 유의미한 화제, 문제, 또는 의제는 무엇인가?
- 어떻게 그것들을 토론할 수 있고, 어떤 궁극적 변화를 제안할 수

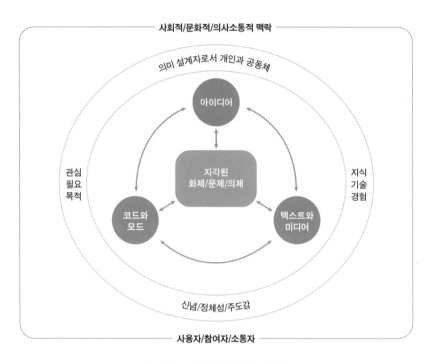

읽기와 쓰기를 통해서 디자인된 '의미'

있는가?

• 그러한 변화를 위해서는 어떤 종류의 디자인이 필요한가?

누구를 위하여 디자인하는가?

• 어떻게 소통하고 참여하길 원하는가?

• 우리가 새롭게 디자인하려는 의미의 수혜자는 누구인가?

• 새로운 의미를 디자인하는 과정, 그리고 디자인된 의미를 이해하

고 소통하는 과정에 누가, 어떤 방식으로 참여하는가?

- 어떻게 참여자 및 맥락의 요인들이 디자인 과정에 작용하는가? 새롭게 디자인된 의미는 어떻게 새로운 참여자와 맥락에 맞게 해석되고 소통될 것인가?

누가 디자인하는가?

- 무엇을 알고, 무엇을 할 수 있으며, 왜 그것을 하려 하는가?
- 의미 설계자로서 우리의 정체성과 신념은 무엇이고, 그것을 어떻게 실천하는가?
- 우리의 정체성과 신념은 어떻게 개인과 공동체의 역할 및 상호 협력의 과정을 규정하고 촉진하는가?
- 디자인의 의제가 우리의 관심사와 이해, 지식과 경험, 역량과 태도에 어떤 방식으로 결부되는가?
- 우리의 디자인은 실현 가능한 것인가?
- 그렇다면 어떻게 실현될 수 있는가?

의미를 만드는 사람들, 즉 의미 주체들meaning makers은 리터러시의 재료와 도구를 발굴하고 사용하여 새로운 의미를 디자인합니다. 가령, 다양한 형식의 텍스트를 이해하고 생산하는 리터러시 활동을 생각해 봅시다. 독자는 텍스트를 이해하면서 자신의 마음에 이전에는 없던 새로운 의미를 구성합니다(디자인합니다). 저자는 새로운 의미를 표상하기 위하여 독자를 생각하면서 최적의 방식으로 텍스트를 설계하고 창안합니다(디자인합니다).

융복합적이고 전환적인 의미 디자인을 위해서는 그것의 재료가 되는 핵심적인 리터러시 요소들이 함의한 '쓰임의 가능성과 제약성'을 탐구할 수 있어야 합니다. 그리고 디자인의 목적과 맥락에 맞게 그러한 가능성을 실현할 수 있어야 합니다. 여기서 세 가지 핵심 요소로 기능하는 아이디어, 코드와 모드, 텍스트와 미디어를 생각해 볼 수 있습니다. '아이디어ideas'란 디자인의 내용적 자질을 규정하며, '코드와 모드code and mode'는 아이디어의 표상 및 이해에 관여합니다. '텍스트와 미디어text and media'는 표상된 아이디어가 조직, 소통되는 일종의 의미 체계입니다.

; 버니 샌더스의 페이스북과 리터러시

세상을 바꿀 수 있는 디자인 능력은 비단 우리와 같은 일반 소시민들에게만 요구되는 것은 아닌 것 같습니다. 사실, 이런 리터러시는 서로 다른 이해관계를 추구하는 다양한 개인과 공동체를 설득하고 어우러지게 해야 하는 대중 지도자들에게 더욱 크게 요구됩니다. 유능한 정치인은 말만 번지르르하게 하는 선동꾼이 아니라, 말로써 사회 변화 의지를 효과적으로 디자인함으로써 진실된 지지를 구하고, 그것을 동력으로 구체적인 행동과 정책을 실현하려는 협상가이자 실천가입니다.

예를 하나 들어 보겠습니다. 미국에서 코로나19 감염병 상황이 심각해지기 전에 가장 뜨거웠던 이슈는 역시 대선이었습니다. 트럼프 대통령이 계속 갈 수 있을 것인가, 민주당에선 누가 대선 후보가 될 것인가, 트럼프를 누르고 새롭게 대통령이 될 만한 민주당 후보가 누구인가가 사람들의 최대 관심사였습니다. 야당이던 민주당 후보가 여럿 있었는데, 지금 대통령이 된 조 바이든과 강력하게 경쟁했던 후보가 버니 샌더스 상원 의원입니다.

샌더스 상원 의원은 개혁적인 인물입니다. 저도 샌더스 의원과 페이스북 친구입니다. 누구나 할 수 있는 일이지만 영광이라고 생각하고 있습니다! 뉴미디어가 저와 샌더스 의원을 친구로 만들어 주었습니다. 물론 그가 저를 친구로 생각하는지는 모르겠습니다! 그런데 2021년 1월쯤 샌더스 의원이 어느 날 문장 하나를 페이스북에 올립니다. '의료는 인권입니다'라는 문장이었습니다. 까만 바탕에 하얀색 글씨로, 빨간 밑줄이 그어진 문장이었습니다. 내용만 보면 그리 특별하지 않습니다. 샌더스가 늘 주장해 온 이야기였기 때문입니다.

흥미로운 점은, 그가 '의료는 인권입니다'라는 문장을 영문이 아닌 한글로 썼다는 점입니다. 영어라는 코드가 아니라 한국어라는 코드를 선택한 것입니다. 샌더스 의원은 미국 사람이고, 미국 상원 의원이며, 그가 잡아야 할 표심도 미국 사람들일 터인데 왜 한글로 이 글을 올린 걸까? 의아하기도 하고 신기하기도 했습니다.

샌더스 의원은 예전부터 미국에 보편적인 의료 복지 시스템이 있어야 된다고 줄기차게 주장해 왔습니다. 돈이 있는 사람이든 없는 사람이든, 배운 사람이든 못 배운 사람이든, 상류층이든 하류층이든 모든 사람들이 아프면 병원에 가서 무료로 치료를 받을 수 있어야 한다고 주장했습니다. 그러면서 언급한 사례가 바로 한국입니다. 그는 한국은 국가가 제공하는 의료보험이 있어서 아픈 사람은 모두 병원에 가서 치료받을 수 있다고 말했습니다. 한국 같이 작은 나라도 온 국민이 병원에 갈 수 있는 의료 혜택과 권리를 누리는데, 세계 초강대국이라는 미국은 왜 못하는가 비판했습니다.

그렇다면 샌더스는 텍스트를 왜 영어가 아닌 한국어로 표현했을까요? 그나 그의 캠프가 왜 이런 선택을 했는지는 알 수 없습니다. 하지만 리터러시는 의미를 디자인하는 능력이라는 관점에서 보면 설명할 거리들을 찾을 수 있습니다. 즉, 샌더스 의원이 한국어를 텍스트의 코드로 선택한 이유는 한국이라는 나라가 자신이 주장하고자 하는 의료보험 제도의 가장 대표적인 사례라는 것을 분명하게 보여 주기 위해서일 것입니다. 샌더스의 텍스트를 읽고 반응할 사람들이 누구인지 생각해 보면 더욱 이런 해석이 명쾌하게 맞아떨어집니다. 당연히 한국 사람이나 한국말을 할 줄 아는 사람들입니다. 실제로 이 포스팅에 수많은 댓글들이 달렸습니다. "한국계 유권자들을 노렸다!"라는 반응에서부터 "한국에 한번 가 봐라, 괜찮다!" 등의 반응까지 다양한 댓글들이 꼬리에 꼬리를 물었습니다. 저도 "우리 버니 최고!"라고 거들었습니다.

사회관계망의 공간에서 샌더스 의원은 구태의연한 방식으로 '영어'라는 미국인의 언어를 코드로 취하지 않았습니다. 샌더스 의원의 포스팅은 단

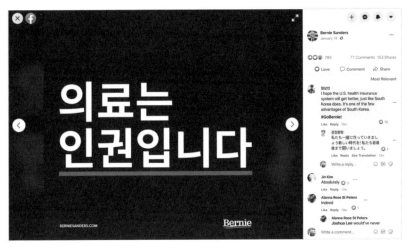

버니 샌더스의 페이스북 캠페인 '의료는 인권입니다'[3]

두 단어로 이루어진 단 한 문장의 주장입니다. 그런데 이 메시지는 한국어를 코드로 취함으로써 샌더스 의원의 주장을 강력하게 뒷받침합니다. 자신이 전달하고자 하는 메시지를 흥미로우면서도 효과적으로 드러내기 위해 한국어를 코드로 취하면서 "의료보험 제도에 관한 나의 주장을 뒷받침하는 가장 직접적인 근거는 한국이다!"라고 설명합니다. 실제 텍스트에는 주장만 담겨 있지만 동시에 그것의 근거가 이면에 표상되어 있습니다. 그리고 점점 더 많은 근거들이 사람들의 지지와 응원 댓글을 통해서 생성되고 추가됩니다. 한국의 의료보험 제도가 자신이 주장하는 보편적 의료 복지를 잘 보여 주는 가장 중요한 근거라는 강력한 논증적 텍스트를 디자인한 것입니다. 그러니까 이건 샌더스 의원 또는 샌더스 의원 캠프의 누군가가 아무 생각 없이 올린 포스팅이 아닙니다.

샌더스 '텍스트'의 창안자는 새로운 '미디어'가 작동하는 방식을 알고 그 특징들을 적극 활용했습니다. 논증적 '아이디어'를 표상하기 위해 이색적인 '코드'를 선택했습니다. 미국 유력 정당의 유력 대선 후보였지만 그의 감각은 미국 안에서만 통용되는 표준적인 사고와 도구에 갇혀 있지 않았습니다. 미국 내의 언어적, 문화적 다양성을 존중하면서 동시에 전 세계 사람들이 자신의 캠페인에 집중하고 있음을 인식했습니다. 이 선거가 미국만의 선거가 아닌 세계의 선거라는 사실을 이야기한 것입니다. 샌더스 의원의 페이스북 포스팅은 세상의 변화를 향해 그 논증의 실마리를 열어 놓습니다. 세상은 바뀌어야 하고 그 결과는 가급적 많은 사람들에게 돌아가는 혜택이어야 합니다. 아직 바꾸어야 할 것들이 세상에 많지만, 세상을 바꾸려는 사람들은 제대로 된 리터러시를 실천함으로써 시급하고 중대한 변화의 필요성과 방향에 대하여 꾸준히 세상에 말을 겁니다. 대화하고 소통하고 토론하고 협상합니다. 세상을 바꾸는 법에 대해서 말입니다.

소통하고 연대하며
세상을 바꾸는 리터러시

세상을 바꾸는 리터러시를 실천하기 위해서는 읽고 쓰는 사람들이 새로운 종류의 역량과 정체성을 가져야 합니다. 기본적으로는 언어, 영상, 그래픽, 수, 도형, 차트, 이미지와 같은 추상적인 기호들을 분석하고 풀어헤칠 수 있어야 합니다. 이런 기호들을 파헤쳐서 그것이 둘러싸고 있는 매우 구체적이고 특별한 의미들에 도달할 수 있어야 합니다. 의미에 도달하는 일은 의미를 파악하고 이해하는 일입니다. 다양한 기호들로 조합된 다양한 텍스트들의 의미를 파악하고 그것들을 서로 연결하여 통합적으로 이해할 수 있어야 합니다. 정보를 얻는 것에 그치지 않고 그것들을 관통하는 지식을 구성하고 관점을 형성해야 합니다.

그런데 창조적 리터러시를 실천하는 사람들은 여기서 한 걸음 더 나아갑니다. 텍스트를 통해서 이해하고 배운 새로운 아이디어, 새로운 지식을 생활세계의 다양한 문제 상황에 적용합니다. 그들의 리터러시는 알갱이의 크기가 서로 다른 변화를 추구합니다. 바뀌어야 할 사회는 국가와 같은 커다란 사회이기도 하지만, 학교와 직장과 같은 작은 사회이기도 합니다. 때로는 동호회나 또래 집단, 가족과 같은 더 작고 친밀한 사회이기도 합니다. 각각의 사회적 맥락에 어울리게 제대로 읽고 쓰고 생각함으로써 지금 살아가는 공간, 지금 상호작용하고 있는 관계, 그것들의 구조를 바꿀 수 있습니다.

세상을 바꾸는 사람들은 읽고 씀으로써 결국에 행동합니다. 부단히 읽고 배워 얻은 것을 묵혀 두지 않습니다. 새로운 생각, 새로운 관점, 새로운 지식을 사회를 바꾸는 의미 디자인의 재료로 사용합니다. 우리가 만난 케이팝 소녀 팬은 자신의 삶에서 내재화한 디지털적 공동체 문화와 가치관을 "I got a video for you."라는 트위터 언어와 문화 향유물로서의 케이팝 퍼포먼스 영상으로 조합하여 경찰청 사람들의 생각과 결정을 변화시킨, 세상에 둘도 없는 텍스트로 디자인했습니다. 버니 샌더스 의원은 그에게도 생소할 한국어, '의료는 인권입니다'를 사용함으로써 미국에 보편적 의료보험 제도 도입이 시급하다는 것을 논증하기 위한 디지털 텍스트를 디자인하였습니다. 간단하지만 사람들의 생각과 관점과 태도를 바꾸려는 실천적 리터러시의 사례들입니다. 연대를 이끌어 내고 지지를 규합하는, 세상을 바꾸려는 가장 평화적인 직접 행동입니다.

마틴 루터 킹 목사의 유명한 편지가 있습니다. 킹 목사는 앨라배마주의 버밍햄이라는 도시에서 시위를 하다가 투옥된 적이 있습니다. 허가를 받지 않고 시위를 했다는 이유였습니다. 평화 시위였지만 불법 시위 주도라는 죄로 감옥에 들어갔습니다. 그런데 당시 교회의 동료 목사들 중에는 그의 행동을 탐탁지 않게 보았던 이들도 있었던 것 같습니다. 그들은 법을 어기면서까지 질서를 위해하는 시위를 할 필요가 있느냐면서 킹 목사를 타박했습니다. 킹 목사는 감옥에서 이들을 염두에 두고 편지를 썼습니다. 이름하여 '버밍햄 감옥으로부터의 편지'입니다. 편지의 내용 중 한 부분을 인용해 보겠습니다.

우리는 악한 의지를 가진 사람들의 증오의 언어와 행동들에 대해서도 분노해야 하지만, 선한 의지를 가진 사람들이 충격적으로 침묵하

마틴 루터 킹 목사가 쓴 '버밍햄 감옥으로부터의 편지' 일부

고 있는 안타까운 현실에 대해서도 회개해야 합니다.[4]

세상을 바꾸는 리터러시란 무엇입니까? 이해하고 표현하는 것입니다. 내가 인지하고 있는 이 세상이 정의롭지 않다고 생각할 때, 그것이 합리적이지 않다고 생각할 때, 내 삶의 경험을 근거로 삼아서 의미를 디자인하는 것입니다. 그렇게 소통하고 사람들과의 연대solidarity를 만들어 나가는 것입니다. 연대는 반드시 많은 사람들이 모여야만 이루어지는 것이 아닙니다. 마음과 마음이 연결되고, 생각과 생각이 뭉쳐질 때 진정한 연대가 가능합니다. 그렇게 작은 파동이 큰 물결을 만들어 냅니다. 내가 있는 공간이 바꾸고 나와 함께한 사람들이 바뀝니다. 그렇게 우리 사회가 바뀝니다.

글을 읽고 쓰는 것, 정말 아무것도 아닌 것 같습니다. 우리는 책을 읽다가 던져 버리고 인터넷을 아무 생각 없이 사용합니다. 그래도 우리의 읽기와 쓰기는 우리의 사회를 바꾸는 영원히 녹슬지 않는 도구입니다. 회의감이 들 때도 있을 것입니다. 그러나 "내가 오늘 텍스트를 읽는 방식이, 텍스트를 쓰는 방식이, 의미를 디자인하는 방식이 우리 사회를 바꿀 수 있을까?"라는 의구심이 밀려 와도 좌절하지 마십시오. 질문과 회의는 우리를 각성하게 하는 기제입니다. 변화는 바로 이 순간에 시작됩니다. 그때부터 여러분의 읽기와 쓰기는 세상을 바꾸는 리터러시가 됩니다.

1장 | 리터러시는 글자에서 세상으로 발전한다

1 이 글의 일부는 《대산문화》 2021년 여름호(54-60쪽)에 〈'리터러시'의 사전 밖 정의: 제대로 읽고 쓰는 사람들〉이라는 제목으로 수록되었다.

2 문식성의 개념을 오랫동안 진지하게 연구해 온 국어교육 분야의 초기 관점과 논의는 노명완과 이차숙이 함께 저술한 《문식성연구》(박이정, 2002)를 참고한다.

3 리터러시에 관한 파울로 프레이리의 대담은 〈Paulo Freire(1985). Reading the word and reading the world: An interview with Paulo Freire. Language Arts 62, 15-21〉에서 확인할 수 있다. 글을 읽는다는 행위에 관한 그의 첨예한 문제의식과 해방적 리터러시의 관점을 더 알고 싶다면 도날도 마세도(Donaldo Macedo)와 함께 저술한 고전 《Literacy: Reading the Word and the World》(Bergin & Garvey, 1987)를 살펴본다.

4 글을 읽고 쓰는 행위와 그것을 둘러싼 맥락이 결부되어 있다고 보는 사회문화적 관점은 영국의 인류학자인 브라이언 스트리트(Brian Street)의 초기 저서 《Literacy in Theory and

Practice》(Cambridge University Press, 1985)에서 확인해 볼 수 있다.

5 우리나라의 고유한 문자 체계인 한글과 한글 사용에 관련된 중요한 역사적 사건들에 대해서 더 알고 싶다면 행정안전부 국가기록원의 '한글이 걸어 온 길' 웹사이트(https://theme.archives.go.kr/next/hangeulPolicy/viewMain.do)에서 다양하고 흥미로운 자료들을 확인할 수 있다.

6 사람이 읽고 쓰는 방식이 한 가지가 아니라 다양한 정체성과 방법을 통해서 실천된다고 보는 멀티리터러시의 관점은 뉴런던그룹의 선언 〈The New London Group(1996). A pedagogy of multiliteracies: Designing social futures. Harvard Educational Review 66, 60-92〉에서 깊이 있게 공부할 수 있다.

7 인터넷을 기반으로 한 디지털 미디어 환경에서 청소년을 포함하여 현대인들이 경험하는 디지털 미디어 기술과 리터러시의 상생적 관계에 대해서는 도나 앨버만(Donna Alvermann)의 《Adolescents and Literacies in a Digital World》(Peter Lang, 2002), 도널드 루(Donald Leu)와 동료들의 《Handbook of Research on New Literacies》(Routledge, 2008), 데이비드 버킹엄(David Buckingham)의 《Media Education: Literacy, Learning and Contemporary Culture》(Wiley, 2013), 데이비드 레인킹(David Reinking)과 동료들의 《Handbook of Literacy and Technology: Transformations in a Post-typographic World》(Routledge, 1998), 데이비드 바턴(David Barton)과 카르멘 리(Carmen Lee)의 《Language Online: Investigating Digital Texts and Practices》(Routledge, 2013), 메리 칼란치스(Mary Kalatzis)와 빌 코프(Bill Cope)의 《Literacies》(Cambridge University Press, 2012), 미셸 노벨(Michele Knobel)과 콜린 랭크셔(Colin Lankshear)의 《New Literacies: Everyday Practices and Social Learning》(Open University Press, 2011) 등 광범위한 스펙트럼의 작업들에서 다양한 이론적 논의와 풍부한 실증적 사례들을 찾아볼 수 있다.

2장 | 리터러시의 첫 경험을 기억하다

1 아동이 자연스럽게 '책'에 대한 지식과 기술을 생활 속에서 습득하는 과정을 발생적 문식성(emergent literacy)이라 한다. 이 관점에서는 아동이 독자가 되기 이전 단계에서 접

하는 리터러시의 경험을 열등한 것이 아니라 독자로 성장하는 데 반드시 거치는 중요한 발달적 과정으로 바라본다. 발생적 문식성에 관해서 이해하고 싶다면 화이트허스트와 로니건의 고전적 논문 〈G. Whitehurst & C. Lonigan(1998). Child development and emergent literacy. Child Development 69, 848-872〉 또는 셀즈비와 틸리의 문헌 연구 〈E. Sulzby & W. Teale(1991). Emergent literacy. In Handbook of Reading Research(2nd ed., 727-757). Lawrence Erlbaum Associates)〉를 참고해 본다.

2 아동의 철자 읽기(속도와 정확도)와 읽기 능력 사이의 상호 영향 관계에 대해서는 키이스 스타노비치의 연구 〈K. Stanovich(1983). The development of the relationship between letter-naming speed and reading ability. Bulletin of the Psychological Society 21, 199-202〉 또는 월쉬와 동료들의 연구 〈D. Walsh et al.(1988). The critical but transitory importance of letter naming. Reading Research Quarterly 23, 108-122〉를 살펴볼 수 있다.

3 소리 내어 읽기 중 자기 수정의 기능과 의미에 관해서는 마리 클레이의 전통적 연구인 〈M. Clay(1969). Reading errors and self-correction behavior. British Journal of Educational Psychology 39, 47-56〉를 참고해 본다. 아울러, 아동의 초기 문해력과 효과적 지도에 관해서는 그녀의 저서 《Becoming Literate: The Construction of Inner Control》(Pearson, 1991)에서 유용한 방법론과 자료들을 찾아볼 수 있다.

4 약 48개월에서 초등학교까지 아동의 전반적인 읽기 발달 과정을 분석한 작업들이 궁금하다면 이 분야에서 관련 문제를 장기적으로 탐구해 온 캐롤 코너(Carol Connor), 바바라 푸먼(Barbara Foorman), 김영숙(Young-Suk Kim) 등의 연구 성과를 살펴본다. 아동의 읽기 발달이 청소년 시기의 읽기 경험과 성취에 미치는 영향에 관해서는 커닝햄과 스타노비치의 연구 〈A. Cunningham & K. Stanovich(1997). Early reading acquisition and its relation to reading experience and ability 10 years later. Developmental Psychology 33, 934-945〉에서 과학적이고 흥미로운 연구 결과를 찾아볼 수 있다.

5 글 읽는 과정을 복잡한 사고의 조율과 지식의 통합을 요구하는 고차원적 의미 구성 과정으로 설명한 연구들은 미국 일리노이 대학교의 국가 연구소인 '독서연구센터'(The Center for the Study of Reading, CSR)'에서 산출되었다. CSR은 미국 교육부의 지원으로 1976년에 설립된 이래 리처드 앤더슨(Richard Anderson), 데이비드 피어슨(David Pearson), 앤 브라운(Ann Brown), 앤마리 팔린사(Annemarie Palincsar), 피터 프리바디(Peter Freebody),

랜드 스피로(Rand Spiro), 베트람 브루스(Betram Bruce), 존 거스리(John Guthrie), 엘프리다 히버트(Elfrieda Hiebert), 이안 윌킨슨(Ian Wilkinson), 보니 마이어(Bonnie Meyer), 태피래피얼(Taffy Raphael), 피터 존스턴(Peter Johnston) 등 수많은 학자들이 스키마, 추론, 메타인지, 텍스트 구조, 어휘, 질문, 하이퍼텍스트와 인지 유연성 등에 관한 과학적 연구를 600여 편의 보고서로 출간했다. 특히 인지과학과 독서에 관한 고전적 저서로서 스피로와 동료들이 저술한 《Theoretical Issues in Reading Comprehension: Perspectives from Cognitive Psychology, Linguistics, Artificial Intelligence, and Education》(Lawrence Erlbaum Associates, 1980), 앤더슨과 동료들이 저술한 《Becoming a Nation of Readers: The Report of the Commission on Reading》(National Academy of Education, 1985), 데이비드 피어슨과 동료들이 10년마다 리터러시 분야의 연구 성과를 새롭게 집대성하는 《Handbook of Reading Research》(Routlege, 1984, 1991, 2000, 2011, 2020) 시리즈는 미국과 세계의 리터러시 연구와 교육에 지대한 영향을 미쳤다.

6 글을 읽는 일이 사회문화적 맥락 안에서 의미를 구성하고 소통하는 삶의 실천 과정이라고 설명하는 관점은 이른바 '뉴리터러시 스터디(New Literacy Studies, NLS)'로 통칭되는 연구들을 참고할 수 있다. NLS를 주도한 연구로 브라이언 스트리트의 《Social Literacies: Critical Approaches to Literacy in Development, Ethnography and Education》(Longman, 1995), 데이비드 바턴의 《Local Literacies》(Routledge, 1998) 등이 있으며, 실비아 스크라이브너(Sylvia Scribner)와 마이클 콜(Michael Cole)의 《The Psychology of Literacy》(Harvard University Press, 1981)와 셜리 브라이스 히스(Shirley Brice Heath)의 《Ways with Words: Language, Life, and Work in Communities and Classrooms》(Cambridge University Press, 1983) 등 인류학적 문화기술지 작업들이 이러한 대안적 관점 형성에 큰 영향을 미쳤다.

7 제임스 폴 지(James Paul Gee)는 개인이 참여하는 일련의 담화 현상을 언어 행위로서의 discourse(스몰d 디스코스)와 삶의 방식으로서의 Discourse(빅D 디스코스)로 구별하고, 리터러시를 후자의 개념과 연관 지어 사회문화적 규약으로서의 읽고 쓰는 방식이라고 설명했다. 담화와 리터러시에 관한 논의는 그의 저서 《Social Linguistics and Literacies: Ideology in Discourses》(Routledge, 2008)에서 공부할 수 있다.

8 현대 과학자들은 학습의 과정을 한 개인의 정보 취득이나 지식 구성을 넘어 학습자가 특정 영역의 새로운 경험과 지식, 전문성을 획득하면서 주변부에서 중심부로 진입하는

과정으로 본다. 이러한 상황적 학습(situated learning)의 관점에서 리터러시의 역할과 의미를 이해하는 데는 진 레이브(Jean Lave)의 《Situated Learning: Legitimate Peripheral Participation》(Cambridge University Press, 1991) 등의 인류학적 연구가 근간이 되며, 상황적 학습 원리와 방법의 학교 적용에 관한 실증적 연구에 관해서는 존 브라운(John Brown), 앨런 콜린스(Allan Collins), 제임스 그리노(James Greeno), 로렌 레즈닉(Lauren Resnick) 등의 논문들을 살펴볼 수 있다.

9 에드먼드 버크 휴이(Edmund Burke Huey)의 저서 《The Psychology and Pedagogy of Reading》(MacMillan, 1908)은 독서의 과정과 교육적 의의를 과학적, 체계적으로 연구한 최초의 연구물로 받아들여진다.

3장 | 리터러시는 정교한 인지 활동이다

1 독서의 인지적 측면에 관한 논의는 일일이 열거하기 어려울 정도의 수많은 연구들을 참고할 수 있다. 특히, 읽기와 리터러시 연구의 세계적 학술지인 《Reading Research Quarterly》를 비롯하여, 읽기 관련 연구가 심심치 않게 게재되는 교육심리학 및 학습과학 분야의 학술지 《Cognition and Instruction》《Journal of Educational Psychology》 《Contemporary Educational Psychology》《Educational Psychologists》《Journal of the Learning Sciences》《Discourse Processes》《Learning and Instruction》《Journal of Literacy Research》 등에 게재된 지난 반세기 동안의 연구들을 두루 참고할 수 있다.

2 마이클 프레슬리(Michael Pressley)와 피터 애플러백(Peter Afflerbach)은 프로토콜 분석 기법으로 성숙한 독자의 글 읽기 전략을 탐구한 30여 편의 실증적 연구들을 종합하여 독서 전략 목록을 완성했다. 이에 관한 자세한 내용은 그들의 저서 《Verbal Protocols of Reading: The Nature of Constructively Responsive Reading》(Lawrence Erlbaum Associates, 1995)에서 살펴볼 수 있다.

3 독서의 메타인지적 측면의 논의는 심리학 및 학습과학 분야의 다양한 연구물들을 참고할 수 있다. 그중 메타인지라는 말을 처음 사용한 존 플래벌(John Flavell)의 고전적 논문 〈J. Flavell(1979). Metacognition and cognitive monitoring: A new area of cognitive-

developmental inquiry. American Psychologist 34, 906-911〉를 비롯하여 루스 가너(Ruth Garner), 앤 브라운, 앤마리 팔린사, 스콧 패리스(Scott Paris), 마이클 프레슬리, 피터 애플러백, 패트리샤 알렉산더(Patricia Alexander), 린다 베이커(Linda Baker), 존 던로스키(John Dunlosky), 필립 위니(Philip Winne), 아트 그레이서(Art Graesser), 더글라스 해커(Douglas Hacker), 볼프강 슈나이더(Wolfgang Schneider), 마르셀 베에만(Marcel Veenman) 등의 연구가 통찰을 제공한다.

4 독서의 인식론적 관점에 관해서는 바바라 호퍼(Barbara Hofer), 이바르 브로텐(Ivar Bråten), 패트리샤 알렉산더, 데이비드 해머(David Hammer), 앤드류 앨비(Andrew Elby), 폴 핀트릭(Paul Pintrich), 크리스타 뮤이스(Krista Muis), 리사 벤딕슨(Lisa Bendixon), 리처드 키치너(Richard Kitchener), 조지 슈로우(George Schraw), 사릿 바질라이(Sarit Barzilai) 등의 연구들을 두루 참고할 수 있다.

5 철학자 존 하드윅(John Hardwig)의 논문 〈H. Hardwig(1985). Epistemic dependence. The Journal of Philosophy 82, 335-349〉이나 마이클 윌리엄즈(Michael Williams)의 저서 《Problems of Knowledge: A Critical Introduction to Epistemology》(Oxford University Press, 2001)에서 인식론과 읽기의 관계에 관한 깊은 통찰을 얻을 수 있다.

4장 | 잘 배우는 기계, 배우지 못하는 인간

1 《김대식의 인간 vs 기계》(동아시아, 2016) 275쪽.

2 Marriam-Webster Dictionary. Intelligence.

3 영국의 브렉시트와 런던의 빨간 버스에 관한 사례는 데이비드 스피겔할터(David Spiegelhalter)의 《The Art of Statistics: Learning from Data》(Pelican, 2019)를 참고했다.

4 트럼프와 가짜 뉴스에 관한 사례는 《워싱턴포스트》의 2021년 1월 24일 자 〈Trump's false or misleading claims total 30,572 over 4 years〉를 포함하여 수많은 언론 기사들을 통해서 확인할 수 있다. 미국의 가짜 뉴스와 비판적 미디어 리터러시 교육에 관한 흥미로운 분석과 제안은 놀런 힉던(Nolan Higdon)의 저서 《The Anatomy of Fake News: A Critical News Literacy Education》(University of California Press, 2020)를 통해서 더 읽어

볼 수 있다.

5 자크 아탈리(Jacques Attali)의 저서 《생명경제로의 전환(L'economie de la vie)》(양영란 역, 한국경제신문사, 2020)에서 인용했다.

6 탈진실(post-truth)이 2016년 올해의 단어로 선정된 맥락은 옥스포드 대학교 출판사의 웹사이트에서 확인할 수 있다.

5장 | 읽지 못한 아이들, 놓쳐 버린 기회

1 이 글의 이야기 구성은 패트리샤 폴라코(Patricia Polacco)의 그림책인 《Thank You, Mr. Falker》(Philomel Books, 2012)에서 영감 받았다.

2 인용된 글은 학술논문인 홍영의(2017)의 〈고려시대 장묘제(葬墓制)와 봉분(封墳)의 형태: 마렵분(馬鬣墳)의 형태를 중심으로. 한국중세고고학 제2호, 35-73쪽〉의 국문 초록이다.

3 리터러시 발달 과정에서 학습자 개인차가 읽기 발달 및 성취 수준의 매튜 효과에 미치는 영향에 관한 과학적 분석은 스타노비치의 기념비적 논문 〈K. Stanovich(1986). Matthew effects in reading: Some consequences of individual differences in the acquisition of literacy. Reading Research Quarterly 21, 360-407〉에서 확인할 수 있다.

4 리터러시의 수행과 발달 과정에 학습자의 동기와 정서가 미치는 영향과 작용 양상에 관해서는 독서 몰입(reading engagement)의 개념을 학교 맥락에서 장기간 과학적으로 탐구한 존 거스리의 방대한 작업에서 그 근거를 찾을 수 있다. 가령, 그와 동료들이 저술한 〈J. Guthrie et al. (2012). Instructional contexts for engagement and achievement in reading. In Handbook of Research on Student Engagement (pp. 601-634). Springer Science〉를 참고해 보면 좋다. 아울러, 학생의 리터러시 성장을 문화적 기회와 자원의 개념으로서 설명한 연구는 히스의 질적 연구나 글로리아 라슨-빌링(Gloria Ladson-Billing), 캐롤 리(Carol Lee), 앨리슨 스케렛(Allison Skerrett) 등의 문화적 관점에서의 연구가 주목할 만하다. 학교 맥락에서 독서 공동체의 지속적이고 체계적인 실천을 통해서 청소년들의 독서 동기와 성취를 동시에 증진시킬 수 있다는 질적 연구로는 피터 존스턴과 게이 아이비(Gay Ivey)의 연구 〈G. Ivey & P. Johnston(2013). Engagement with young adult

literature: Outcomes and processes. Reading Research Quarterly 48, 255-275〉가 흥미롭
다.

5 2018년 PISA 읽기 평가 결과에 관한 논의를 위해서 OECD에서 출판한 다음의 세 가
지 보고서를 참고했다. (1) PISA 2018 Assessment and Analytical Framework, (2) What
Students Know and Can Do (Vol. 1), (3) 21-st Century Readers: Developing Literacy
Skills in a Digital World. 관련 자료는 OECD의 PISA 공식 웹페이지(https://www.oecd.
org/pisa/)에서 다양하게 찾아볼 수 있다.

6 학습의 과정과 본질을 학습자의 마음가짐과 태도라는 개념으로 분석한 연구들은 캐롤
드웩(Carol S. Dweck)의 《Mindset: The New Psychology of Success》(Random House, 2006)
에서 대중적으로 소개되었다.

7 한국의 다문화 가정 학생 현황에 관한 자료는 교육부가 실시한 〈2019년 교육기본통계〉
와 여성가족부가 실시한 〈2021년 전국 다문화 가족 실태조사〉에서 그 변화 추이를 살
펴볼 수 있다.

8 코로나19 팬데믹이 학생들의 리터러시 학습에 미치는 영향에 관해서는 메간 쿠펠드와
동료들의 연구 〈M. Kuhfeld et al.(2020). Projecting the potential impacts of COVID-19
school closures on academic achievement. Educational Researcher 49, 549-565〉와 도밍
그 벤자민과 동료들의 연구 〈D. Benjamin et al.(September, 2021). The effect of COVID
on oral reading fluency during the 2020-2021 academic year. EdArXiv〉 등을 참고할 수
있다. 관련하여 2020년 한국 중고등학생들의 학업 성취도에 관해서는 한국교육과정평
가원이 운영하는 '학업 성취도 평가 정보 서비스'의 공식 사이트(https://naea.kice.re.kr/)를
통해서 정보를 얻을 수 있다.

9 디트로이트 시 학생들의 리터러시에 대한 교육권 소송 사례는 《뉴욕타임스》의 2020년
4월 28일 자 기사인 〈Detroit students have a constitutional right to literacy, court rule〉
를 참고했다.

1 양적 학습 결과 중심의 기계화된 시험에 대한 비판적 고찰과 이에 대응하는 관점으로서 수업과 연계된 과정 중심의 대안적 평가에 대해서는 피터 존스턴의 《Construct Evaluation of Literacy Activity》(Longman, 1992), 캐롤라인 깁스(Caroline Gips)의 《Beyond Testing: Towards a Theory of Educational Assessment》(The Falmer Press, 1994), 해리 토런스(Harry Torrance)와 존 프라이어(John Pryor)의 《Investigating Formative Assessment: Teaching, Learning and Assessment in the Classroom》(Open University Press, 1998), 딜런 윌리엄(Dylan Wiliam)과 폴 블랙(Paul Black)의 《Inside the Black Box: Raising Standards Through Classroom Assessment》(King's College London, 2006), 앤드류 데이비스(Andrew Davis)의 저서 《The Limits of Education》(Blackwell, 1998), 파멜라 모스(Pamela Moss)와 동료들의 공동 편저서 《Assessment, Equity, and Opportunity to Learn》(Cambridge, 2008) 그리고 제임스 펠레그리노(James Pellegrino)와 동료들이 저술한 《Knowing What Students Know: The Science and Design of Educational Assessment》(National Academy Press, 2001) 등을 참고할 수 있다.

2 리터러시 학습에서의 대화의 역할에 관해서는 수많은 연구들이 존재하지만, 그중에서도 휴 메한(Hugh Mehan)의 《Learning Lessons: Social Organization in the Classroom》(Harvard University Press, 1979), 코트니 카즈덴(Courtney Cazden)의 《Classroom Discourse: The Language of Teaching and Learning》(Heinemann, 2001), 로렌 레즈닉과 동료들의 편저서 《Socializing Intelligence through Academic Talk and Dialogue》(AERA, 2015) 그리고 미국학술원(National Academies of Science, Enginnering and Medicine)에서 저술한 《How People Learn II: Learners, Contexts, and Cultures》(National Academy Press, 2018)에서 폭넓은 연구와 자료를 살펴볼 수 있다. 피터 존스턴의 《Opening Minds: Using Language to Change Lives》(Stenhouse, 2012)에서 아동의 리터러시 학습에서 작용하는 교사 대화의 역할에 대해서도 이해할 수 있다.

3 자율성과 책무성을 바탕에 둔 자기 조절적 마음가짐과 학습 경험에 관한 논의는 자기 효능감의 개념을 제안한 앨버트 밴듀라(Albert Bandura)의 작업을 비롯하여 베리 짐머맨(Bary Zimmerman)의 논문 〈B. Zimmerman(1990). Self-regulated learning and academic

achievement: An overview. Educational Psychologist 25, 3-17〉과 폴 핀트릭(Paul Pintrich)의 〈Understanding self-regulated learning. New Directions for Teaching and Learning 63, 3-12〉을 참고한다. 또한, 현대 학습 이론 형성에 지대한 영향을 미친 러시아의 심리학자 비고츠키(Lev Vygotsky)의 작업《Mind in Society: The Development of Higher Psychological Processes》(Harvard University Press, 1978)와 그의 관점을 발전시킨 사회구성주의적 읽기 연구들로부터도 통찰을 얻을 수 있다.

7장 | 뉴미디어 시대, 변화하는 리터러시

1 메멕스에 관한 버니바 부시의 글은 〈Vannevar Bush(1945, July). As we may think. The Atlantic〉을 참고할 수 있다.

2 최초의 하이퍼텍스트에 대한 과학적 연구는 테드 넬슨(Theodore Holm Nelson)의 논문 〈T. Nelson(1965, August). Complex information processing: A file structure for the complex, the changing and the indeterminate. ACM '65: Proceedings of the 1965 20th national conference (pp. 84-100). Association for Computing Machinery〉를 통해서 확인해 볼 수 있다.

3 유발 하라리(Yuval Noah Harari)는 그의 베스트셀러 《Sapiens: A Brief History of Humankind》(Vintage, 2015)에서 호모사피엔스의 진화 과정을 설명하는데, 인류가 입말을 통하여 이야기(내러티브)와 소문(루머)을 만들어 내면서부터 호모사피엔스의 인지 혁명이 촉발되었다고 주장한다. 그리고 이러한 내러티브적 소통이 집단의 사회정치적 권력 구조의 형성과 연루된다고 보았다.

4 포노 사피엔스에 관한 기사는 시사경제 잡지 《이코노미스트》의 2015년 2월 26일 자 호에 〈Planet of the phones: Smartphone is ubiquitous, addictive and transformative〉라는 제하의 기사로 수록되었다. 포노 사피엔스에 대한 사회적 함의와 전환 시대의 대응에 관해서는 최재붕의 《포노 사피엔스》(쌤앤파커스, 2019)를 참고할 수 있다.

5 존 팰프리(John Palfrey)와 우르스 가서(Urs Gasser)는 그들의 저서 《Born digital: Understanding the First Generation of Digital Natives》(Basic Books, 2008)에서 온전한 디

지털 환경에서 태어나 자라고 있는 첫 세대를 '본 디지털'이라 명명하고 그들의 디지털 습성과 인터넷 환경이 갖는 사회적, 문화적, 교육적, 법적 함의를 다각도로 설명하고 있다.

6 미디어를 테크놀로지, 텍스트, 컨텍스트의 세 가지 방식으로 이해하려는 접근법에 대해서는 저자가 2020년 10월 〈KATOM 2차 컨퍼런스: 코로나 시대의 미디어 리터러시 교육〉(전국 미디어 리터러시 교사협회, 2021년 2월)에서 초청 강연한 내용을 수정 보완하였다.

7 학습에서의 맥락과 문화의 중요성과 역할에 관한 과학적 논의는 미국 국립학술원의 프로젝트 보고서 〈How People Learn II: Learners, Contexts, and Cultures〉(National Academy Press, 2018)를 참고할 수 있다.

8 제이 데이비드 볼터(Jay David Bolter)는 그의 저서 《Remediation: Understanding New Media》(MIT Press, 2000)에서 현대 미디어의 진화 현상을 기존의 미디어와 새로운 미디어 간의 충돌, 보완, 상호 영향의 과정으로 설명하면서 미디어를 바라보는 이분법적 관점을 극복하려 했다.

8장 | 디지털 시대, 좋은 독자의 역량

1 디지털 공간의 특성에 관해서는 수많은 문헌들 중 특히 재닛 머리(Janet Murray)의 《Hamlet on the Holodeck: The Future of Narrative in Cyberspace》(Simon&Schuster, 1997), 조지 랜도우(George Landow)의 《Hypertext 3.0: Critical Theory and New Media in an Era of Globalization》(Johns Hopkins University Press, 2006), 건서 크래스(Gunther Kress)의 《Literacies in the New Media Age》(Routledge, 2003), 장-프랑수아 루에(Jean-Francois Rouet)와 동료들의 《Hypertext and Cognition》(Lawrence Erlbaum Associates, 1996), 브렌다 다넷(Brenda Danet)과 수전 헤링(Susan Herring)의 《The Multilingual Internet》(Oxford University Press, 2007), 노아 워드립-푸루인(Noah Wardrip-Fruin)과 닉 몽포르(Nick Montfort)의 《The New Media Reader》(MIT Press, 2003), 더글라스 슐러(Douglas Schuler)와 피터 데이(Peter Day)의 《Shaping the Network Society》(MIT Press, 2004) 등을 참고할 수 있다.

2 디지털 독자의 인식론에 관해서는 저자의 연구 〈B-Y. Cho et al.(2018). Epistemic processing when adolescents read online: A verbal protocol analysis of more and less successful online readers. Reading Research Quarterly 53, 197-221〉를 비롯하여 바바라 호퍼, 루시아 메이슨(Lucia Mason), 이바르 브로텐, 제프리 그린(Jeffrey Greene), 사릿 바질라이와 그들 동료들의 다양한 연구들을 살펴볼 수 있다.

9장 | 읽는 인간이 되기 위한 디지털 읽기 전략

1 디지털 읽기에 관한 연구는 저자와 동료들이 다수의 국제학술지와 학술서에 출판한 논문을 참고할 수 있다. 온라인 독자의 인지적, 메타인지적, 인식론적 과정을 탐구한 이 연구들은 《American Educational Research Journal》《Reading Research Quarterly》《Cognition and Instruction》 등의 학술지와 《Handbook of Reading Research》《Handbook of Multiple Source Use》《Handbook of Research on Reading Comprehension》 등의 학술서에 수록되었다. 국내 논문으로는 저자의 논문 〈조병영(2007). 인터넷 읽기 환경에서의 초인지적 독서 전략: 사고 구술 연구로부터의 증거들. 한국어교육학회 124, 281-316〉과 〈조병영, 김종윤(2015). 인터넷 환경에서의 읽기 부정확성에 대한 이론적 고찰. 국어교육 148, 367-397〉을 참고할 수 있다.

2 인터넷 읽기의 응집성 모형은 저자의 연구 〈B-Y. Cho & P. Afflerbach(2017). An evolving perspective of constructively responsive reading comprehension strategies in multilayered digital text environments. In Handbook of Research on Reading Comprehension(2nd ed., pp. 109-134). Guilford〉에서 인용했다.

3 인터넷 읽기 전략에 관한 자기 점검 체크리스트는 저자의 논문 〈B-Y. Cho & P. Afflerbach(2015). Reading on the Internet: Realizing and constructing potential texts. Journal of Adolescent and Adult Literacy 58, 504-517〉에서 인용했다.

10장 | 변화된 사회, 새로운 학교

1 제3 공간의 리터러시에 관해서는 크게 세 가지 부류의 연구를 종합적으로 활용할 수 있다. 먼저, 리터러시 학습에서 제3 공간의 의미와 비판적 교육의 가능성에 관해서는 크리스 구티에레즈의 연구 〈K. Gutierrez(2008). Developing a sociocritical literacy in the third space. Reading Research Quarterly 43, 148-164〉를 참고한다. 또한, 제3 공간의 배움을 설명하기 위한 전제로서 제1, 제2 공간들의 리터러시를 습득과 학습의 개념으로 비교 논의할 때는 제임스 지(James Gee)가 그의 저서 《Social Linguistics and Literacies: Ideology in Discourses》(Routledge, 2008)에서 논의한 1차 담화(primary discourse)와 2차 담화(secondary discourse)의 개념을 적용해 볼 수 있다. 마지막으로, 제3 공간에서 학생들의 리터러시 경험과 지식을 새로운 학습의 자원으로 전환시켜야 한다는 생성적 교육 관점은 '문화적 지속성 교육'에 관한 장고 패리스의 논문 〈D. Paris(2012). Culturally sustaining pedagogy: A needed change in stance, terminology, and practice. Educational Researcher 41, 93-97〉의 논의를 적극적으로 통합한다.

2 21세기에 우리의 학교가 직면하고 있는 세 가지 측면의 공간적 역설에 관한 논의는 〈제28회 우리말교육현장학회 학술발표회〉(우리말교육현장학회, 2020년 12월)와 〈미래교육선언 연석회의〉(미래지음행성, 2020년 12월)에서 초청 강연한 내용을 수정 보완했다.

11장 | 학교를 바꾼 리터러시 교육

1 이 장의 내용은 저자가 피츠버그 대학에서 진행한 학교 기반 연구 프로젝트에 기반하고 있다. 이 연구는 피츠버그 교육대학, LRDC, 스펜서 파운데이션의 지원으로 약 4년간 수행되었다. 이 연구의 결과는 《American Educational Research Association》 《Literacy Research Association》《Federation of European Literacy Associations》 등의 학술대회에서 발표되었다. 현재까지 연구 결과는 린다 큐컨(Linda Kucan), 에밀리 레이니(Emily Rainey), 한혜주(Hyeju Han) 등의 연구와 함께 《Journal of Adolescent and Adult Literacy》《Urban Education》《Reading and Writing: An Interdisciplinary Journal》《The

Social Studies》《The Journal of Education》《Handbook of Learning from Multiple Representations and Perspectives》등 다수의 학술지와 학술서에서 확인할 수 있다. 관련하여 후속 데이터 분석 작업이 추가적으로 진행 중이다.

2 제이 트로터(Jay Trotter)와 제러드 데이(Jared Day)의 저서《Race and Renaissance: African Americans in Pittsburgh since World War II》(University of Pittsburgh Press, 2010)는 미국 근대사의 맥락에서 피츠버그 지역의 흑인 공동체 역사를 객관적이고 종합적으로 기술한 거의 유일한 역사서이다.

3 내용 교과와 리터러시를 통합한 수업은 21세기 들어 특히 강조되고 있는 학문적 문식성(disciplinary literacy)의 개념에서 착안했다. 이에 관한 논의는 엘리자베스 모지(Elizabeth Moje), 티모시 샤나한(Timothy Shanahan), 캐롤 리(Carol Lee), 수잔 골드먼(Susan Goldman), 캐서린 스노우(Catherine Snow), 데이비드 오브라이언(David O'Brien) 등의 논의를 찾아볼 수 있다. 특별히 역사를 배울 때에 요구되는 역사적 리터러시에 관한 연구와 논의는 새뮤얼 와인버그(Samuel Wineburg)와 로버트 베인(Robert Bain)의 연구를 확인해 볼 수 있다. 와인버그의 연구가 역사적 텍스트의 판단과 해석이라는 문서 중심의 역사 읽기 리터러시라면, 베인의 연구는 주요한 역사적 질문을 중심으로 다양한 자료들을 탐구하는 '역사하기' 리터러시에 초점을 둔다. 현재 와인버그는 역사적 읽기의 방법을 디지털 맥락에 적용하여 '온라인 시민 사고(Online Civic Reasoning)'를 연구하고 있으며, 베인은 디지털 기반의 '빅 히스토리 프로젝트(Big History Project)'를 지속적으로 진행하고 있다.

4 공상과학 소설가이자 과학자인 아이작 아시모프(Isaac Asimov)의 1959년 에세이 〈On creativity: How do people get new ideas?〉(MIT Technology Review, October 24, 2014)에서 인용했다.

12장 | 세상을 바꾸는 리터러시 실천

1 이 글에서 인용된 트위터 및 페이스북 사례, 그리고 디자인으로서의 리터러시에 관한 개념적 논의는 〈조병영(2020), 뉴리터러시와 전환적 의미 디자인: 융복합 문식 환경 속 국어교육의 방향 탐색. 국어교육 171, 31-70〉의 내용에 기초하고 있다.

2 댈러스 카운티 경찰청에 게재된 케이팝 소녀 팬의 트윗(2020)은 https://twitter.com/belispeek/status/1267196400699273216에서 조회했다.

3 버니 샌더스 의원의 페이스북 포스팅(2020)은 https://www.facebook.com/photo/?fbid=2780251678696485&set=a.324119347643076에서 조회했다.

4 마틴 루터 킹 목사(Martin Luther King Jr.)의 글이 담긴 《I Have a Dream/Also Letter from Birmingham Jail》(Perfection Learning, 1990)에서 인용했다.

Epilogue

2020년 7월 귀국 후 지난 1년 동안 여러 곳에서 나눈 발표와 강연에 기대어 이 책을 집필했습니다. 책의 전체 골격은 EBS 클래스-e의 방송 강연 〈당신의 문해력, 리터러시〉에 기초했습니다.

4부 12장의 주요 내용들은 연세대학교, 청주대학교, 청주교육대학교, 고려대학교, 충남대학교, 경인교육대학교, 서울대학교, 한양대학교에서의 초청 강연과 미래지음행성, 서울문화재단, 한국어교육학회, 국어교육학회, 화법교육학회, 고전문학교육학회, 우리말현장교육학회, 전국미디어리터러시교사협회, 국제리터러시연구학회LRA, 미국교육연구학회AERA, 유럽통합리터러시협회FELA에서 진행한 기조강연 및 주제발표, 그리고 문화체육관광부, 한국언론진흥재단, 경인교대 미디어리터러시 연구소가 주최한 국제 세미나를 통해서 다듬었습니다. 또한 충북교육청, 충남교육청, 전북교육청, 전남교육청, 대구교육청, 울산교육청, 세종시교육원, 대전교육청, 서울북부교육청의 연수에서 교류한 여러 현장 교사 및 연구사, 장학사 분들로부터 고견을 듣고 책의 내용과 표현을 보완했습니다. 짧은 시간 동안 다양하게 말과 글을 나눌 수 있도록 좋은 기회를 만들어 주신 모든 분들께 감사드립니다.

이 책이 나오기까지 많은 분들이 도움을 주셨습니다. 먼저, 저의 공부 이야기를 들어주시고 리터러시에 관한 대중서를 꼭 한 번 저술해 보라고 적극 권해 주신 피터 애플러백Peter Afflerbach, 데이비드 피어슨P. David Pearson, 찰스 퍼페티Charles Perfetti 교수님께 감사드립니다. 귀국 후에 우리 사회에 필요한 책을 내야 한다고 한결같이 북돋아 주신 함돈균 작가님, 인생 연구 방법으로서 리터러시를 발견해 주신 정현경 교수님, 동료연구자로서 늘 넘치게 에너지를 채워 주신 정현선 교수님, 친구의 설교를 한도 끝도 없이 들어주신 나태영 선생님께 감사합니다.

이 책의 첫 독자가 되어 꼼꼼하게 읽고 격려해 주신 오지윤, 함은영 선생님과 졸저에 비해 과분하게 아름다운 추천사를 주신 정재찬 교수님, 최창원 부회장님, 김해연 작가님, 조영수 선생님께 부끄러운 마음으로 감사의 말씀을 전합니다. 무엇보다 책의 기획부터 출판까지 전 과정을 정성으로 보살피고 마감해 주신 출판사 관계자 분들께 큰 고마움을 표합니다. 마지막으로 코로나19 팬데믹 중에 도둑처럼 귀국해서 변변한 여행 한 번 가지 못하고 여러 날 밤늦게까지 연구실을 함께 지켜 준 가족에게 마음 깊이 감사합니다.

읽는 인간 리터러시를 경험하라

2021년 11월 25일 초판 1쇄 발행 | 2024년 11월 15일 20쇄 발행

지은이 조병영
펴낸이 이원주

편집인 박숙정　**기획편집** 최현정, 정선우, 김수정　**디자인** 전성연
마케팅 양근모, 권금숙, 양봉호, 이도경　**온라인마케팅** 신하은, 현나래, 최혜빈
디지털콘텐츠 최은정　**해외기획** 우정민, 배혜림
경영지원 김현우, 강신우, 이윤재　**제작** 이진영
펴낸곳 쌤앤파커스　**출판신고** 2006년 9월 25일 제406-2006-000210호
주소 서울시 마포구 월드컵북로 396 누리꿈스퀘어 비즈니스타워 18층
전화 02-6712-9800　**팩스** 02-6712-9810　**이메일** info@smpk.kr

ⓒ 조병영 (저작권자와 맺은 특약에 따라 검인을 생략합니다)
ISBN 979-11-6534-427-6 (03300)

- 이 책은 저작권법에 따라 보호받는 저작물이므로 무단전재와 무단복제를 금지하며,
  이 책 내용의 전부 또는 일부를 이용하려면 반드시 저작권자와 (주)쌤앤파커스의 서면동의를 받아야 합니다.
- 잘못된 책은 구입하신 서점에서 바꿔드립니다.
- 책값은 뒤표지에 있습니다.

쌤앤파커스(Sam&Parkers)는 독자 여러분의 책에 관한 아이디어와 원고 투고를 설레는 마음으로 기다리고 있습니다. 책으로 엮기를 원하는 아이디어가 있으신 분은 이메일 book@smpk.kr로 간단한 개요와 취지, 연락처 등을 보내주세요. 머뭇거리지 말고 문을 두드리세요. 길이 열립니다.